让历史指导我们前行

历史是一面镜子，当我们站在历史的镜子前，似乎总能发现一些新的东西，发现一些看上去像自己又不像自己的人和事儿。

昨天的历史就是今天的我们，今天的我们就是明天的历史。

历史是一个巨大的车轮，而我们都是混迹在这个车轮上的蝼蚁。历史有历史的规则，也有自己的玩法，一个不了解历史的人就像盲人一样在历史的车轮上攀爬，危险系数可见一斑。

历史是过去的事情，似乎和我们关系不大。事实上，历史和我们的生活紧密相连，那些历史上成就大业的人都是了解历史的人，而当今社会有大成就的人，对历史也是如数家珍。

了解历史并不能帮助我们开发软件，也不能帮助我们提高股票的收益，但是历史可以告诉我们应该如何在这个社会上生存，如何在众多的软件高手中脱颖而出，如何在烟雾缭绕的股市中掌握方向……

历史能让人知道大势，而不是告诉人们小情。

一个不掌握大势的人，事情做得再到位，那也是徒劳无功；一个掌握大势的人，即使事情做得有瑕疵，也能事半功倍。

了解历史，是一个能让我们用最少的精力取得最大回报的好方法。

历史上这些人的成功是我们必须吸取的经验；

历史上这些人的失败是我们必须规避的风险；

历史上这些人那时那刻的决定值得我们深思；

历史上这些人那时那刻的犹豫值得我们总结；

……

历史不应该被忽视，更不应该被遗忘，历史上有太多的事情需要我们总结，历史上有太多的人物需要我们去分析。

值得庆幸的是，我发现越来越多的80后、90后甚至00后开始关注历史，并且开始动笔写历史。他们是一个又一个传道士，用自己的笔宣扬着历史上的文化，用自己的心昭示着新时代人们对历史的认识和关注……

他们不仅仅是继承，更是改变——改变了历史的写法，让历史写得更轻松，写得更幽默，更适合现代人们的阅读习惯，但这是轻松不是恶搞，是幽默不是失实。

新写法中体现出他们对历史的新认识，他们用自己的笔墨让我们感觉到历史原来和我们如此接近。

顺治

这是大清开国史

历史原来这么有趣 清朝卷

墨香满楼 著

中国铁道出版社有限公司
CHINA RAILWAY PUBLISHING HOUSE CO., LTD.

图书在版编目（CIP）

这是大清开国史．顺治／墨香满楼著．—北京：
中国铁道出版社，2016.7（2021.9重印）
（历史原来这么有趣．清朝卷）
ISBN 978-7-113-19870-1

Ⅰ.①这… Ⅱ.①墨… Ⅲ.①中国历史—清前期—通
俗读物②顺治帝（1638～1661）—传记—通俗读物 Ⅳ.
①K249.09②K827=49

中国版本图书馆CIP数据核字（2015）第009180号

历史原来这么有趣·清朝卷

书　　名：这是大清开国史（顺治）
作　　者：墨香满楼

责任编辑：祝　松　　　　编辑部电话：010-51873186
封面设计：**MX〈**
责任校对：王　杰
责任印制：赵星辰

出版发行：中国铁道出版社有限公司　（100054，北京市西城区右安门西街8号）
网　　址：http://www.tdpress.com
印　　刷：三河市燕春印务有限公司
版　　次：2016年7月第1版　　　2021年9月第2次印刷
开　　本：710 mm×1 000 mm　1/16　印张：15　字数：209千
书　　号：ISBN 978-7-113-19870-1
定　　价：42.00元

目 录
Contents

第一章 天上掉个皇位——顺治登基

谁会是下一个皇帝

1643 年 8 月 9 日，皇太极突然死去，死前没有任何正式文件，也没有在正式场合甚至私人场合提到接班人的问题。

但是历史不会因为某个人的离开而停留片刻，死了的人已经成为过去，但活着的人还要为争取更宽广的活路而争斗。

为了这更宽广的活路，沈阳城里暗流涌动，各方势力都在互相试探，互相碰撞，该拉拢谁，该打击谁，大家都在琢磨着。

历朝历代，争夺皇位的本钱无非是军事资本和政治资本，在清朝初期，政治资本主要靠军事资本来换取。

依照这个推论，军事资本将主导这场争斗，在这次争夺皇权的预选赛中，只有八旗旗主有资格进入。

按照清朝祖制，有资格讨论皇帝继承人选的必须是清朝的贵族，从当时的情况来看，主要有七个人的意见举足轻重：四个亲王，就是礼亲王代善、郑亲王济尔哈朗、睿亲王多尔衮、肃亲王豪格；还有三位郡王，就是英郡王阿济格、豫郡王多铎和颖郡王阿达礼。

其中，多尔衮、多铎和阿济格是亲兄弟，阿达礼是代善的孙子，济尔哈朗是努尔哈赤的侄子，豪格是皇太极的大儿子。

从血缘关系上可以看出谁离皇位更近，谁离皇位更远，但是除了血缘关系之外，还要比一下各自的实力。

豪格方面：

皇长子豪格是种子选手，手中掌握的竞争资本也最为丰厚。

第一项资本：他是皇太极的长子，清朝在吸纳很多明朝大臣之后，立"嫡长子"为继承人之说已经流传开来（豪格不是嫡出，但毕竟他是长子），虽然并没有正式立法，但是人心所向，已经无需靠法律来支撑了。

第二项资本：当时豪格35岁，正值壮年，如果将处于发展阶段的清朝交到一个正值壮年人的手里，安全系数会大很多。更重要的一点是他比多尔衮年长3岁，虽然他要叫多尔衮叔叔。

第三项资本：谁做皇帝，人是关键，不同的人做皇帝，会给人民带来不同的感受，是灾难还是福音，主要看人。史书上记载豪格这个人"容貌不凡，有弓马才""英毅，多智略"。一看描述就是一个善于打仗的人，如果在太平盛世，这种人会生不逢时，如果他当皇帝会给人民带来战争之苦，但是清朝当时正处于一个开疆扩土的阶段，这样的人如果当了皇帝，正印证了那句话：在正确的时间，坐在了正确的位置上。

第四项资本：清朝是马背上的王朝，当时的局势需要一个能打仗的人做皇帝，而豪格恰好符合这一点：他久经战阵，屡获军功，皇太极时期几乎所有与明军的战斗，他都参与，在军中威望很高，呼声也很高。

第五项资本：如果以上四点算作软性资本的话，他还有一个硬性资本，那就是皇太极生前亲掌的正黄、镶黄和正蓝三旗大臣拥护豪格继位，尤其是两黄旗贝勒大臣更是誓死效忠。

这些都是摆在明面上的资本，当时的人都看得清清楚楚，毫无疑问，他将是皇位最有力的争夺者。

多尔衮方面：

多尔衮是皇太极的弟弟，时年32岁。

第一项资本：在当时的清朝内部流传一个小道消息，就是努尔哈赤生前希望立多尔衮为继承人，因为当时多尔衮年龄小，希望代善为摄政王，只是努尔哈赤当年死得突然，没有明确的文字说明，代善又在关键时刻倒向了当时实力更强的皇太极，所以让多尔衮与皇位失之交臂。虽然只是个小道消息，但是却足以让多尔衮依靠这个舆论资本去竞争皇位。更何况，非常时期的小道消息往往比正常渠道的消息更可信。

第二项资本：当时多尔衮兄弟掌握正白旗和镶白旗，有这两个旗的支持让多尔衮的腰板硬了很多，自己再也不是当年那个手无寸铁的毛头小子了。

第三项资本：在当时七王中，他们兄弟三个占了三个席位，这在政治上是非常有利的，靠军队火并毕竟是下下策，靠政治拉拢才是最省劲最廉价的方法。

第四项资本：他的军事才能也很出众，当时的清政府最需的就是军事将领。史书记载他"倡谋出奇，攻城必克，野战必胜"，屡立大功。这样一位能打仗的人做皇帝，一定会深得人心。

诸多软硬条件证明，多尔衮是这次皇位之争中的二号种子选手。

代善方面：

代善曾经在上次皇位争夺中失利，当时上有努尔哈赤的打压，中有皇太极的排挤，下有军队不够硬，而现在就不一样了。

皇太极在他的支持下获得皇位，他对皇太极一家是有恩的。

现在比他年龄大的都不在了，比他有实力的又没有他的资格老，谁处在代善的位置，都会为在这次的皇位之争上努把力。

当时清朝军队分为八旗，前面说过的五旗分别控制在大阿哥豪格和努尔哈赤手里，还有另外三旗，正红旗、镶红旗和镶蓝旗，其中前两旗掌握在代善手中。

现在的代善可谓要资历有资历，要军队有军队，要政治地位有政治地位，就差个皇帝头衔了。

济尔哈朗方面：

八旗旗主中，济尔哈朗的实力稍弱，但是弱者也有弱者的好处，坐山观虎斗，说不定最终皇位落在谁头上呢。

这四方是当时朝野最有竞争力的四方，他们在互相撕扯，互相较劲，同时也互相接触，互相希望能合作。

现在的局势，十分明白，这四方只要有一方能获得另外一方的支持，局面立马会有所改变，但要这些人合作，可能性很低，他们既没有合作的共同点，也没有互相合作的心胸。

毕竟，皇位只有一个。

神秘的书信

就在大家各怀鬼胎地谋划自己皇帝梦的同时，两封来自后宫的书信送到了多尔衮和济尔哈朗的府上。

多尔衮刚刚送走共同议事的两位弟弟，一封书信就飞驰而至，署名为空。

打开书信，多尔衮发现笔迹似曾相识，仔细一想，这不就是哥哥皇太极批阅奏折上的字体吗？

难道这是遗诏？

多尔衮带着诸多疑虑打开书信，内容和他想要的完全不一样，既不是让他做皇帝的遗诏，也不是让他自裁的命令，而是一个女人发自肺腑的心里话，虽然带着诸多私心，但说得却不无道理。

信中说道：

> 现在明朝内忧外患，濒临崩溃，我们应该把握好这个机遇。待中原政权稳定，清朝势必再次面临战争威胁。
>
> 现在将军、代善、豪格势均力敌，如果大家为皇位发生火并的话，势必失去进军中原的绝好机会。
>
> 希望将军以祖先基业为重，调和各方势力，稳定大局。我的儿子福临，是先皇的儿子，将军若能拥立福临继位，势必得到大家的爱戴……

书信内容寥寥几句，但字字切中要害，多尔衮不得不承认这位嫂子胆识才略过人。

不过单就这些还不足以打动多尔衮，只是让多尔衮知道多了一双孤儿寡母和自己竞争皇位而已。

或许写信的庄妃并不打算一封书信就能打动他，也只是想向他传递一些信息，而这信息里面究竟是什么，只有随着时局的发展才能看清楚。

同样收到信的还有济尔哈朗。

在目前这种情况下，济尔哈朗是最危险也是最脆弱的一个。大家都认为自己会争夺皇位，而自己真的有实力这么做吗？

不管其他三方中的任何一方谁要做皇帝，首先被铲除的就是自己，因为自己最弱，也因为自己距离皇位最远。

需要一个万全之策，一个首先能保全自己的方案。

父亲舒尔哈齐，大哥阿敏都因为不小心，弄得身败名裂。自己战战兢兢地走了那么多年，获得一个旗的资本。虽然位列权臣，但是话语权总是分量不够。这次如果站错队，这一切都会化作泡影。

支持多尔衮，不可能，多尔衮的为人，他心里很清楚，大家同僚为官那么久，摩擦一直没有停止过。

支持豪格，更不可能，豪格的脾气很像他爷爷，如果他当了皇帝，自己父亲和哥哥的下场就是他今后的下场。

这一桩桩、一件件在他的脑海里盘旋，没有结果。

实在不行，那就只有自己跳出来争了，说不定这样，还能有一线希望……

那些夜晚，他辗转反侧。

就在他一筹莫展的时候，他也收到了一封书信。

信中是这么写的：

> 先皇驾崩，目前局势岌岌可危，随时可能爆发军事政变。你虽然手中掌握一旗兵力，但是却会成为最先被排挤出去的人。
>
> 如果我们大家联合起来，运筹各方势力，推出一位可以稳定局面的人继承皇位，是清朝的福气，百姓的福气，大家的福气。

书信同样简短，却字字像刀，割到济尔哈朗心头。他所担心的，信中已经指出，正因为自己手中掌握一旗的兵力，有资格进入预选赛；也正因为手中只掌握一个旗的兵力，会成为最先被攻击的目标。

信中虽然没有提应该拥立谁，但是明眼人一看就知道庄妃希望拥立的是福临。

这对济尔哈朗来讲，并非不可一试。自己争皇位，不如替皇太极的儿子争皇位来的保险和安全，即使失败，未必会殃及性命，如果成功，那就是一朝功臣。更为重要的是，他相信写给他书信的这个女人，他也见识过这个女人在政治上的手腕。

两封书信，让本来的格局发生变化，不过最终如何，还得看多尔衮和代善的态度。

多尔衮的心思

多铎想做皇帝的心思远远超过多尔衮，只不过多铎自觉实力不够才转而支持自己的哥哥。在这个特殊的时期和敏感的事情上，兄弟还是一条心的。

多尔衮对当时局势的看法很明确，豪格是自己最大对手，并且也没有私下谈的必要。他们之间从开始就注定是一场你死我活的争斗。

而他和代善之间却不是这种关系，代善虽然是多尔衮的二哥，但是大哥死得早，实际上代善也就是大哥，这份长兄为父的亲情加上小道消息的作用，使他们走到一起成为一种可能。

但这仅仅是可能而已，究竟能否走到一起，多尔衮想试探一下代善。

他们在同去吊唁皇太极的路上遇到，多尔衮主动过去跟代善套近乎。

61 岁的代善在政治旋涡里混迹这么久，在这个敏感时期，自然知道什么能做什么不能做。

直言拒绝，不好，后路还是要留，如果以后真的多尔衮当了皇帝怎么办。

要么婉言拒绝，婉言也要交流，宫中到处都是各方势力的眼线，他们两个人之间任何的谈话都可能对朝局带来影响。

那就干脆不说话了。代善一路咳嗽、打喷嚏不停。总之就是不给多尔衮试探自己的机会。

就这样，多尔衮试探未果。

多铎知道这事后直骂代善老狐狸。直性子的多铎打算去代善府上探个究竟，弄清楚代善的想法。

多铎深夜到代善府上，寒暄几句就直奔主题，如果说多尔衮还懂得婉转试探的话，那多铎纯粹就是直肠子逼问了。

话语中虽然充满对代善的尊重，但是意思却很明白，让代善表个态。

多铎送来利剑一柄，但是圆滑的代善却奉上棉花一堆。

代善说，自己老了，两个儿子也不和，以及更没什么竞争力之类的话。总之不管你问什么，用什么方式，代善总是顾左右而言他，搪塞过去。

多铎气得直跺脚，但是跺脚不能跺出代善的想法，最后丢下一句"告辞"拂袖而去。

代善是个老狐狸，没有轻易被多尔衮他们拿下。接下来，他们要"进攻"的对象是济尔哈朗。

前去试探的同样是多铎，得到的结论同样是多铎能得到的结论——没有结论。

三个竞争对手，试探了两个，还有一个就不用试探了，结果是大家不表态，既不支持多尔衮当皇帝，也不反对多尔衮当皇帝，都打算在最后时刻出牌，最后时刻再比大小。

既然这样，多尔衮兄弟也只有靠自己了。

多尔衮记性不好，似乎忘记了之前的那封信。

也或许多尔衮根本就没有把这封信中提到的小孩儿当回事儿。

豪格的举动

豪格在竞争皇位问题上，显得有点虚伪，对皇位期待的口水都挂在嘴边了，还口口声声说自己实力不够，没这个想法。

他能装得出，但是他手下的大臣就装不住了。

支持豪格的人都是受明朝投降过来官员影响比较深的人，立长子的观念深入这一部分人的内心。

爱新觉罗·豪格生于 1609 年，是皇太极的长子，但是母亲乌喇纳喇氏只是皇太极的小老婆。

豪格由于出生比较早，因此在皇太极的儿子中表现最为突出。跟随多尔衮攻打锦州、朝鲜，打败过袁崇焕，俘虏过洪承畴，可以说是战功赫赫。

豪格打仗没得说，但是论心计，他就显得很平庸，豪格是一个只有肌肉，没有头脑的人。

他没有头脑，但是他的长子身份却让一些有头脑的人聚集在他身边，例如赫舍里·索尼。

索尼是正黄旗人，父亲硕色为大学士，还有哥哥希福三人均在文馆上班。女真早年识字的人很少，像他们父子三人这样通晓满、蒙、汉三种文字的人，更是熊猫级别了。

文化人到哪里都吃香。在皇太极执政的时候，开始重视文臣，索尼的地位也直线上升，最后成为皇太极智囊团中的一个，虽然没有范文程他们功劳大，也没有策划什么伟大的战役，但是资深领导秘书的地位一直没有改变。

原来镶黄旗效忠于皇太极，现在领导死了，索尼读过不少书，他认为镶黄旗肯定要效忠于皇太极的儿子。想了很久，他决定投奔豪格。

鳌拜和索尼一样，都是皇太极手下的重要人物。他生于哪一年不可考，他的伯父费英东早年追随努尔哈赤，为清朝开国元勋之一。

鳌拜在皇太极时期开始崭露头角，攻占皮岛记首功。

对于这个人物，大家并不陌生，后面还有很多他的"戏份"，这里就暂时不介绍其生平了。

鳌拜这个人，论单挑，没几个人能挑过他。

这里之所以说他，并不是因为他打架厉害，而是因为他当时率领的镶黄旗负责的是皇宫内外的保卫工作。

在那个敏感时期，他从事了一个敏感的工作，他是各方势力最想争取到的人。

多尔衮试图说服他，也掌握了他的心理：鳌拜有个很大的爱好，就是喜欢戴高帽。

如果有人夸他勇猛，他就会很高兴。如果夸他是满洲最勇猛的人，估计他会飘起来。

但是在这件事情上，鳌拜还是很淡定的，没有被多尔衮夸晕，不管你怎么夸他，他总是一副保卫先皇、效忠豪格的阵势。

这是索尼和鳌拜第三次来劝说豪格争夺皇位。这个孩子演戏演得太假，想当皇帝的表情都挂在脸上，可还是犹犹豫豫，前怕狼后怕虎的。

鳌拜见豪格还在犹豫，有些不耐烦了，说道："现在我们不但拥有三个旗的力量，很多大臣也支持我们。再说你是先皇的长子，理应接替皇位。"

鳌拜还想说些什么，见豪格不回答，也就将嘴张开了又闭上。索尼见状，说道："现在多尔衮与我们实力差不多，如果两派僵持不下，难免会出现变数。"

豪格向来很佩服有文化的人，急忙问道："巴克什，会出现什么变数呢？"（巴克什是满族对知识分子的称呼，他们既要搞文职工作，同时也要披甲出征。）

索尼接着说道："现在听说皇后活动频繁，她可是先皇身边的女诸葛，也就是女军师。看样子她也对皇位有想法。如果我们跟多尔衮一方僵持起来，她极有可能从中得利。"

毕竟她是正室，这句话索尼没有说出口，但是豪格已经感觉到了。

"济尔哈朗、代善他们为了保全自己，肯定会选择弱势一方。如果我估计没错的话，他们既不会支持我们，也不会支持多尔衮，除非一方已经胜出。所以，他们极有可能支持皇后。"

豪格与鳌拜都有些崇拜索尼了。但是索尼之所以与范文程他们相比还有些差距，就是因为他解决问题的能力低于分析问题的能力。

鳌拜见索尼说了半天，还是没有拿出办法，有点着急了："我们派军队占领皇宫，逼着他们就范，不就得了。"

一群人嘀咕了快一宿，也没有想出个好办法。最后八人一起宣誓效忠豪格，具体行动就按照鳌拜说的做。

看来离最后摊牌的时刻越来越近了。

庄妃动手了

鳌拜的行动非常迅速，更为关键的是他的行动合情合理，没有人能说出什么。

鳌拜派人通知那些休假的皇宫卫兵，统统回来值班，在皇宫周围加派了两倍的兵力，所有人要想进皇宫，得他鳌拜点头才行。

其他几方想要武装夺取皇位，可能性几乎为零。纵然各方手里都有几个旗的兵力，但是这几个旗都离京城有一段距离。沈阳城的卫兵，只听鳌拜一个人的，不管你是多大的官，到了沈阳，都得给他鳌拜几分面子。

这阵势让豪格多了几分胜算，而这胜算来自鳌拜。

多尔衮看得清清楚楚，不搞定这个鳌拜，纵使手下有千军万马，也是远水解不了近渴。

鳌拜本是皇太极的人，并不是豪格的人，这中间的细微差异让多尔衮兄弟觉得有机可乘。

多尔衮的弟弟阿济格同鳌拜交情还算可以，多尔衮就派他去游说鳌拜，高官厚禄，能许的愿尽管许，只要他能站到自己这边。

这只不过是多尔衮兄弟一厢情愿，鳌拜根本就不见阿济格，理由是敏感时期，少接触为妙。

接连几次碰壁让多尔衮心中发虚，特别是鳌拜的态度已经明朗，他是誓死支持豪格了。这点让多尔衮对未来几天将要发生的事情充满疑虑。

多尔衮遇到了前所未有的挑战，现在他已经被架了起来，弟弟们、手下的大臣、将士们甚至包括他府上的总管杂役们，都把这次争夺皇位当成是改变命运的绝佳机会，自己退缩，这些人都不会同意。

多尔衮陷入了沉思……

其他各方并没有放弃对鳌拜的拉拢。鳌拜对于整盘棋来讲，本不是重要的角色，但是在这个特殊时期、特殊事件上，这个棋子的重要性突显了出来。

下一个拉拢鳌拜的人是庄妃。

皇后手中没有一兵一卒，深知鳌拜对她们母子的重要性。

前面说过，鳌拜是先皇的铁杆粉丝，现在先皇去世，才转而效忠长子豪格。在他的头脑里，效忠长子就是效忠先皇。

皇太极时期，很多批文是庄妃代批的，她写的字，很多不知情的人认为是皇太极写的。这也是多尔衮看到庄妃的信会误以为是皇太极遗诏的原因。

这个时候，庄妃的字也派上了大用场，一份专门针对鳌拜的"假手谕"就这样产生了。

鳌拜看到先皇的"手谕"，磕头谢恩，宣誓拥立福临，保证在几天后的皇位讨论会上，谁要是反对福临，他立马杀谁，包括豪格。这一切都是秘密进行，鳌拜表面上还是以效忠豪格的名义继续保卫皇宫和沈阳。

我们不得不佩服庄妃的政治手段，这个新旧交替的关键时期，如此冷静、如此清醒，对局势分析透彻到位，并且解决办法都是一招制敌。

在历史上有头有脸的女人中，庄妃是我比较欣赏的一位。

搞定鳌拜，庄妃准备去拜访索尼。在这种事情上，虽然决定权在七王手里，但是大臣们的向背必须考虑进去，这其中鳌拜和索尼的支持至关重要。

对付武将，可以用假手谕的方式，但是对付文臣，这套不管用。

庄妃知道读书人比较喜欢酸，虽然是满族人，但是索尼比较欣赏孔孟之道。

庄妃早就仔细研读过嫡长子继承制度，想要说服索尼支持福临，还是有一定的难度的。

庄妃知道自己本来也是赌博，也就不在乎再赌一次。

她晚上偷偷地来到索尼的府上。

索尼见庄妃深夜到访，颇有些意外。但对于皇太极的这位老婆，索尼还是有些了解的。因为平时办公的时候，总能看到她的身影。待庄妃说明来意后，索尼很吃惊。

索尼这段时间分析各方势力，但是唯独没有想到庄妃也会参加竞选，本来周全的计划，被庄妃搅乱了。

庄妃看索尼沉默不语，知道他在担心什么。索尼无论支持豪格，还是多尔衮，看上去成功几率都会比支持自己大。于是庄妃说道："先皇很器重有文化的人，赫舍里家为清朝立下不朽的功绩，这些我都看在眼里，记在心里。如果福临登基的话，我想他一定不会忘记赫舍里家。"

话说到这个份上，索尼觉得自己应该表明下自己的态度了。索尼举手发誓："赫舍里家一定会誓死效忠先皇的子孙，不然天打……"

孝庄没等索尼说完，内心的感动，也有可能是喜悦，促使她站了起来，说道："先皇果然没有看错人，赫舍里家的确忠实可靠。"

他们俩的对话很有意思，各怀鬼胎之余又半推半就地承了对方一个人情。

下面我来解读一下。

庄妃说：先皇很器重有文化的人（暗指索尼有文化；更深层次的意思是我能来找你谈，说明先皇认为你是朝廷里最有文化的一个），赫舍里家为清朝立下不朽的功绩，这些我都看在眼里（你们家对朝廷的忠诚大家都看在眼里，先给你戴上高帽子，然后再说你们的功绩我也记在心里，暗指事成以后好处不会少了你索尼的）。如果福临登基的话（这才是重点和前提），我想他一定不会忘记赫舍里家（这个愿许得很家长，但是却很宏伟，并且不但不会忘记你索尼，也不会忘记你们家——世代子孙）。

庄妃很简单的几句话，一针戳到了读书人的命脉上。

索尼的回答更见功力，既朦胧地承下了这个人情，又没有直接答应对方。

索尼回答：赫舍里家一定会誓死效忠先皇的子孙（这句话两层意思，一层意思是我绝对不会支持多尔衮，这正是庄妃的来意之一；另一层意思

历史原来这么有趣·清朝卷——这是大清开国史（顺治）

是我一定效忠先皇的子孙，这里包括福临，当然也包括豪格），不然天打（有前面一句并不明确的答案，后面这些都是废话了）……

庄妃听了之后，显然明白索尼的意思，不过有些话不适宜逼问太紧，但是却可以将错就错。

庄妃说：先皇果然没有看错人，赫舍里家的确忠实可靠。（不管你话里什么意思，反正我当你支持福临了，将错就错，到时看你怎么办！）

对话到此结束，双方心知肚明。

一个老狐狸和一个小狐狸三言两语都把对方架了起来，至于怎么办，就看摊牌时刻的举动了。

庄妃在来索尼府之前，知道不会得到明确的答案，读书人和武将不一样，退路始终要留足。出来做官的和做王的不一样，何时该进何时该退应该更明白。

至于最终做出什么样的决定，就看天意了，通俗的说就是看"局势"的发展了。

不管如何，庄妃两次出手，将豪格最有力的两个支持者，一文一武，都拉拢了过来，最起码也瓦解了豪格的小联盟。

而这些，多尔衮、豪格并不知情。他们双方把所有的目光都盯在了对方身上。

摊　牌

虽然是八月，但是整个沈阳仿佛还在三伏天，让很多人喘不过气来。庄妃经过几天的奔波，把不利于自己的形势扭转了一些，两家独大的局面现在变成了三家，福临成了其中的一分子。

转眼六天过去了，多尔衮、豪格所有的人都觉得是时候来个决断了。

多尔衮在一大早就约见了索尼。多尔衮多么希望索尼能够支持自己，但这只能想想罢了。

索尼的态度很坚决，只有皇太极的儿子有资格继承皇位。

多尔衮本来还想同索尼讲讲道理，但是他已经放弃这种尝试。他好像在等待着一个结果，虽然他并不愿意看到这个结果。

这天的中午也是特别热，各自谋划了几天的大臣们纷纷涌向崇德殿。今天在这间大房子里，他们要选出新的领导人。

这个特别的日子，也注定很多人要早起，或者失眠。

鳌拜起得很早，他先是安排好人手团团围住崇德殿，当然还有皇宫。待镶黄旗的大臣们来齐后，他又带领大家宣誓效忠皇太极的儿子们，坚决粉碎多尔衮的阴谋。

这一切似乎都在按照豪格之前预想的展开。

多尔衮知道今天是什么日子，就在他约见索尼的工夫，多铎、阿济格已经安排好人，随时待命，准备冲进宫内。

代善、济尔哈朗等人也不敢含糊，命令手下情报人员密切注意各方的动静。

庄妃则是一副哭哭啼啼的样子，一是哭死去的先皇，二是哭给所有人看，一副可怜相。

豪格知道显示实力的时候到了，他命令手下的大臣们手不离剑，随时准备好火并。

会议还没有开始，整个崇德殿已经充满了火药味。事情和庄妃估计的一样，会议一开始，就陷入了僵局。

两黄旗支持豪格，两白旗支持多尔衮。代善与济尔哈朗保持中立。

刚开始大家还是口舌之争，等吵起来后，两黄旗的大臣竟然做出拔剑的动作，有的甚至把剑拔出了一半。

豪格见自己的意见不被重视，一气之下带着手下的人离开了崇德殿。

如果说前面的争吵是铺垫的话，那么豪格的"离开"就意味着决战的序幕拉开了。

这时候，谁都知道，"离开"意味着什么，现在也只有豪格有资本离开，有资本率先宣战。

离开就意味着要火并了，如果火并，吃亏的是多尔衮，是代善，甚至是济尔哈朗。

这个时候，庄妃的书信和几次私下里的动作开始了化学反应。

济尔哈朗首先提出解决方案，既然你们双方相持不下，这样下去，难免擦枪走火，大清正处于发展的关键阶段，明朝那边对我们依然虎视眈眈……一番话下来，说清楚了利害关系。最后，他提议，由皇太极的九子福临继位。

索尼看到这局面，同意这个提议，代善也认为这么做最为妥当。

大家都表了态，该多尔衮下决定了。

如果支持福临，自己就当不了皇帝；

不支持福临，看豪格这阵势是要动武了，自己的人都被挡在宫外，而鳌拜……

既然我做不成，你豪格也别想做。

多尔衮支持福临继位。

待多尔衮说出这个提议后，很多人吃了一惊，随后纷纷表示支持。

一番争论之后，出现了前所未有的统一意见。豪格很生气，同时也很无奈。他再厉害，不能把满朝文武都给杀了，争了一场，最后落了个无奈的结局。

仅仅四岁的福临还不知道发生了什么，就被推到了皇帝的宝座上。看着满朝文武给自己磕头问安，福临很平静，因为他不知道这是在给他磕头，也不知道这一头磕下去，意味着什么。

就这样，福临稀里糊涂地做了皇帝，清朝也开始了以顺治为年号的新纪元。

在清朝贵族为了皇帝的人选争吵不休时，明朝的后院也燃起了熊熊烈火。

第二章 明朝后院的大火

困境中的突围

在皇太极卷中说到崇祯派杨嗣昌前去剿灭农民军。对于这次行动，崇祯从精神上和物质上给了极大的支持，杨嗣昌从京城带出来的是当时明朝最好的军队，大部分士兵都打过大仗，见过大场面。

这一点相当重要，一支部队的战斗力如何，一是看士兵结构，二是看武器装备。

士兵结构指的是老兵多还是新兵多，打过大仗、硬仗的士兵多还是没打过什么仗的兵多。这个比例是评价部队战斗力的依据之一。

武器装备，就是士兵的配备，结合到明军也就是枪、刀、炮、弓、马以及盔甲等。

明朝正规军攻打农民军，不管是从武器装备上，还是战术素养上，都要超过对方很多。

杨嗣昌满怀信心，前去收拾张献忠。谁知张献忠根本就不和杨嗣昌接触，你来我就跑，你追我再跑，你要是再追，我就接着跑，钻到了四川的山沟沟里，玩起了"躲猫猫"。

杨嗣昌老先生虽然不怕吃苦，但是四川的地形太复杂了，到处是山地、高原与丘陵。带着这么多部队在这种地形上遛，实在憋屈。将士们的怨气也很大，我们是来打仗的，不是来练登山的。

打仗我们不怕，战死我们不怕，要是跑死了，我怎么给列祖列宗交代？

难道说让我一路追叛军，连个毛都没见到，就死了吗？多憋屈。

杨嗣昌在四川的日子里，连张献忠的影子都没见着，就跟着张献忠在山沟里转了。

一段时间之后，他失去了耐心，更为关键的是再这么追下去，军心要散了，现在就是追上，也不一定打得赢。还有另外一个因素就是崇祯对他寄予厚望，他不得不尽快打一场胜仗来慰藉一下崇祯皇帝的心。

这一天天将士的吃喝用度，都是白花花的银子。明朝不富裕，崇祯知道，杨嗣昌知道，农民军也知道。农民军就是要耗，耗到他们没钱了，自然就走了。（正规军的开销不知要比农民军的开销大多少倍。所有事情一旦正规了，代价也就变高了，这就是正规的代价！）

收拾不了张献忠，那就先去收拾李自成吧，最近他的名气比张献忠还大，捉了他，领导也可以宽宽心了。

做出这个决定的另外一个原因是李自成在湖北刚吃了败仗，只剩几百人，捉他应该没有什么难度。

看看这支东奔西跑的军队，又从四川开赴到了湖北，一路去追李自成。

杨嗣昌一行又来追剿李自成，并且派人向躲在山中的李自成喊话。"缴械不杀"这样忽悠人的话，李自成怎么会相信。不过这样的话喊久了，李自成手下的人未必不会有想法。

大家出来闹腾不就是为了有口饭吃，现在要吃的没吃的，要喝的没喝的，说不定还得把脑袋丢在这，如果真有出路，杀了李自成投降也是可行的。

李自成也知道这其中的利害，但是干着急，没办法。刘宗敏看到大哥憔悴成这样子，是看在眼里，痛在心里。

为了不给部队拖后腿，他回去把两个老婆给杀了。李自成还有啥话可说，这样的兄弟可遇不可求，但就是太没文化，关键时候出不了什么主意，就会杀人。

时间一天一天过去，吃的东西越来越少，李自成的造反之路似乎也要走到尽头了。

一天，刘宗敏看到李自成手中握着剑，眼神游离，像有轻生的念头，忙跑过去把剑给夺过来，质问道："在陕西商洛山中的日子都熬过来了，现在还有什么大不了的。"

李自成何尝不知道这个道理。但是眼看着大家一个个倒下，李自成真的有些于心不忍了，他有时候真想拿自己的脑袋换来弟兄们的回家。

当年在陕西商洛山中跟着他的十八个兄弟，现在只剩下个位数了，李自成曾经发誓一定要让他们和自己都过上好日子。

一剑下去，自己是痛快了，可怜了这帮兄弟。李自成望了望满脸期待的刘宗敏，决定再赌一把，冲出包围圈。如果能出去，就重新再来，如果出不去，死在战场上总比死在自己窝里强。

但是杀出重围谈何容易，没有友军接应，没有物资供给，更重要的是不知道往哪里突围。当时可没有收音机等无线电设备，李自成他们对于全国形势也都是听别人说的，都是二手甚至三手信息。

听说河南东部灾荒比较严重，到那里应该好发展队伍。不过这也是不确切的消息，但现在也只有这不确切的消息能当作唯一的出路了。事到如今，只有先冲出去再说。

由于人少，机动起来也比较方便，李自成一行人化装成灾民，趁着夜色从湖北来到了河南的东部。

杨嗣昌围了半天，最后还是把人给围丢了。

灾民变士兵

李自成一行前往河南，路上所见和他们听说的完全一样。这一路下来，所到之处都是饿得快散架的饥民。李自成发挥他的专长，一边劫富济贫，一边补充兵员。到河南杞县时已经又拉起十多万人马。

队伍发展的速度恰恰证明了当时河南受灾的规模。

杞县人民近几年来已经习惯了打来打去的生活，红娘子和李岩夫妇经常到周边地区劫富济贫，而周边的大宗族们也是常常过来报复。

现在来了李自成，大家先还以为又是过来报复红娘子他们的呢。后来发现这帮人穿戴跟自己差不多，也是只杀富人不欺负老百姓。

杞县人们看到给自己办事儿的队伍，就纷纷走出家门，妻子送丈夫，母亲送儿子，参加李自成的队伍。

当地的红娘子和李岩听说有一支武装到来，已经做好了战斗的准备。等这波人来到后才发现是李自成的农民军部队，不是大宗族们来寻仇的部队。

李岩和红娘子知道老在杞县东躲西藏的也不是办法，不如加入李自成的队伍，大家一起做一番事业。

虽然早就听说过李自成的大名，但是这个人究竟是什么样的人，李岩还得先试探下一下。给自己找东家，必须得慎重一点，闹革命这种事情，要是找错了人，是要掉脑袋的。

李自成听说杞县有个农民军首领要见自己，当然很高兴。现在对于李自成来说，基本上是来者不拒，只要你不是朝廷的探子。

李岩只身一人来到李自成的大营，见了李自成后，没有寒暄，也没有攀本家亲戚，直截了当地问道："将军打仗是为什么？"

李自成也是爽快人，回道："为了能让大家都吃饱饭。"

李岩接着问："将军，有何打算？"

这句话真把李自成给问住了，自己还真不知道下面要往哪里走。正在李自成沉思之时，李岩急切地说道："我倒有个想法，不知道将军愿不愿听？"

李自成很高兴，从椅子上坐了起来，生怕自己听漏了什么。

李岩不紧不慢地讲道："现在湖北方向有杨嗣昌的重兵，西边也有大批的官兵等着我们。河洛地区富饶无比，守城的将士与驻守的王爷一贯不合，正是我们发展壮大自己的好机会。"

李自成几次把队伍拉大，然后又被打散，就是因为身边没有能出主意的人。他手下的弟兄们论打仗，没的说，没有贪生怕死的，但是让他们出个主意，想个方略，大家坐一晚上，也是大眼瞪小眼。

通过这番谈话，他觉得这个李岩似乎可以弥补他这支队伍的这个空缺。

历史原来这么有趣·清朝卷——这是大清开国史（顺治）

李自成赶紧把李岩请到上座，同时安排好酒席。吩咐手下的人不要打扰他同李岩接下来的谈话。

待李自成喝得有五成醉的时候，李岩趁机向李自成进言："将军是要夺取天下的人，现在就要约束好手下的士兵，多为穷苦老百姓做些实事。这样才能笼络一批有能力、有良知的人才。"

李自成听到这个更加高兴，立马传令下去：士兵敢扰民者，斩！

喝完酒，李自成高兴得一宿没睡。

刘宗敏很久没有见大哥这么高兴了，就想问个究竟。

李自成很得意地告诉刘宗敏，自己终于找到启明星了，那个指引我们方向的人。

刘宗敏半信半疑。刘宗敏看重的不是人才，而是女色，红娘子的容貌倒是让他心里痒痒。

李岩回到家中十分高兴，嘴里一遍一遍地念叨着，遇到"真主"了。此时的红娘子可没有什么心情听这个，就在李岩出去的这段工夫。她遇到了两个恶心的人。一个据说是李自成的大将，另外一个长得跟道士似的，好像在哪里见过。

李岩那天因为高兴，也就没有注意到红娘子的变化。既然老公李岩这么高兴，红娘子也就不好再说什么了。

知识分子加盟

自从李自成在杞县打出招聘广告后，来面试的人排成长队。本着"我为大家，大家为我"的精神，李自成对应聘的人照单收下。

待新人均已进入工作岗位后，李自成决定与几个知识分子见见面。毕竟千军易得，一将难求。

李自成虽然自己没读过多少书，但是年轻的时接触过不少读书人。对于他们的"智慧"，李自成是既敬佩又反感。

自己下岗也就是他们这些人给整出来的，但是一些既好又妙，同时还有些损的对策也只有这些读过书的才想得出来。

在这些知识分子中，有一个人叫牛金星，河南宝丰县人，小时候生活在乡下，后来迁居城里。

他父辈中有多人在县政府上班，家族在地方颇有影响力。后来与县中的另外一个大家族发生矛盾，他受到诬陷被革去功名，发配到河南省卢氏县城做杂役。

听说李自成在杞县招人的消息，牛金星连衣服都没有收拾，找了个机会跑到杞县。

牛金星对阴阳之术有些研究。他前天夜里观测天象，再凭着几十年的生活经验，他算出当天中午可能会有雷阵雨，关键是雨后会有彩虹出现。

牛金星毕竟曾经在明朝的政府机关工作过，揣摩领导心思的功夫是他的看家本领之一。

见了李自成后，牛金星立马行君臣之礼，李自成装作很惶恐的样子，嘴上说这可使不得，心里别提多高兴了。

牛金星赶忙向李自成解释，自己对天象有点研究，因此推测中午时分，将会有"吉兆"出现。

说这话的时候已经到了中午时分，说来也怪，滂沱的大雨骤然停了下来。正在大家迎接久违的阳光时，一道绚丽的彩虹横空出世。

刚才还以为牛金星吹牛的刘宗敏等人，现在服了。

高人啊，神仙啊！李自成虽说不怎么信这些东西，但是在事实面前只有低头了，何况这是给自己宣传的好机会。

李自成向牛金星询问攻打洛阳，是否可行？

牛大神仙掐指一算，彩虹出西方正是太阳降落的地方，打洛阳，我看行。

牛金星带着彩虹来投奔李自成，加上他的君臣之礼，很快受到李自成的认可并重用。

牛金星看李自成已经认可了自己，便主动向李自成推荐一个人。此人名叫宋献策，河南商丘永城市人，是个瘸子。

宋献策虽然没有取得任何功名，但是此人酷爱读书。对于神神道道的东西颇有自己的见解。出于对五行的热爱，宋扛起一副神算子的彩旗，云游四方。宋算卦显然不是为了赚钱，主要为了施展满腔的学识。

后来在河南卢氏县城遇到同样不得志的牛金星，两人在五行上的共同爱好，使得友谊急速升温。

牛金星在李自成手下找到一份好工作后，自然也不会忘记同样才华横溢的宋献策老兄。

李自成听牛金星把此人夸得跟神仙似的，就很想见见这位活神仙。

宋献策被请来后，直接就说了句：十八子主神器。

李自成佩服得五体投地，当年在陕西自己真的就剩下十八个人，但是这老兄怎么就知道的。肯定是算出来的，看起来是真才实学！

其实宋献策整天走南闯北的，什么小道消息没有听说过。见多识广，察言观色，望衣视行，基本上也能猜个八九不离十。

李自成在短短的几天中得到李岩、牛金星、宋献策等牛人，自信心得到极大的增强。现在李自成是有武将，有谋臣，还有数量庞大的军队，这个人员配置，还算是科学和健全。

这些准备妥当，李自成对占领洛阳的欲望就越来越强。

李自成、刘宗敏他们早就听说洛阳城内住着很多王爷，尤其是一个叫"福王"的。家里的钱多得跟天上的星星一样，数也数不清。

灾年当兵，大多数人为的就是混口饭吃。

洛阳城，有的是银子，有的是粮食。拿了洛阳，最起码在相当长一段时间内，不用再为手下的吃饭问题而发愁了。

攻打洛阳

当李自成带着农民兄弟来到洛阳城下时，洛阳的守城司令王邵禹急得直上火。但是比他还着急的是福王。以前，侄子崇祯几次开口向自己要钱，自己都装作很穷的样子。现在如果家底被曝光，肯定没有好果子吃。

把钱给洛阳明军吧，那可是一个无底洞，谁知道农民军什么时候走，多少钱够他们吃穿啊。给农民军吧，不光侄子崇祯，就是老爹万历也不会原谅自己的。

把钱藏起来吧，但是那么多钱往哪里藏。

正在福王朱常洵为自己的万贯家财苦恼时，前任兵部尚书吕维祺登门拜访了。

吕维祺，河南新安县人，明代著名的理学家，父亲为河南名儒吕孔学。万历四十一年进士，后来因为得罪魏忠贤，辞职回家讲学，在当地知名度急速上升。

崇祯上台后，他很快被提拔为兵部尚书。后因为办事不力，被崇祯解了职。回到洛阳，办起了"伊洛会"，开馆收徒，同时也不忘记出出书，搞些免费演讲。

不用问，吕维祺是无事不登三宝殿，过来要钱了。

朱常洵对于这些文官们，没有一点好印象。这也难怪，本来到手的皇位就是让他们给搅黄了，换上谁都不会保持一颗平常心。

朱常洵待吕维祺说明来意后，"没钱"两个字就把他打发了。

吕维祺还想以民族国家大义说服朱常洵。朱常洵还是认死理，国家差点就是自己的，现在别人做了皇帝了，还跟我讲什么国家大义。

吕维祺还想再说什么，可是看朱常洵的脸色是要放狗咬人了，只好告辞。

福王很纳闷，洛阳城里又不是只有他一个王爷，怎么遇到这种事情，大家都找他要钱，看起来真是人怕出名猪怕壮。

就在这些人为掏不掏钱的事情争执的时候，城外的李自成等人，早已经把洛阳城的所有财富按照官阶划给了自己的部将了。

李自成找到李岩、牛金星、宋献策等人商量攻城对策。洛阳富饶，是块大蛋糕，但是城墙也高，防卫也牢固，正面进攻，还真没有十分的把握能拿下。

更为关键的是，农民军没有攻城武器，一群人拿刀把城墙砍个口子的悲壮场景，大概只有在影视作品里才会出现。

强攻不行，就看这些谋臣的了，李自成也想试试这几个人的本事。

李岩认为，洛阳土地肥沃，物产丰富，士兵中缺粮少粮现象应该不是很严重。洛阳九朝古都，城墙坚厚，如果硬打的话，肯定伤亡惨重。

李自成点头称是，这一点武将们也看到了。

李岩接着说道，为今之计，就是煽动城内士兵与洛阳城内王爷之间的矛盾。守着一个个小金库，士兵难免有些想法。

这一点武将们就没有想到。

所以善谋者自然有善谋的高度，思考问题总能比常人深入一层。

煽动守城卫兵叛乱是个好主意，可是天下没有免费的午餐，也没有平白无故的"反水"，卫兵凭什么要反水到农民军这边呢？

按照洛阳的财富和存粮，就是被围上一年半载，照样可以天天晚上载歌载舞。

但是农民军要是久攻不下，明军支援洛阳的援军可就会到了。

所以，主意不错，怎么实施，还需要再斟酌斟酌。

就在他们斟酌下一步方案的时候，胆小的王公贵族们帮了他们的忙。

福王不愿意出钱守城的消息很快就在洛阳城里散播开，知道此事的王公贵族们也不愿意出钱，并且纷纷将自己的家产打包，准备逃跑。

有钱人在面临死亡的时候，往往脑子会短路，城都被围了，你打包往哪里跑？

这种人和这种事情，很快就在老百姓中传开了，有钱人都跑了，可见洛阳城守不住了。历史上打仗，很多时候并不是输在军事上，而是输在这些蛀虫身上。

守城的官兵看到这些，寒心。

当兵吃粮，是为有钱人守城，为老朱家守城，你们都跑了，我们还守什么。

洛阳北城的一些士兵一合计，就把守城司令王邵禹给绑了，打开城门，欢迎农民军兄弟。就这样，一个顺水人情，坚固的洛阳城轻松地被攻破了。

虽然朱常洵很不厚道，但他毕竟是皇帝的亲叔叔，洛阳城的有些官兵们还是愿意保护他。在农民军就要攻进城内的时候，朱常洵和儿子朱由崧以及吕维祺等人均被偷偷地转移到迎恩寺。

迎恩寺修建于天启四年（1624年），是朱常洵为了表达对母亲郑贵妃的孝心和思念而修建的。

搜索福王的农民军离迎恩寺越来越近，手下都劝朱常洵赶紧走。

朱常洵很想走，但是三百多斤的身体，既骑不了马，也迈不动步。自己走不了，他就吩咐手下带着儿子朱由崧赶快逃到北京，找他哥哥崇祯去吧。

朱常洵等儿子走后，他命人把自己推到天王殿躲起来。但是就他那身板，怎么可能藏得住。

农民军很快发现了这位王爷，朱常洵、吕维祺等人都被抓到天王殿前的空地上。朱常洵哪还管什么王爷贝勒的，趴在地上不停地求饶。农民兄弟看到这种情景，更加兴奋，很多笑得都直不起腰了。

吕维祺大义凛然，已经做好了牺牲的准备，看到朱常洵那个熊样，就告诫他，王爷也要对得起自己高贵的身份。

一生养尊处优的福王这时候成了农民军的活宝，被戏耍一顿之后，给杀了。

朱常洵的儿子朱由崧在黄调鼎的保护下，一路上狂奔，逃到了怀庆府。怀庆这个地方是明代藩王比较聚集的地方，都是自家亲戚，待在这里比较安全一点。

由于跑得比较急，身上也没有带多少钱，听说父亲在洛阳被杀后。朱由崧是一把鼻涕一把泪，哭着给堂哥崇祯写了一封求救信。

崇祯对于福王家的人虽然没有什么好感，但是作为皇帝必须做做样子。以孝治国，叔叔死了，怎么也要表示表示，这样全国人民才好学习。

于是崇祯在皇宫内外以及朱氏宗亲中掀起了救助朱由崧的捐款活动。

张献忠杀襄阳王

福王被杀后，崇祯分散在全国各地的亲戚，纷纷写信向这位家族兼国家一把手求救。崇祯也觉得生气，国家有难让你们出点钱，你们一个比一个会装穷，现在想起来需要国家保护了。

生气归生气，毕竟是一家人，打断骨头连着筋。崇祯告诫地方官重点保护朱家血脉，否则严惩。

这些国家的公文——皇帝的圣旨也就是吓吓一些胆小的地方官，对于农民军是一点作用没有。农民军该杀照样杀，该砍照样砍。

张献忠在四川山区听说李自成抢了洛阳，抢了堆积如山的财宝，眼馋得不得了。四川离河南比较远，但是离得近的皇亲国戚也有，那就是湖北襄阳的襄王。

襄阳是杨嗣昌的剿匪司令部，里面有重兵把守。本来这个安全是没有问题，可是杨嗣昌老先生为了不负领导的重托，带着所有人马又跑到四川去追击张献忠。

四川地形相当复杂，盆地、山地、丘陵、高原样样都有。张献忠的军队多是穷苦出身，再加上已经有了多年的山地游击作战经验，所以把杨嗣昌要得一愣一愣的。

一天杨嗣昌正望着前面的山峰发呆时，侍卫送来了一封信，信上只有一句话：感谢杨老先生这些天的保护，随信还附有一首诗：

前有邵巡抚，常来团转舞。后有廖参军，不战随我行。好个杨阁部，离我三天路。

杨嗣昌看到信，一个踉跄，差点没晕过去。还能说什么呢，骂更不管用，只有继续追呗。

张献忠可没有心情陪着杨老先生玩，他决定杀个回马枪，到襄阳给崇祯送份大礼。

在山道上排成一字队形的明军，没有想到跑得没影的张献忠来了个回马枪。本来明军已经迷糊，这下只有做案板上的鱼肉了。

襄阳的明军还在睡觉，大家都在等着前方胜利的消息，等着一个一直延迟的假期，襄王还在别墅中做着美梦。

张献忠趁夜色，摸进襄阳城，少得可怜的守军很快被击退。

襄王和福王一样，见到农民军条件反射似地下跪，说只要留下自己性命，要什么随便拿。张献忠看到平时根本不可能见面的王爷贵胄，跪在自己的面前，相信所有的农民兄弟都得到了满足。

如果早些年，不要说王爷，就是杨嗣昌这样的大臣，给他们鞠鞠躬，他们都感动得痛哭流涕。

现在大家都受够了欺骗，再也忍受不了挨饿和面临杀头的痛苦。大家已经不再相信什么希望，只是觉得打仗痛快，反抗到底幸福。

襄王和福王一样是软蛋，也和福王是一样的下场，满足够农民军的心理需求后，被杀了。

杨嗣昌老先生听说襄阳被攻陷，襄王被杀，突然眼前一黑。自己这趟出来都干了什么？放走李自成，导致福王被杀，现在自己的大本营也被端了，襄王也被杀……

他觉得自己没有脸面再活在这个世上了。杨嗣昌打了个报告，向崇祯请死。崇祯的回复还没有回来，杨嗣昌就旧病复发，殉职了。

直到死的时候，他还是不明白，为什么一直流窜的土匪，能像韭菜一样，割了一茬又一茬，怎么总也杀不完呢？

崇祯在北京，听说杨嗣昌病死的消息。本来还在为怎么处置他老人家犯愁，现在正好通令朝野内外，全国上下嘉奖。

功虽未成，尽瘁堪悯！

一个负责的皇帝称赞一个严格要求的自己的大臣，君臣之间的惺惺相惜堪称典范，可惜是个没有人愿意效仿的典范。

闯王攻打开封

让崇祯烦心的事儿，远不止杨嗣昌和襄阳这件，李自成攻打洛阳之后，经过一番"杀富济贫"的补充，现在是兵强马壮，武器装备也换了一茬。

李自成找李岩、牛金星等人商量下一步的对策，来自河南的谋士与来自陕西的将士在去向问题上发生了严重分歧。

刘宗敏等陕西来的将士希望打回家乡去。整天提着脑袋睡觉为的啥，不就是为了混口饭。现在自己兵强马壮，杀回老家，光宗耀祖。

而李岩等的看法却恰巧相反。他们明白，现在虽然夺取了洛阳，但是农民军还是处于官兵的包围中。解除包围最好的办法就是让包围圈自己消失。

如果西去，路上必然有重兵把守，一路上少不了又要打仗，弄不好还会被明军包了饺子。

现在河南天灾人祸，人民革命的热情比较高涨，正是大干一场的时候。如果在河南捅个窟窿，官兵必然赶来增援，此时正是跳出包围圈的好机会。

这叫声东击西。

开封虽然离洛阳远，但是路况很好，沿着国家花钱修建的官道，两天时间就能包围了开封。

李自成等人经过一番讨论，接受了李岩的建议，一路向东，攻打开封。

可能很多人一提起开封，就会同古都联系起来，但那都是宋代以前的事情。其实宋元以后，直至明清，开封一直是北方经济，乃至全国经济的亮点。这里作为河南地区的首府，四通八达，联系全国。交通地位类似于现在的郑州，就是无论你去哪里，好像都要经过这里。在没有火车出现之前，开封就是全国的交通枢纽。

它无与伦比的社会地位，使得朱元璋也看上了这块地盘。

如果现在的天津是北京的后花园，那么当时的开封，就是老朱家的后花园。这里聚集了大量的朱家子孙。

开封是周王朱恭枵的地盘，周王府是个产生音乐天才的王府，可能是遗传，朱恭枵同志也有别于洛阳福王府、襄阳襄王府几位亲戚。

周王朱恭枵跟祖先朱橚一样对于金钱没有太多的感情。看到兵临城下的农民军，朱恭枵拿出五十万两银子犒赏守城的官兵。

为了鼓励士兵多杀敌，他还贴出告示：杀农民军一人，奖励白银五十两。

虽然开封城已经建得很结实，但是朱恭枵还是有点不放心，他又掏腰包把开封城给加固了一下。重点是检修城墙的漏洞，黄河经常泛滥，难免会给城墙留下一些薄弱之处。

为了提升士兵的士气，周王知道光给钱还不行，他必须宣传下李自成的丑陋之处。李自成和手下的一帮兄弟杀人的事情太好找，经过洗脑的开封守军明白，李自成就是个大魔鬼，投降就等于把老婆孩子都送给了农民军。

士气有了，城墙也加固了，周王还是不放心，自己几乎拿出所有的家产，但这同时也刺激了李自成的进攻欲望。

李自成明白这次攻打开封非同一般，只要开封拿下了，整个中原就塌了半边天。中原塌陷了，北京的安全也就不存在了。

李自成有过两次攻打开封失败的教训，来到开封后看到修缮整齐的城墙，他有点犹豫了。

但是形势不允许他这么做，洛阳的胜利还在刺激着农民军，还有四处蜂拥而至的官兵。李自成明白此处不能久战，需要速战速决，抢了东西赶紧走人。但是一时又没有攻城的办法，看形势，打开封肯定不能再用打洛阳的办法了。

李自成知道这肯定是一场血战，很多兄弟要把命丢在开封的城墙下了。

对于这样的城池，结合自己的部队现状，不需要什么章法了。全面进攻。

周王也知道这帮农民军打起仗来肯定不会遵循什么章法，他们一定会从四处涌过来。这样虽然没有集中的攻城方向，兵力比较分散，但是防守起来也比较困难。

农民军数量看样子不是几万、十万这样的小数目，如果用弓箭、枪炮射杀，那样花销太大了，而且不能保证效果，并且效率也太低。要想办法。

过于兴奋的农民军，一路狂奔，朝着城墙冲过去。

等他们兴奋地跑到城下，才明白过来，被人给阴了。刹那间城墙上飞下来无数火把还有散发着松油气味的液体。不等农民兄弟明白过来，他们身边已经燃起来熊熊烈火。

这个时候往哪里跑？一般人都会往有水的地方，最近的水源就是护城河了。后面的军队看到前面失火，慌忙往后退，但是他们忘记后面是条护城河。

开封那个时候绝对是个大城市，至少相当于现在的广州，因此护城河挖得也比较宽。更为要命的是，河里的已经不是水，而是油，守军一个带火的箭头落进"水"中，河面顿时燃起熊熊大火。

早几年还在种庄稼的农民军，哪里见过这个阵势，纷纷乱跑。李自成看这架势，还有什么好打的，再不跑说不定都被官兵包饺子了。

崇祯本来还在为开封的事情睡不着觉，现在听说朱家人带领军民打了一个大胜仗，心里别提多高兴了。

李自成很郁闷，开封咋就那么难攻打呢？

攻城这个问题皇太极刚做皇帝的时候也纳闷过好久。没有先进火炮的支持，没有充足的物资补给，要啃下开封这块硬骨头确实不容易。

豫东南之战

攻打开封的失败，让他们士气受挫，为了补充给养，同时消除大家在开封失败的阴影，牛金星等人建议李自成杀向豫东南。那里是牛金星的老家，也是一个特殊的地区，便于发展队伍，补充兵员。

农民军来到豫东南的邓州后，官兵也开始向新蔡、项城两县集合，试图把农民军聚歼于河南东南部。

宋元以后，黄河改道，夺淮入海，这样苏鲁豫皖交界的地区就成了水的海洋，黄河经常泛滥造成当地生态环境急剧恶化。生态环境的恶化促使资源争夺日趋紧张，这样就使当地形成了比较剽悍的民风。

由于处于四省交界的地方，政府管理不太方便。当地家族势力恶性发展，明代后期之后，在这一地区形成很多大的家族。如桃花扇的主人公侯方域所在的侯氏家族，与张居正同为宰辅的沈鲤所在的沈氏家族等，他们依靠家族的特权在当地社会中占据了很多资源。

地方家族之间的矛盾以及这些大家族与国家的矛盾促使当地社会的分裂。处于劣势的小姓家族便联合起来，李自成的到来无疑给他们带来了契机。

李岩、牛金星这些人都来自当地的劣势家族，他们加入农民军，其实也是整个家族的参加，像李岩就把弟弟也拉进来了。

当时建议来豫西，还有另外一个原因，就是和罗汝才会合。

罗汝才，陕西延安人，为人狡诈善变，反复无常，人送绰号"曹操"。

早年农民起义的时候，罗汝才很风光，山西三十六营营主之一，荥阳大会十三大家领导班子成员，后来投降了洪承畴。

江山代有人才出，李自成、张献忠这两个小弟成长起来后，罗汝才变成张献忠的手下。一山容不下二虎，昔日的小弟现在成了大哥，罗汝才觉得很郁闷。

刚一开始张献忠还能容忍这位曾经的老大，时间长了，两人也顾不得兄弟情义了。没办法，革命的成果越来越丰硕，大家总要分个高低。

罗汝才一气之下就决定投奔李自成，政府那儿他是没有办法去了。

李自成听说罗汝才要跟自己合作，虽然心里也有些不愿意，但是为了跟张献忠斗气，咬咬牙也同意了。

像罗汝才这样反复无常的人，到哪里估计都招人烦。但是他手上有不少的军队，李自成现在正是用人之际，确切地说是需要人手帮忙之际，也就暂时收下这位"曹操"了。

此时，明军总兵傅宗龙正在马不停蹄地往河南周口一带赶，没办法，上面已经下了死命令。

傅宗龙是云南昆明人，万历三十八年进士。早年在贵州西南地区为营造和谐社会做出了积极的贡献。

崇祯三年，由于孙承宗的举荐，傅宗龙做了顺天的巡抚。后来由于弹劾杨嗣昌被崇祯关进了监狱。

洪承畴、杨嗣昌这些猛人都离崇祯远去后，崇祯在尚书陈新甲的举荐后重新启用傅宗龙，都督陕西三边军务，也就是当年洪承畴在陕西的职位。

傅宗龙上任后，崇祯命令他带着四川、陕西的两万军队，火速赶往河南参与会剿李自成。这个时候陕西又发生蝗灾，崇祯允诺的军费也就泡汤了。

傅宗龙明白自己刚出来，必须做点成绩给领导看看。火急火燎地赶到河南新蔡县，还没有喘口气，就被躲在树林中的李自成军队打了一个大埋伏。

傅宗龙风风火火地再次登场，又在刀光剑影中失去了生命，他所带来的兵除了战死的，其余都逃回老家去了。

经过这一仗，让李自成明白，必须把明军引出来打，自己的部队攻城，确实没有什么好办法，但是打野战，人多就是优势。对于当时的河南来说，什么都缺，就是不缺没饭吃的百姓，对于李自成来说，也就不缺兵源。

这下整个豫东南地区都成了李自成的天下。虽然农民军节节胜利，但是李自成还是高兴不起来，因为开封一直是他的心病。

现在趁着士气高涨，李自成决定杀回开封，就是崩掉了门牙，也得把开封给啃下来。

水淹开封府

开封的守军看到农民军又来了，在城上做出挑衅的动作，而他们不知道一场灭顶之灾就要降临了。

想出这种省心省事的计策的人是宋献策。

李自成这次回来，没打算硬攻，而是打算利用黄河来解决开封的问题。

抗日战争时期的蒋介石，也这么干过一回，用黄河水，去打日本人，同时，也淹死了很多老百姓。

这是非常短见的一种行为，而李自成以后，会为他这行为付出代价！

利用河流淹没对方的办法，绝非什么新鲜事。春秋末年诸侯国之间就经常人为决堤，宋元时期，扒开黄河的事情经常发生。

但是黄河一开，开封城里的所有居民估计都要遭殃。对于这个计划李岩坚决反对，理由是这样会伤害无辜的人。

李自成思索再三，最终决定实行决堤。

黄河肆虐带走的不光是开封的士兵，还有开封的人民，还有无尽的财富。得到一座空城显然不是李自成的愿望，但他还是执意这样做了，他要拿下开封，给明朝点颜色看看。

崇祯得知水淹开封的事情之后，异常地愤怒，不断向河南集结军队，当地的大族抵抗也日趋强烈。

李自成被迫开始又一次的转移。

这时候宋献策建议开到湖北，甩开官兵的围剿，进而向西发展，建立稳定的根据地。李自成完全同意。

官兵们还在河南苦苦地追寻李自成，他却到了襄阳。此时的襄阳守军看到几十万人来到城下，腿早就不听使唤了。

拿下襄阳之后，李自成树立了"新顺王"的旗帜。没办法，全国并非只有他一家造反。

之后，李自成决定向陕西进发。他自从失业之后，便开始出来闯荡，算起来也有很多年了，虽然家里早已被当地官府清剿了不知道多少遍，但那毕竟是自己的家，叶落归根这是植入中国人骨子里的东西。

农民军打仗有一个很奇特的现象，部队走到那里，都带着家属，道理很简单，造反这种事情，不带家属，家属就只有等着被政府法办了。

几十万的人口带着锅碗瓢勺开始了跨省大迁移，农民军也像滚雪球一样越滚越大。

1643 年 10 月，陕西督师孙传庭牺牲，整个陕西都成了李自成的天下。

1644 年 1 月，李自成改西安为"西京"，建立大顺政权。

李自成翻遍了家谱也没有找到一个名人，作为庄稼人李自成还没有兴趣搞成颛顼的多少代嫡系子孙。最后，一帮谋士左思右想，翻遍中国历史，终于想到李自成祖上的老家在西夏的首都，那么极有可能是西夏创始人李继迁的后代。于是，为了李自成的面子，李继迁光荣地加入李自成家的族谱。

刚取得西安，李自成和手下兄们就开始买房子、养女人。

宋献策、李岩等人看在眼里，急在心中。

他们不停地劝说李自成，给他讲道理。目前，明朝北有清朝，南有张献忠，西有李自成，已经是摇摇欲坠了。三家谁先占领北京，谁就将先取得先机。

李自成也知道西安这个地方，现在已经没有什么可抢的了，再待下去，将士们都会饿肚子，北京一定比西安富裕。在李岩等人多次劝说下，1644 年 1 月，李自成率军东征。

第三章 目标——北京

终于看到了北京城

一句话可以概括李自成东征：那真是有如秋风扫落叶！大军所到之处，明军一碰即溃，一触即死，当然你也可以选择投降。

攻进山西简直就如同进自家的菜园子，李自成自己都没想到会这么容易，前两年他还被欺负得很惨很惨，差点搞得他准备散伙！

明军还是明军么！

让我们看下现在的时间——1644 年！

袁崇焕、祖大寿、洪承畴、曹文诏、左良玉、卢象升、孙传庭等这些猛将，都已成"俱往矣"！

一直以来，最精锐的明军都被调往山海关一线作战，留在中原的大部分都是些二三线部队，战斗力之低下简直就令人发指！

更为严重的是，这些年连续的大旱，政府没有税收，没有税收就没钱发工资。大家出来当兵就是为了混口饭吃，既然不给发薪水，那只好对不住政府了！

明朝的士兵原则：一打就跑，一跑就降，一降就抢。

这仗明朝没法打！给谁也白搭！

还有一个重要的因素，那就是李自成得感谢一下李岩。

"迎闯王，不纳粮"，很简单的六个字，没那么多的长篇大论、之乎者也，也没什么特别激动人心让人热血沸腾的空话。

就三个字——"不纳粮"，对老百姓来说，你说那么多他们也不懂，不让他们交粮食，他们就觉得你是好人！

其实我觉得李自成还应该感谢一下崇祯和他爷爷不停地加税，有了前后强烈的比较，老百姓才好分清楚，自己该支持谁反对谁！

人民的力量是伟大的，当汇集起来后就有如一片汪洋大海，狂风暴浪能轻易拍碎一切障碍！

崇祯终于明白了，地主们也终于明白了。

可惜晚了，面对这股世间最为强大的力量，他们觉得自己是那么渺小、那么孱弱，很多人除了躲在家里瑟瑟发抖之外，不知道该做些什么。

恐惧和仇恨充溢着这些人的大脑，有时候也能转化为另一种勇气，不过这些都是后话了！

李自成已经来到了昌平。据历史学家考证，闯王大军就是从昌平进的北京。新中国成立后，昌平竖起了一座巨大的李自成像，骑着高头大马，意气风发，很是威武。他的目光落到了远方——那个若隐若现的北京城。

其实从昌平是看不到北京城的！昌平到北京城有多远！李自成是知道的。

1644 年 3 月 17 日，大军来到了北京城下。

攻城的时候发生了一件很诡异的事，还牵扯到了当时的一件公案。

据说到了半夜，有人突然打开了外城，于是浩浩荡荡的农民军进入北京外城，到了今天的复兴门一带。

看好了只是外城，内城也就是皇帝住的还没陷落，因此还不能说北京陷落，只能说是部分而已。

像那种开城投降也不是什么稀奇事，时有发生！

但诡异在这次开城没有一个人承认！就是说我们现在也不确定知道是谁开的城门，是谁偷偷放李自成进城的。

现在主流的说法认为此人正是曹化淳，曹公公，一个太监！

但有一大批刻苦钻研的历史学家为他辩白。

曹化淳，今天津市武清人。生于万历十七年（1589 年），卒于康熙元年（1662 年），小时候家里比较穷，为了混口饭吃，十二三岁的时候就入了宫。

曹化淳天资聪慧，加上勤奋好学，在宫中受到良好的教育，深受司礼太监王安的赏识，很快成为王安的亲信，接着又做了信王即后来崇祯的陪读。

天启初年，魏忠贤耍阴谋，害死王安，曹化淳作为王安的亲信也被逐出京城，发配到南京，等待处分。

崇祯上台后，曹化淳被诏回北京，负责清理魏忠贤时期的冤假错案，办理案件上千件。因为办事得力，甚得崇祯的信任和重用。

崇祯十一年，司礼监秉笔太监曹化淳因病向崇祯递交辞呈。

崇祯十二年，曹化淳获得审批告老还乡。

崇祯十七年（1644年），李自成进北京的时候，曹化淳此时正在天津老家呢。开门的事情应该不是他做的。

但是，十月份，顺治搬进北京后，曹化淳申请妥善安排崇祯后事，清廷恩准曹化淳全权处理此事。

这时顺天府尹杨时茂向清廷打报告，说曹化淳：

> "开门迎贼，贼入城，挺身侍从，今清入都，又复侍从，此卖国乱臣，虽万斩不足服万民心。"

曹化淳上书申辩，清廷还给他清白。但是在中国有个怪现象，群众常是相信流言。

再加上南明一些文人的渲染宣传，曹化淳有口也难辩了。当年袁崇焕的无奈，曹化淳深刻体会到了。

谁是谁非我们也不讨论了！不管怎么说，李自成也算是半个北京城的主人了！

可不可以不要钱

1644年3月18日，李自成派了一个已经投降的太监杜勋，到宫内给崇祯带个话。其实说白了就是想和皇帝谈判。

大家拎着脑袋造反，谁也没想到能取得如此大的成果，曾经需要顶礼膜拜、让普通人仰望的北京城，竟有一天能落到自己手里。

谁也没想到！很多人觉得见好就收吧，不要把对方逼急了！毕竟这是在大明帝国的心脏，在人家的老窝里。

李自成、刘宗敏等人希望敲诈崇祯一笔，然后回陕西老家做个"西北王"。而李岩则是希望拿下北京，接着再统一全国。

李自成、刘宗敏看李岩像疯子，李岩看李自成、刘宗敏像傻子！

双方为此一直争论不休，最后还是牛金星出来做和事佬，觉得还是先弄笔钱，再回自己大本营。

理由是，现在女真虎视眈眈，一旦北京被攻占，他们一定会掺合进来。明朝各地的"勤王"军也会将矛头对准大顺政权。这样我们就会陷入四面为敌的险境。因此，还是拿到一大笔钱，回到西北做长远打算。

不过我们可以先派人同崇祯谈判，谈不拢，再打。

李自成最后一拍板，就这么定了！

崇祯看到李自成的条件，气得说不出话来。

> 闯人马强众，议割西北一带，分国为王，并犒赏军百万，退守河南……闯既受封，愿为朝廷内遏群寇，尤能以劲兵助剿辽藩。但不奉诏与觐耳。

割据西北，分庭抗礼。

崇祯又不是傻子，当然明白如果答应的话等于把西北一块儿白送给李自成了！

"普天之下，莫非王土"，只要干过皇帝工作的都从小都被这么灌输过。从自己的地盘上被强行挖走一块，跟从身上挖块肉没什么区别，更重要的是尊严和面子的问题！答应的话还不被天下人耻笑？后世的史书还不知道怎么写！

死后也不敢去见大明列祖列宗！

崇祯很有骨气！拒绝！坚决拒绝！有本事自己来拿！

说完这话后，连崇祯都觉得自己的话是多么苍白无力！

这天夜里，崇祯来到了太庙，他祈祷先祖在天之灵能够保佑大明朝度过此劫。

不过，这一次崇祯有些绝望了，呆坐在那里，这半年来发生的一幕幕又浮现在他的眼前。

大明王朝最后的半年

这半年以来，崇祯一直把精力放在北京的防务上。在当时，北京地区驻扎军队号称有 70 万，看上去很唬人，但真正有多少能打仗的，连崇祯自己心里都没底。

大部分都是些老弱病残，一些将领们为了中饱私囊，就让一些市井无赖和自己家的奴婢冒领军饷。

看着如此糜烂的局面，崇祯不知道该怎么办，总不会让他老人家自己上马训练军队吧。

这时候，有个皇亲国戚叫李国桢，跳了出来，不断地拍着自己胸口的肥肉，叫嚣着自己很能打很会打，让他整顿北京的军队，皇上可以放一万个心。

很显然崇祯相信了这种弱智的鬼话，把军队交给他训练。

结果呢，这位亲戚看重的是军饷，想在最后再疯狂捞一把。京城近卫军在他的领导下变得越来越糟了。

宫中的太监又将很多精壮的士兵挑走，作为他们的私人保镖。

而在 1643 年，京城更蔓延起疾病，很多抵抗能力比较差的年老的兵死了，剩下的士兵也好不到哪儿去，还面临着饿死的危险。

整个北京军营就一个字"惨"！

当时前线的军队每月要消耗军费 40 万两，而当时国家储备银只有 4200 两，户部的收入几乎等于零。到处都是灾荒，到哪里收钱去？

一般情况下，皇帝的个人收入为 400 多万两。但是当时很多地方已经不归崇祯管了，物价也在死命地涨。

据说崇祯的小金库也就剩区区的几十万两。

钱！钱！钱！到处都要钱，崇祯觉得自己是历史上最穷的皇帝！不管再怎么被折磨，既然他坐着这个位置，就得想办法弄钱。

"天人三策"！

崇祯想到了第一个办法：

允许因受贿被抓的官员花钱赎身。当然，价钱肯定要高。很快，七位著名的政治犯在同意献出部分家产后，获得赦免。

崇祯想到了第二个办法：

他发现自己的亲戚们都比自己这个皇帝有钱得多，于是把斗争目标转到了周围的亲戚上，迫使他们捐献自己的财产，当然手段会稍微暴力些。

崇祯想到了第三个办法：

接受来自社会各个层面的捐款，根据捐款多少，可以获得相应的爵位。也就是所谓的卖官，一手交钱一手给官，童叟无欺！

崇祯掉光了头发想出的"天人三策"，只筹集到 20 万两，连"打个水漂都不够"！

最可笑的是就这点钱，崇祯连个影子都没见到，直接被户部的官员给贪污了。

崇祯无奈了，这不是你杀几个人就能解决的问题。

他突然感觉到灰心丧气，满目望去整个紫禁城灰突突的，连一丝朝气都没有，整个北京城也是如此吧。

死气沉沉的北京城给了他莫大的压力，他突然想到了两个字，"迁都"！

我想迁都

1644 年 2 月 10 日，农民军已经打到山西，崇祯召见李明睿及总宪李邦华、原九江军府总督吕大器谈话。

李明睿，江西人，官至翰林院学士，相当于现在的社科院研究员，专门为皇帝答疑解惑。

崇祯询问他们对于现在的局势有什么对策。

李明睿不愧书生本色，一点也不客气地说道："现在正是国家生死存亡之际，闯贼们随时都可能打进北京，为今之计只有迁都南京。"

崇祯显得有些吃惊。迁都可是件大事，被一帮叛贼逼得迁都，传出去是一件很丢脸的事，崇祯不能不考虑堂堂大明王朝的脸。

他对李明睿说道："事关重大，不可随便谈论。"过了一会，又指着天问道："不知道上天的意思是什么？"

李明睿也觉得自己有些鲁莽了，迁都这种事还轮不到自己来说，他没有再直接回应，而是思考一会儿后道："命运本来就是无常的，善于把握命运的人就能掌握命运，否则就会被命运所控制。皇上迁都的举动正合天意，现在情况瞬息万变，希望您早作决断。"

一个王朝是不能随意迁都的，也不能随便说来说去。

崇祯在确认四周无人偷听后，说道："其实，这件事情我也想了很久，但是一直没有找到支持的人，因此拖到了现在。如果大臣们都反对，怎么办？这件事情事关重大，你们千万不能泄露出去，不然我要重罚你们。"

以上是把史书里的文言文翻译成现代文，好让读者们容易看明白。看来崇祯也觉得自己扛不住了，开始想起后路来了！

既然大家志向相同，崇祯接着又询问南迁的具体步骤。他问李明睿："如何出京？"

李明睿回道："最佳的路线应该是取道山东，可以先装作到孔子的庙里去朝圣。一旦到了曲阜，便可直下江南，估计20天就可以赶到比较安全的淮安地界。"

李明睿知道这样的计划还不足以打动崇祯，说了句分量很重的话："只要皇上出来京城，全国各地必然会群起响应，这样天下还在您的掌握之中，如果陛下还是待在京城，那么大明必定灭亡。"

敢在皇帝面前说大明必亡，李明睿的胆子也算不小了！如果在平时有人这么说，早被拉出去砍头了！而此时的崇祯也知道局势的危急，都到这地步了，并没有觉得有什么大逆不道。

崇祯沉默了一会，突然间一股无力感充溢着全身，他觉得自己现在好累好累。

崇祯摆了摆手，一句："知道了。"随后让三人下去休息，就把这三人打发下去了。

没过多久，崇祯又召李明睿觐见，他还是想迁都！

崇祯示意李明睿坐下后，就急着问："怎么安排中途接应部队？"没军队保护，我也不敢随便乱跑。

李明睿回道："可先秘密派遣将领到济宁部署接应部队，并在比较安全的济宁、淮安两地安排驻地。"

"接应部队从哪里调集？"崇祯又问道，这个很关键，崇祯都不知道去哪找保护他跑路的军队。

李明睿沉默了，他也明白，明军主力要么在抵抗农民军，要么在防御清兵。京城的兵更不能动，他们一动势必引起恐慌，再说他们还得保卫首都的安全。

李明睿也想不出去哪找军队，只好出了一个不是主意的主意，暗中派遣官员在北京周边八府招募新兵。

没有军队，咱就自己训练一支军队出来！两人嘀咕了几天最后就商量出这个办法。书生意气啊，古人诚不欺我！

崇祯十分赞同李明睿的想法，但是又回到了老问题——没钱！招兵必须有充足的资金，装备、兵器、粮饷等等，全都要钱！没钱逃跑计划就无法实施！

李明睿跟崇祯要钱！他那充满希望的目光盯到了皇帝的小金库。

"只要您拿钱出来组建军队，将士必将誓死效忠皇上。"

崇祯有点为难，那可不是个小数目，便回道："可不可以由户部出钱，现在内库资金也很紧张。"

崇祯确实是急了，不然也不会说出自己没钱这样的话。

李明睿听到崇祯的回答，很是失望。他仿佛在求崇祯："户部的储备是为了防守清兵所用，如果动用了这些钱，就等于放弃了中原。这样南迁就等于逃跑，希望陛下为了宗庙社稷着想，三思而行。"

崇祯没有说话，他也不知道自己该说些什么，能说些什么！只有沉默！

夜深了，崇祯已经困得眼皮直打架，摆了摆手把李明睿打发走了。

迁都还有分歧

想跑跑不了，留下来又是等死！搞得崇祯是吃不香、睡不着。

这时候吏部给事中吴麟徵建议把吴三桂从宁远招回来。崇祯想了想很快否决了这个建议，很明显他更不愿意放清兵入关，召回吴三桂估计就要重蹈南宋的命运。

崇祯宁愿死也不会向女真投降！

此时突然又蹦出个人表示自己能挽救大明王朝，他叫李建泰。

这个人很多人都没听过，不过这个不重要，他很有钱，这个很重要！因为崇祯很缺钱。

李建泰，山西曲沃县人，天启五年（1625年）进士，曾任国子监祭酒、吏部右侍郎、东阁大学士。

李建泰答应拿出100万两银子，用来招募一支军队，以保卫他的家乡山西。这个时候李自成的农民军正在攻击山西。但是看到这里我们也很是怀疑，一个侍郎、大学士，就算薪俸不薄，但是怎么会有100万两之多？

说不定，也是民脂民膏。

不过，崇祯丝毫顾不上起疑心，好像抓住一根救命稻草一样，让李建泰放手去干。

李建泰的想法和爱国情怀是好的，但是有时候只有钱和热情是不行的。

他在北京贴出招聘启事，但北京是什么地方，随便拉出个人，说不定他的谁谁在宫里或者在哪个衙门口。谁愿意为了那点小钱，跑到你们山西去卖命。

当然也有人应聘，那都是一些在北京混得很差、吃不上饭的，乞丐、流氓之流。这些人有一些共同特点：没钱，怕死，难管理，一身痞子气。

李建泰看着自己辛辛苦苦赚的钱却招了这么一大帮子废物、吃白饭的，都快气晕了，但跟崇祯大话已经说出去了，牛皮也吹了，也只有硬着头皮上了。

崇祯却不管这些，他看到李建泰突然弄出这么多军队，自然十分高兴。不仅亲自出席欢送李建泰出征的宴会，还登上城墙目送这支大军在鼓乐和旌旗的陪伴下缓缓西去。

为了鼓励这位大学士保家卫国，崇祯曾对李建泰说：

先生此去，如朕亲行。

崇祯对这支军队是寄以厚望！

可能是上天故意捉弄这个满腔爱国情怀的大学士吧！队伍刚一出城，李建泰轿子上的杆子就折成两段。

本来就是混饭吃的兵痞们，开始纷纷逃跑，紧接着正规军也开始逃跑，最后就连所谓的3000御林军也跑回北京。

承受着逃兵之苦的大军每天只能行进30里。没有办法，部队补给太困难了。

崇祯本来就要钱没钱要物没物的，所有的吃穿都要到地方购买。而当地百姓见了这群乌合之众，早就躲得远远的，粮食自然是弄不到。

最后，李建泰没有办法，只好谎称自己是农民军，这样才弄到些吃的。沿途的城镇害怕流氓军队祸害百姓，索性就关闭城门。

李建泰在北京哪里受到过如此待遇，可是思来想去也没什么解决办法，一股深深的挫折感蔓延到了心头。

这个时候他想起临行前算卦先生的话：此行必败。

李建泰仍在惯性地向西进发，但这时候他相信了一个道理：一切皆天注定！

慢慢地，这支部队没消息了！崇祯没有看到自己的幻想变成现实，慢慢地就不再对李建泰抱以希望。

而此时李自成的脚步却越来越近了。

1644年3月6日，崇祯再次召开紧急会议，号召群臣献计献策。很快各种各样的报告摞满了桌子。

报告的方案也是五花八门，南迁无疑是这些报告的主流，这主要归功于李明睿以及他的所属单位翰林院。

南迁其实就是迁都南京，因此这些建议的拥护者多是南京人。但就算是南迁，也是充满了严重的分歧，共诞生了两种意见：

一是御驾亲征，太子留守北京。

二是皇帝南巡，太子留守北京。

说来说去都是逃跑，有啥区别？

第一种意见是皇帝御驾亲征，太子留守北京。这是由一些怀着浪漫主义情怀的文人学士们提出的。

实际上就是给皇帝一个面子。

他们希望鼓励天下的英雄豪杰募兵勤王。当时淮安巡抚路振飞已经组织了72支自卫队，分别由一些下层知识分子负责训练和统领。他们认为只要皇上离开紫禁城，这类武装就会在全国各地大量涌现。

皇上不会骑马，没有关系，您坐着轿子就行。

在这些人眼里，只要皇帝他老人家出现在战场上，效果就够了。他们还拿出太祖朱元璋推翻元朝时，汉族人响应他的号召打比方。

可惜这群书生们忘记朱元璋号召的是反对元朝，是一个少数民族政权，而现在眼前的敌人是汉人。

不过皇帝如果能出征的话，鼓舞士气倒是能起上一些。只是我不知道皇帝能当饭吃不，难道崇祯所到之处，大明军队就可以万邪不侵、不用吃饭么！

没有饭吃，不发工资，看你能忽悠到什么时候。

号召地方勤王，崇祯不知道想了多少次。这样是可以不花国家的钱，但是一旦地方武装发展起来，他皇帝位置好像也有些危险了。

所以，这只是文人学士的一个美好梦想。

这个建议，否决！

第二种建议是第一种建议的简化版，就是直接逃跑。

南方官员认为皇上离开京城后，可以直接跑到经济文化比较发达的江南地区，这样就可以依靠长江天险，建立起第二道防线，并以南方的经济和军事重镇九江为联络中心。

推崇这个建议的李明睿，不仅越说越激动，还用历史上的例子证明其可行性。即北宋迁都杭州后，建立的南宋又统治了一个半世纪。

最后还强调这完全符合当前复杂万变的形势，也完全符合《易经》上的概念。真是没有想不到的，《易经》上哪段介绍迁都了？

当然，要想建立一个南明政权谈何容易。推崇这个建议的李明睿也知道，要获得这次冒险行动的成功，必须崇祯亲自出马。太子肯定不行，他还年轻，处理问题的能力还有待磨练，即使到了南方也镇不住那些官员。

他们希望太子留守北京，保护宗庙社稷，崇祯本人亲自驾临南京，在史可法率领的长江下游军队的保护下，为南明政权的建立奠定基础。

可这样做就意味着放弃中原，肯定会遭到北方官员的激烈反对。李明睿希望魏藻德等北方人辅佐太子。

这无异于扯淡。你们南方人跑回老家，让北方人替你扛着？

崇祯已经说服自己做个偏安的皇帝，但是他现在无论如何也说服不了北方的官员跟着自己做。

农民军来了，清兵来了，不也需要官员吗？我们有技术在手，在自家门口求职，还怕什么改朝换代，大不了换个老板，凭啥跟你们到南方？

朝廷就这样分成南北两派，谁也说不动谁。

但李自成不管这个，攻下军事重镇太原，挥师直指北京。

太原陷落后，大约在4月3日至5日间。崇祯再次召开六部、都察院和翰林院官员参加的全体会议，相当于把现在的北京各部委和社科院、中科院的研究员们都叫过来参加会议。

今天必须给一说法，要生要死大家一起吧。

主张南迁的大臣们提出一套折中的方案。李邦华等人建议派遣太子南下，以加强江南的防线，崇祯留下来守卫北京。

这可以理解朝廷准备建立南明了，但是留下来的崇祯和北方大臣怎办？就算崇祯高尚，反正儿子即位，天下也是朱家的。但是北方的大臣们会同意吗？

这跟谁做皇帝、谁接手江南没有多大的关系。北方的官员关心的只有北京这个地方，他们的家和财产都在这里。南方是好，但没了家产和土地，自己去南方还混什么！

可李自成的表现太叫北方大臣失望了，种种迹象表明。李自成不仅想要官员手中的钱，更想要他们的命。

这次讨论会，崇祯见人差不多到齐了，拿出了李邦华秘密上的奏折。让他阐述一下这个奏折的主要内容，想让大家听听李邦华的建议。

李邦华知道这份奏折的威力，其他人如果知道这是他写的，估计自己就别想回到南方了。居然当着皇帝的面，死活不接奏折。崇祯见李邦华如此怕事，只好亲自朗读。

朗读完，崇祯询问大臣们的意见。奇迹发生了，北方大臣们一个接一个的站出来表示赞同。

现在北京的陷落已经近乎是板上钉钉的事情，农民军对付有钱人的手段，朝中北方的大臣们想必已经知道了。

背井离乡跑到南方，虽然也不是什么快乐的事情，但总比待在京城挨批好吧。只要自己人还在，家产土地等等还会再回来的！

崇祯却有些犯难了，同意吧，自己就得留下，等待那帮反贼们的审判。不同意吧，整天为了国家为了社稷地说个不停，自己却害怕牺牲，以后谁还相信你，队伍就不好带了！

李邦华这个同志太不厚道，不帮皇帝背黑锅，崇祯现在真是进退两难。可是形势所逼，必须就这个问题给出个答案。

崇祯能有什么办法，只好冠冕堂皇地说道："皇帝为了国家社稷牺牲，自古以来都是这个理儿。"

正在李邦华等人以为崇祯已经答应提议，准备欢呼的时候，崇祯愤愤地说了一句气话："你们迁都难道是想让我抱头鼠窜吗？"

听崇祯这么一说，几位大臣急忙改变立场。兵部给事中光时亨率先站了出来，表达自己对南迁的愤怒之情，建议皇上将南迁者革职查办。光时亨本是南方桐城人，可他坚决主张死守北京，接着他慷慨激昂地谴责、批判那些要放弃北京的人。

其实只要在官场上混过的人都知道，领导已经不高兴了，现在又有人站出来谴责。接着的工作就是站好队，表示对领导的忠心。于是在场的27名大臣中19位主张所有人留下来固守北京。

崇祯郁闷了，我就是说了句气话。我是让你们反对太子南迁，支持我南迁。这倒好，一起固守北京，你们是想让我们朱家的天下葬送在北京吗？

崇祯的脑子混乱了，如果现在训斥光时亨阻扰南下，就是自己打自己脸。但同意光时亨的说法，今天还开什么会？

混乱的还有大臣，主张南迁的和主张坚守的吵了起来。最后看大臣们吵吵不停，崇祯大声说道："现在国家到了生死存亡的时刻，却没有一个忠臣义士为朝廷分忧，净出些馊主意。自古以来，皇上就是要誓死保卫国家社稷。现在我的主意已定，你们不要再多说了。"

好吧，绕来绕去，最后还是决定死守北京，让迁都见鬼去吧！

还是自救吧

大家看崇祯的主意已定，也就不好再说什么了。既然皇帝和太子都留下，那么想着怎么保卫京师吧。

4月16日，我们前面提到的那位叫光时亨打报告给崇祯，说可以召回所有在外作战的军队勤王。

光时亨知道这样做就意味着放弃一部分领土给清军，但是他觉得这只是暂时的放弃。一旦朝廷剿灭了叛匪，再回头收拾也不迟。

其实这个主张很多人都想说，但没有勇气提出来，崇祯曾经坚决不同意调回前线作战部队，有的人怕提出来犯了皇帝的忌讳。光时亨是第一个毫不掩饰地提出这个主张的人。

这无异于一颗炸弹投放到紫禁城，明朝廷内部立刻炸了锅。

光时亨不乏支持者，倪元璐、金之俊、吴麟徵和孙承泽都是他的坚决拥护者。他们认为应该把吴三桂、王永吉、唐通召回京城，否则京城必将毁于一旦。

但是崇祯的首辅大学士陈演和魏藻德，坚决反对召回这些军队，他们认为这样做就是把领土让出。

魏藻德的建议得到山东将领刘泽清的支持，因为吴三桂的军队若撤离长城防线，刘泽清的侧翼就会暴露给清军。

崇祯还有些犹豫，他似乎还想着李建泰，似乎还幻想着他突然报告说反贼们都被消灭了。

失去联系的李建泰终于来信了，他告诉崇祯一个最不愿看到的结果，信中还劝说崇祯采取一切可能的措施自救。

李建泰还在信中提出先把太子派到南方，然后再把朝廷迁往南方。

尽管一周之前崇祯已经明确提出不准再提南迁的事情，谁谈跟谁急。但是现在没有任何人来保护京城了，南迁的事情又提交到了桌面上。

崇祯在殿前开会的时候提出，送太子到南京，让他先行接管江南的军事。

然而光时亨再次火冒三丈，质问道：

奉太子往南，诸臣意欲何为？将欲为唐肃宗灵武故事乎？

唐玄宗后期地方藩镇割据加重，终于爆发"安史之乱"。很快叛军打到了首都长安。唐玄宗只好匆忙逃出京城。走到马嵬驿这个地方，随从的护卫军发动兵变。

当时护卫军约三千多人，隶属于太子的就有两千多人。兵变的首倡者是龙武大将军陈玄礼，但太子贴身宦官李辅国却是中介人，扮演着重要角色。

这俩和太子李亨一合计，先是杀了宰相杨国忠，然后逼迫玄宗赐死杨贵妃，结束了两人的恋爱史。从此阴阳相隔，再也没有贵妃醉酒和霓裳羽衣曲。

兵变后，太子李亨与老爸玄宗分道扬镳，玄宗去了四川，李亨却跑到河南灵武。在没有老爸同意的情况下，登基做了皇帝，推老爸为太上皇。

都把李亨拿出来了，主张南迁的官员立刻安静了，谁还敢说话啊。现在南迁已经被提高到如此的高度，直接跟帮助太子篡位连在一起！

刚才还上蹿下跳的大臣们现在都低着头，不敢发出一点声音。崇祯看到群臣都不做声了，便开始训斥起来。

自私自利，没有见识，什么样的话都骂了，最严重的便是这句：

朕非亡国之君，诸臣尽亡国之臣尔。

后来这句话被人们误认为写在崇祯的遗书里，后面还要讲这个事情，这里就先放下。

听了这句话的官员大惊失色，可以说两股战战，几欲先走。大家都明白任何劝说崇祯的行动都是无效的。从此，绝望的气氛笼罩在京城的上空，大家都把家眷偷偷地送到南方，自己也做好了随时南逃的准备。

诸臣咸思南窜。

史书上"窜"这个字，形容得真是贴切，好像在说一群惊慌失措的老鼠一样。

但局势虽然很糟糕，还没有到不可收拾的地步，至少崇祯这样认为。

此刻崇祯还不太相信一群种地的人能够攻下北京城，皇太极的数万铁骑来北京几趟了，北京城还不是屹立不倒。

但是现在北京城没兵源了，不知道什么原因，成批的士兵倒下了。还有军费问题，国库是没有指望了，崇祯只好拿出自己的内库储备。

这些钱其实也没剩多少了，这几年战争基本花光了崇祯的个人储蓄。崇祯现在最信任的人就是太监了，对于手下大臣们他已经是彻底失望了。

崇祯把后宫的宦官们武装起来，并派杜勋指挥他们，协助总兵唐通守卫居庸关。

这就是纯粹的病急乱投医。崇祯可能是受先祖朱棣的启发。当年朱棣起兵与侄子建文帝争夺皇位的时候，失去男性特征的太监们竟然驰骋疆场，为朱棣夺取皇位立下赫赫战功。

崇祯盼望太监们出现奇迹！像几百年前一样！

太监被阉割后，生理上会产生一系列变化。声音、皮肤都会朝女性化方面发展，身体发胖，免疫力下降，这些都会制约他们的作战能力。

一万个太监中挑出十多个打架还行，可能也有几个打仗好手。但一群太监也就能组个观光旅游团，组成一支军队那算是瞎了。

要从根本上解决兵源，仅靠不男不女的人不行，崇祯决定依靠广大的劳动人民。对于这件事儿崇祯犹豫了很久，古往今来君王们都晓得"水能载舟，亦能覆舟"的道理。

崇祯也明白，到了危急的时刻更明白：这个时候出现了不受自己控制的军事力量，即使将来剿匪成功了，谁知道自己还能不能保住皇位！

在历史上类似这样的事件可是发生了很多次！

现在形势所迫，崇祯实在想不到什么好办法，也许未来并没有自己想的那样糟糕，也许天下忠义的人很多，也许……

最后向天下宣告：

　　各路官兵，凡忠勇之士，倡义之王，有志封拜者，水陆并进。

后宫那些事儿

崇祯的这些努力显然没有感动上天！

1644 年 4 月 10 号，象征皇帝的北极星出现下移。

在古代，人们往往把北极星同国运联系起来。钦天监官员遇到一个可以显示他们重要性的机会，自然不会放过。他们大力宣扬上天所给的警示，希望皇上能引以为戒等等。

不过皇帝让钦天监的官员失算了，崇祯并没有太在意，至少表面上是这个样子。对于自己，崇祯问心无愧，倒是官员们，崇祯觉得他们应该好好地反省。

有些人建议朝廷的一切招待从简，活动减半。崇祯不是铺张浪费的主，补丁的衣服穿过，没新房子的日子也有过。但是现在崇祯明白如果忽然勒紧裤腰带，朝廷上下的恐慌可能会日益严重。

作为一个国家的最高领导人，他必须保持镇定，保持清醒的头脑。

4月22日，崇祯照例主持早朝，并将讨论的话题转到军饷上来。

正在大家讨论为居庸关守军增加给养时，一名信使忽然闯进会议室，呈上一份只能崇祯自己阅读的绝密急件。

看到这封信，崇祯感到最后的希望没有了。先前自己还在苦苦地支撑，因为居庸关还在明军手中。现在农民军已经到了昌平。

为什么每次希望越大失望也越大呢！寄予厚托的杜勋也叛变了，现在到底还有谁可以托付社稷呢？

到了现在，所谓的脸面、尊严，崇祯都已经不在乎。看到崇祯脸色突变，待在那里，大臣们纷纷小声议论起来。

过了一会，崇祯两眼无神地起身回到卧室，一句话没说，显然他忘记了下面还有群臣。聪明的大臣已经猜出了几分，待皇帝走出会议室，大家的猜测得到了证实：

昌平失陷了！

以往崇祯遇到烦心事儿，一般会去找田贵妃，田贵妃每次都能把崇祯逗得愁云四散。

可是两年前田贵妃已经死了，现在崇祯除了王承恩没有什么可以说知心话的人了。

崇祯的原配为周皇后，今北京大兴人。

崇祯还是信王的时候，哥哥明熹宗天启看周皇后（此时当然不是皇后，以周皇后称方便写书，田贵妃也是如此）聪明伶俐长得也不错，就打算把她许配给崇祯，但又担心周皇后太瘦，不能承担起为朱家开枝散叶的重任。

这时候万历的老婆许贵妃出面了，她认为现在瘦不代表以后瘦，将来是可以长胖的。既然长辈（爷爷的夫人）都这么说了，天启也没有什么可说的。

崇祯初为信王的时候，信王府的经济比较紧张，周皇后与崇祯这个时候夫妻还算恩爱。等到信王府的经济有了一点改善，周皇后与崇祯这对夫妻就不和谐了。

崇祯也犯了男人的通病——喜新厌旧，他迷恋上了田贵妃。

田贵妃是陕西人，后来迁到了扬州。他的父亲田弘遇以前是个商人，喜欢四处游玩，经常出入娱乐场所，并且购买了很多歌妓，整天在家听歌看舞的，日子过得是不亦乐乎！

田贵妃从小就看着这些歌妓们表演，长期耳濡目染之下，逐渐培养了她的音乐细胞。田弘遇还不惜重金，聘请了知名的艺师和歌妓指导田贵妃学习各种技艺。这样下来，天生丽质、聪明伶俐的田贵妃琴棋书画、刺绣烹饪样样精通，而且往往有自己的心得。

十二三岁时，田贵妃所作的诗已经在扬州大街上传开，而且作为一名婀娜少女，田贵妃还能上马弯弓射箭，箭无虚发，确实很不简单。

商人田弘遇之所以如此下血本地培养女儿，目的当然只有一个，就是要提高田家的地位，找的女婿一定得是有钱有势的人家。

到了结婚年龄的田贵妃，如此出色，再加上父亲的运作，她很顺利地做了崇祯的小妾。当时崇祯还是信王，虽然生活比较艰苦，但是王爷小老婆的身份，在当时田家已经是高攀了。

田氏嫁给崇祯后，凭借着姿色和聪明才智，很快占据崇祯的整个心灵。崇祯即位后，先是封为田妃，不久又封为田贵妃。

田贵妃不喜欢宫中的装饰，也许是因为天生丽质，本身就不需要什么装饰打扮。

田贵妃长着一头瀑布似的头发，肤如凝脂，身带芳香，声音如银铃般悦耳。弹琴鼓瑟样样精通，围棋双陆更是出神入化。崇祯真的是敬佩不已。据说她曾经画了一副群芳图献给崇祯，崇祯便迷上了这幅画。

一次她陪崇祯到射场检阅军队，崇祯特意命她骑马射箭，田贵妃连射三箭，箭箭中的。太监们连声喝彩，崇祯更是打心眼里高兴。

崇祯常常因为国事吃不好，睡不着。连回宫与老婆们干正事的时间都限制到了极点，一般一个月就一两次，但是每次都直接找田贵妃。

田贵妃善于逗乐，每次崇祯的愁眉都被田贵妃解开，忧郁也暂时放下，因此崇祯对田贵妃的喜爱远远超过其他嫔妃。

田贵妃见崇祯如此宠爱自己，也就越来越骄横起来。其实说白了就是闲得慌，一两个月见不到丈夫一面，整天待在一个大笼子里，任谁都受不了。只能吵吵架，耍个小心眼，争风吃个醋，正好可以打发一下无聊的时间。

不是有这么句老话：有人的地方就有纷争。皇宫大内可有不少人，那可是另一个江湖！

皇帝的老婆号称有"三千佳丽"，倜三千以上的有的是。崇祯也有不少老婆。

作为皇帝不可能面面俱到，被后宫争风吃醋的事情闹得烦心。但是比起让她们干预朝政，要好很多了。

田贵妃的地位在崇祯的后宫中名列第二，周皇后才是第一，但是田贵妃凭借着崇祯的宠爱，显然把自己当成了第一夫人。

周皇后本来不是一个小气之人，但是田贵妃的骄横跋扈超越了她的底线，作为皇后她不能扫了自己的颜面，否则怎么号令后宫。

眼看到元旦了，北京的元旦是相当冷，关键是风大。按照惯例，元旦时田贵妃要到皇后那里拜见。田贵妃到了交泰殿，等待皇后的宣召，谁知等了半天还不见一个人出来。

那时的保暖设备可不比现在，北京的冬天也比现在冷多了。田贵妃等得都快冻僵了，但是没有皇后的命令她是不能离开的。

又等了好久，终于到田贵妃觐见了。本来以往周皇后是不会搞什么正规仪式来接待这些妃子们的，谁知今天周皇后竟然穿得相当正式，而且高高地坐在椅子上，看样子是专门等待田贵妃的朝拜。

看到这架势，田贵妃虽然心里十万个不愿意，但是也没有办法。按照宫里的规矩，哆哆嗦嗦地给皇后磕了3个头。拜完之后，还没有等田贵妃开口，皇后的内侍就告诉她，现在可以回去了，一句慰问的话都没说。田贵妃哪受过这气，当时就气得七窍生烟，但是程序上没有什么问题，也只好悻悻地回到自己的宫中。

第二天见到崇祯，田贵妃立刻泪流满面，一把鼻涕一把眼泪——眼泪，装的成分居多，鼻涕，可是真受了委屈。崇祯听完爱妃的倾诉，对于皇后的做法很生气，于是极力地劝慰田贵妃，并答应找机会为她主持公道。

春天的御苑百花盛开，甚是漂亮。

一天，崇祯领着所有的嫔妃们到那里赏花。田贵妃与周皇后当然也位列其中。狭路相逢，田贵妃作为下级，见了皇后竟然扭过头去，装作没看到。

周皇后不干了，这跟被人打了耳光没什么区别，立马跑到崇祯那儿告状，诉说田贵妃的无礼行为。

崇祯装傻，全当没听见，周皇后不依不饶，絮絮叨叨抱怨个不停。崇祯本来对周皇后戏耍田贵妃就有意见，现在终于爆发了，抡起手臂一下子将皇后放倒在地。

周皇后仰面跌倒，宫女们慌忙上前搀扶。此时候的周皇后，什么皇后礼仪全都抛到了脑后，呜咽地向崇祯哭道：

> 陛下忘了当初为信王时，因魏阉用事而日夜忧虑，只有妾与陛下共历患难，现在当了皇帝就这样对待糟糠之人？

说完伤心地跑回坤宁宫。此时崇祯心里也不是滋味，动手之后也后悔了。对于这位共患难的妻子，崇祯知道自己做得太过分了。

望着远去的背影，崇祯张了张嘴，但最终没有说什么！

三天后崇祯召来坤宁宫的宫女询问周皇后的近况，宫女说：皇后已经三天没有吃饭了。崇祯立马派身边太监把貂皮大衣送去，毕竟是皇上要面子，不能太直接表达歉意。周皇后这才起来吃点东西。不过崇祯对田贵妃依然十分宠幸。

明清流行裹小脚，并以三寸金莲为时尚。田贵妃正好有一双可爱的小脚，崇祯同志经常是爱不释手。有一次崇祯看见田贵妃所穿绣鞋上面的刺绣绣得相当精美，就仔细端详起来。

刚一开始崇祯还是阳光灿烂，忽然看见绣鞋上有一行"周延儒恭进"的字样，崇祯的脸立马沉了下来。

周延儒这个人虽然打仗不怎么的，但是察言观色、揣摩上意、请客送礼很有一套，现在已经做到了首辅的位置。

对于皇帝来说，大臣绝对不许与后宫联络。

这是有悠久历史的，最受伤的莫过于西汉的皇帝，弄到最后外戚王莽把皇位都给夺了，以后的皇帝把大臣与后宫的联系视为一种危险信号。

田贵妃，你和周延儒是什么关系？

田贵妃吓得脸都变了，马上叩头认罪，但是崇祯还是愤愤离去。

工作压力，国家内忧外患，本来崇祯心情就不好，碰到这种事情，他处理得有些极端。

接下来三个月崇祯都没有到田贵妃那里，并且下旨谴责她对皇后的无礼行为，最后还要把她赶出启祥宫。

周皇后虽然对于田贵妃的行为十分愤怒，但是作为后宫第一人，母仪天下的表率，还是决定拉田贵妃一把。

不久后，崇祯和嫔妃们在永和门赏花，周皇后建议崇祯把田贵妃召来，崇祯没有答应。周皇后却自己作主把田贵妃召来了。

此时的田贵妃面容憔悴，与之前的神采飞扬判若两人。崇祯看到又起了怜悯之心，周皇后心里的怨气也出了，她极力地劝说崇祯与田贵妃重修旧好。

崇祯也只是一时之气，周皇后给这么个台阶，崇祯自然是心花怒放。当天晚上崇祯和田贵妃又好成了一个人。

但是田贵妃可能是生在伤感的地方，又经常接触伤感的歌妓，性格中也带有许多伤感，从此田贵妃郁郁寡欢，所生的几个孩子也都先后夭折。田贵妃悲痛交集，一下子身体就垮了下去。

崇祯十五年七月，这位曾经给崇祯带来无限欢乐的女人离开了人间。

勿生帝王家

我们书接上文，崇祯得到昌平失陷的消息，一言不发，脚下不由自主地就往田贵妃的住处走去。走到半路才忽然想起来，田贵妃两年前已经死了。

崇祯忽然停了下来，接下来要去哪里，周皇后、袁妃，还是……

满眼望去，他才发现自己连个去处都没有，一股莫名的悲伤涌上心头。

王承恩看到崇祯眼角湿湿的，但他能做的就是默默地站在那里，一动不动，更没有开口劝说什么。一份难得的宁静，弥漫在四周，此时的崇祯远离群臣，摆脱了后宫的争吵。

王承恩是个好太监！

王承恩生于哪年不清楚，原来隶属于曹化淳名下，曹化淳退休后，就接了他的班，成为崇祯最信任的人之一，北京被围时被任命提督北京兵马。最近军情越来越紧急，崇祯的睡眠也越来越少，王承恩希望这个苦命的天子能够一觉解千愁。

两人一直站在那里，仿佛过了很久很久。最后王承恩搀扶着崇祯回到了后宫，因为他明白还有许许多多的事情等着他们去做。

回到宫中，崇祯命令王承恩拟定一份"文臣个个可杀"的诏书，王承恩劝说了好久，崇祯才放弃这个念头。的确太累了，也该休息了。

崇祯这天睡得很熟，他已经不用再想了，因为想破脑袋还是无济于事。

第二天早上崇祯是被王承恩叫醒的，还带着睡意的崇祯登上了宝座，看着下面的群臣，崇祯竟然潸然泪下，下面的大臣也纷纷哭泣起来。

大殿之上，一片哭声！

此时的李自成大军已经到了北京西郊，中午时分便开始攻打西直门。城外的守军纷纷投降，城内的守军则向农民军的上空，或者是没人的地方开炮。

还好李自成害怕自己承担弑君的罪名，没有进行大规模的进攻。

前面说过，李自成、刘宗敏只是希望敲诈崇祯一笔，然后回陕西老家做个"西北王"。而李岩则是希望拿下北京，接着再统一全国。

双方为此一直争论不休，李自成最后一拍板，先派人同崇祯谈判，谈不拢，再打！

他派出居庸关投降的宦官杜勋，代表"大顺"政权到宫中去跟崇祯谈判。

崇祯当然还记得杜勋，不久前他是自己最信任的人。

就在不久前，自己拿出为数不多的私房钱招募军队，满怀希望送别这支军队和杜勋。曾经的事情历历在目。

但现在这个人却成了叛军的特使，站在自己面前。

崇祯很想看看这个叛徒的嘴脸，他希望看到一副紧张抽搐的面孔。

但崇祯确实失望了，杜勋表现得相当镇定，见到崇祯十分坦率地说明了"大顺"的条件，称王、割地、赔款。

崇祯永远不能理解杜勋，也不可能明白。

那么多太监，崇祯偏偏选择了他为国捐躯。阉割的身体、后宫的生活已经磨去杜勋的男子气概，打仗这种会死人的事，他是不会去的。

崇祯知道北京是守不住了，吴三桂他们是没得指望了。

现在李自成愿意放弃攻打北京，但你得满足他的条件，对于崇祯来说无异于最后的稻草。但是抓住这根稻草，崇祯就得背负偏安一隅的骂名，朱家的列祖列宗不会原谅自己。

崇祯希望有人出来背这个黑锅，做这种事情的人，会被后人骂上几千年，唯一的好处就是会得到这一世的富贵荣华。

崇祯希望魏藻德能够勇敢地站出来，为自己分担投降的骂名。于是崇祯转向魏藻德问道：

> 此议何如？今事已急，可一言决之。

你来帮我背这个黑锅吧。

魏藻德，北京通州人，字师令，号清躬。崇祯十三年（1640年）状元，此人口才非常棒，并且精通琢磨领导心理，所以很得崇祯的欢心，官至礼部右侍郎，现在是朝廷首辅，也是大明王朝最后一任首辅。

此人是崇祯钦点的状元，就是天子门生，应该是崇祯最信任的人。

如果崇祯知道此人以后的表现，当年殿试就不会钦点他，还会活劈了他。

崇祯十六年，面对农民军和清军的进逼，崇祯急于筹集军饷，命令官员们捐钱"助饷"。魏藻德第一个提出自己没有多余的钱，搞得崇祯的集资计划流产。

崇祯十七年（1644 年）农民军逼近北京，魏藻德被任命为内阁首辅。李自成来到城下派人讲和，这次魏藻德选择了沉默。

三天后北京陷落，魏藻德本来以为凭借自己的口若悬河、才高八斗，肯定能在大顺政权中获得一官半职。

但是他想错了，刘宗敏进京后，很快把他以及他的同僚们投进监狱。禁受不住夹棍的折磨，魏宰相交出几万两白银。刘宗敏不会相信堂堂的一国宰辅只有这点钱。于是继续用刑，魏宰相最后脑裂而死，享年 39 岁。

死前魏藻德才后悔，大呼：

之前没有为主尽忠报效，有今日，悔之晚矣！

当时的崇祯让魏藻德陪在身边，就是看重这个人听话、有头脑，并且年轻，不会像其他年长的人，太过圆滑了。

所以才希望他来背黑锅。哪知道这小子装没听见，选择沉默。

没想到魏藻德竟然来了这手，崇祯当场就想给他一巴掌。为了给他一个机会，其实是再给自己一个机会，崇祯又问道：

此议何如？

魏藻德同志还是选择沉默，平时侃侃而谈、口若悬河的他消失了？崇祯感觉自己的心跳在加快，身体忍不住地发抖，看看台下恶心人的杜勋、台上气死人的魏藻德，急忙命人打发走杜勋。

待杜勋走后，崇祯的小宇宙爆发了，狠狠地击打椅子，并且把它推倒，他已经顾不得一个皇帝的尊严。

对于平时口若悬河、关键时刻掉链子的官员们，崇祯已经彻底失望了，他甚至还想踹魏藻德一脚，但转身后发现他已经溜了。

此时的崇祯已经没有所谓身份和礼仪的概念了，他坐在大殿中，泪水再也忍不住地流了下来。只有王承恩明白，这时候就让这个苦命的天子痛快地哭吧。

这天夜里，李自成的军师宋献策同志占卜星象，说如果明天有雨，那么北京城必定告破。第二天早上，李自成醒来后，见到外面下着蒙蒙细雨，下令全力攻城。

傍晚时分不知道哪位打开了城门，李自成进入了南城。此时崇祯已经明白紫禁城要换主人了，虽然很早就感觉到了，只是一直强迫自己不要去想，但现在一切都是那么真实、那么残酷。

崇祯明白现在只有出城往南方跑了，大臣们就别再指望了，太监这帮人也没谱，关键时候还得靠亲戚。

下午五六点的时候，崇祯秘密派遣太监传令新乐侯刘文炳、驸马巩永固，带领家丁护送自己出城南迁。

刘文炳的祖母瀛国太夫人徐氏是崇祯的外祖母，女婿巩永固更不用说。但是朱元璋同志定下来的规定，外戚不得干预朝政，他们的生活水平也受到限制，这两家亲戚的家丁也不过几百人。

平时扫地端茶倒水的几百人与农民军对抗，无疑是以卵击石。崇祯真是急糊涂了，忘了这么一个简单的道理。

崇祯这个时候又想起了首辅魏藻德，他是本地人，人脉广，又有各种关系，如果他肯帮忙，或许还有一线生机。

魏藻德此时正在家中静静地等待大顺军的到来，想着：凭才华、按实力，怎么也能混个不错的官职。

听到崇祯派人传唤自己，虽然不愿去，毕竟现在紫禁城的主人还姓朱，崇祯的命令还得听。

见到面容憔悴的崇祯，魏藻德还想选择沉默，但是看到崇祯拿着哀求的眼光看着自己，他心里十分矛盾：做一个保家卫国的忠臣，还是重新获得一份高官厚禄？

不管怎样，对于身为北京人的魏藻德，南迁无异于一场灾难。魏藻德最终还是选择放弃崇祯，虽然他一直很重视自己。

崇祯感觉到自己又回到了那个充满孤独的童年，那个时候没有什么人关心照顾自己，但是心情却显得很平静，因为自己的世界本来就是这个样子。

如今做了十几年的皇帝，习惯了陪伴和拥护，忽然又变成了一个人的世界，崇祯感到异常的痛苦和无助。

崇祯知道了自己的目标，只有保住太子，才能为大明朝留下最后一丝希望。

他找来周皇后、袁妃及太子朱慈烺、定王朱慈炯、永王朱慈照。朱慈烺与朱慈炯的母亲是周皇后，朱慈照则是田妃所生。

崇祯嘱咐三个儿子几句，便命宦官把他们送到姥姥家，周皇后拉着太子与二王的手哭个不停。

等安排好太子的归宿，崇祯把周皇后、袁妃和大女儿等家人叫过来一起吃饭。这些年一直忙着公务，对于家人确实疏忽了。

大家都知道这顿晚餐的含义，这叫我们怎么吃？最后只能用凄凉来结束家人的团聚，崇祯多么希望充满欢声笑语的晚宴，但这只能是希望。

崇祯知道为了朱家的名声必须这么做，一个是患难多年的妻子，一个是宠爱有加的妃子，还有刚满十五岁的大女儿，为了保存她们的贞洁必须让她们离开这个不幸的世界。

酒才喝了几杯，崇祯已经流下了眼泪，他强忍着泪水对周皇后说道：

大事去矣！尔宜死！

周皇后之前曾委婉地建议崇祯南迁，但是崇祯不听。这个贤淑惠达的女人已经抱定了殉国的决心，但此时她带着怨恨、鄙夷，还有失望的目光，让崇祯不能抬起头来。

袁妃起身想要离开，崇祯没有想到这个自己最喜欢的女人也会选择离开。袁妃只是受不了这个永别的场景，却给崇祯一种逃离的感觉。崇祯拔出剑追了过去，同时悲愤地吼道："你也应该自杀。"

说着一剑砍到袁妃的肩上，袁妃慌忙逃避，崇祯又追了过去，再一剑，终于结束了袁妃的生命。望着死不瞑目的袁妃，崇祯嚎啕大哭。

周皇后看到丈夫已经失去了理智，现在估计说什么也不会听，其实也没什么可要说的了。

她急忙返回坤宁宫，用一条白绫结束了一代皇后的生命，也完成了嫁鸡随鸡的使命。

崇祯拿着血淋淋的剑，似乎还在寻找下一目标，他没有找到周皇后。此时已经晚上九点多了，崇祯提着剑来到大女儿的住处——寿宁宫。

崇祯的大女儿长平公主朱徽娖作为汉族皇室的最后一名公主，其实我们都不陌生。金庸先生的《碧血剑》《鹿鼎记》等小说中对那位以"反清复明"为己任的独臂神尼的刻画，早已深入人心。

朱徽娖生于崇祯元年（1628 年），她的母亲原是周皇后的侍女，生下她时因为产后失血过多不幸身亡，倒是换回来顺妃的称号，时年十八岁。

朱徽娖出生后便被送到坤宁宫周皇后那里抚养，因为当时周皇后也怀有身孕，不久后生下皇长子朱慈烺。一年后，崇祯册封刚满周岁的朱慈烺为太子，朱徽娖为长平公主。

崇祯不到二十岁就做了皇帝，之后的十七年一直为国操劳，所生的子女也比较少。崇祯共有六个女儿，其中四人早逝。大女儿在崇祯还是信王的时候就已经夭折，崇祯即位后，追封她为坤仪公主。三女儿十岁的时候，正逢明亡，死于昭仁宫，后人称之为昭仁公主。

朱徽娖是崇祯的第二个女儿，甚得崇祯疼爱，也是六姐妹中唯一一个长大成人的，人们喜欢叫她长公主。

历史原来这么有趣·清朝卷——这是大清开国史（顺治）

崇祯看着昔日自己最疼爱的女儿，举起剑来，又放了下去，反反复复多次后，心里一狠道："谁让你生在帝王之家呢！"最后砍了下去，神情恍惚之下，砍在了手臂上，长平公主惨叫一声，倒在血泊中。

崇祯又到了坤仪宫，杀死了刚刚十岁的坤仪公主，浑身是血的崇祯再也控制不住自己，当他来到坤宁宫看到皇后已经自缢，大叫一声，踉跄着退了出去。

崇祯强迫自己冷静下来，接着召来王承恩，希望他能够挑选一些比较能干，并且政治过硬的人保护自己出宫。

王承恩允诺这个没有问题，只是皇帝和他都走后，紫禁城的保卫由谁承担，毕竟宗庙社稷现在是没有办法带走了。王承恩建议由成国公朱纯臣总督内外军务，辅佐太子，同时释放监狱中的囚犯。

朱纯臣以前在皇太极进犯北京时，表现得十分勇敢，击败过皇太极的军队。但这是很久以前的事了，崇祯托孤于此人，估计也是考虑到本是同根生吧。

做出上述安排后，崇祯命人送来一壶酒与王承恩对饮起来。主仆两人都没有说话，只是大口地喝酒，王承恩也知道此行凶多吉少，也就没有劝说崇祯少喝点。

约莫到了凌晨三四点钟，这个时候正是人精神比较恍惚的时候，也正是一个人最懈怠的时候，崇祯悄悄地来到王承恩的住处。换上了王承恩早已准备好的衣帽，手持三眼枪，在几百亲信宦官的保护下向宫门进发。

崇祯一行人到了齐化门（朝阳门），托付重任的朱纯臣手下竟然不肯打开城门。

崇祯只好转向正阳门，刚要开门出去，这时候城门守军以为是奸细，霎时间弓箭枪炮响个不停。还好有周围人挡着，才没有死在自己士兵的枪炮下。

崇祯无奈，只能到朱纯臣家门口求救，朱同志玩得更绝，家丁回复："老爷出去吃饭去了，不在家。"都什么时候了还去吃饭？

崇祯没有想到，现在的朱纯臣已经不是从前的朱纯臣了。他已经没有以前的英勇，崇祯逃到齐化门时，朱纯臣就站在城墙上，告诉手下不许打开城门。

大顺军一进城，朱纯臣毫不犹豫地勇敢地站了出来——投降！

气急败坏的崇祯返回宫内，现在真的成了瓮中之鳖了。

马上天就要亮了，崇祯换回属于自己的服装，在前殿击钟宣召群臣开会。等了老半天连一个人影子也没有。

面对着空荡荡的大殿，崇祯喃喃地说道：

> 诸臣误朕也，国君死社稷，二百七十七年之天下，一旦弃之，皆为奸臣所误，以至于此。

当时没有人在场，崇祯说过什么话，后人怎么会知道，就像崇祯吊死在煤山后留下的一封遗书：

> 朕自登基十七年，逆贼直逼京师，虽朕薄德藐躬，上干天咎，然皆诸臣之误朕也。朕死无面目见祖宗于地下，去朕冠冕，以发覆面，任贼分裂朕尸，文武可杀，但勿劫掠帝陵，勿伤百姓一人。

这些应该都是清朝人编的，因为他们是很同情崇祯的。

此时的崇祯已经没有责备大臣的力气了，自从登基以来就没消停过，内忧外患劳心劳力，已经累了。此时他真想放下一切，平淡地过日子。

崇祯还是有些不甘心，辛辛苦苦努力了那么多年，到头来成了孤家寡人，亡国之君。崇祯也曾想过像哥哥朱由校那样做自己喜欢的事业，让别人说去吧。

面对空无一人的大殿，崇祯想了很多很多，往事有如一幅幅画卷在他眼前闪过，他知道自己该做什么了！

一个亡国之君该做的事！

崇祯望着一直陪在自己身边的王承恩，很想让他也逃命去。毕竟这个天下是朱家的，其他人都没有必要非得为朱家献身。但此时崇祯的内心却希望他能陪在自己的身边，走完人生的最后旅程。

王承恩本来就是个无名小卒，更是一个失去男性特征的小卒，但因为结识这个天子，王承恩得到了地位，同时还有别人的尊重。

这一切都来自于身边的这位中青年男子，他已经绝望到极点，为了一个神圣的目标已经努力很多年，也许没有比长眠于地下更好的方法拯救这个苦命的人。

只要轻轻一抹，那把杀死老婆女儿的宝剑，就可以瞬间把崇祯送到祖先那里。这也是崇祯最不愿看到的。好好的一座江山断送在自己手里，自己没有脸见祖先，必须采用上吊的方式，这样自己的灵魂就会飘散开来。

崇祯还想到奉先殿中祈求太祖、成祖两位祖先的原谅，在过去的十几年中崇祯常常在非常时期跑到那里向这两位贤明的祖先倾诉。

很多时候为了避免被太监、宫女们发现，崇祯总是选择在半夜过去，然后跪在两位祖先的牌位前低声地哭泣。

崇祯虽然每次都极力压低自己的声音，但是很多次控制不了自己，幽怨惆怅的低泣让太监和宫女们也为之恻然。

现在崇祯觉得没有脸面去见他们了！虽然他们的身体早已腐烂，但他们的灵魂还没有安息，甚至他们的牌位都在颤抖。

崇祯的内心悔恨大于绝望，可能从一开始就不应该做这个皇帝，如果不做这个皇帝，可能就不会爆发农民起义，明朝也就不会灭亡。

如果国家没有亡，自己还只是个悠然自得的信王，虽然日子苦了点，但是夫妻恩爱，田贵妃也不会这么早死去。

但这些只是如果，时光不可能回流，现实就是现实。

十七岁崇祯的路还有两条，三十三岁崇祯的路只有一条。

在景山的一颗歪脖子树上，崇祯结束了自己年仅三十三岁的生命，而陪伴他的只有王承恩一个人。

三天后，起义军发现了崇祯的尸体，农民军将崇祯和周皇后的灵柩移出了宫殿，暂时放在东华门。

崇祯的属下前来拜祭哭泣者三十人，拜祭但不哭泣者六十人，其他人均表示沉默。

相比较这些高官文臣们，太监、宫女这些小人物却表现出可敬的一面。太监自杀者以百计，战死者达千人以上，宫女自杀者三百多人。

后　记

皇宫大乱时，尚衣监何新看到长公主倒在血泊中，立刻与一名姓费的宫女救醒了长公主，然后把她背出宫去。

费氏只有十六岁，长得也是楚楚动人，为了保护长公主，她与长公主换了衣服，然后藏在一口枯井中。农民军从枯井中把费氏勾了出来，见她相貌、穿着都非同寻常，就把她献给了李自成。

费氏称自己为长公主，李自成见她如此美丽就把她纳为小老婆，但是一问投降的太监，原来被耍了。李自成觉得以自己现在的身份不能娶个宫女，就把她赐给一名姓罗的部将。

天上掉下个大美人，罗某人乐得都合不拢嘴，急急忙忙把费氏带回家里。费氏很严肃地告诉罗某人，当天不适合同房，得明媒正娶方行！

罗某看到这么漂亮的人愿意嫁给自己，还有什么不能答应的。迎娶那天，罗某同一帮兄弟们大碗喝酒、大口吃肉，高兴得跟傻瓜似的。

费氏在衣服里藏了把利刃，等到喝得醉醺醺的罗某进入洞房后，一刀便结果了他的性命，接着也自刎而死。

李自成听到这个消息甚是惊讶，命人好好安葬这个烈女子。

值得表扬的皇亲国戚比较少，刘文炳就是一个。比起崇祯的老丈人，刘文炳对得起皇亲国戚这个称号。

刘文炳的祖母瀛国太夫人徐氏是崇祯的外祖母，大明江山完了后，刘家人选择了殉葬。

崇祯十七年三月十九日，农民军攻进紫禁城后，刘文炳和二弟刘文耀跳井自杀，母亲、妹妹、妻妾均选择跳楼自杀。刘家四十二口人纷纷殉难，仅小弟刘文炤一人逃脱。

刘文炤本来也想同家人一起为大明殉葬，但是考虑到已经九十多岁的崇祯外祖母没有人照顾，刘文炳和母亲便苦劝小弟刘文炤活下来照顾祖母。再说当时刘文炤才十五岁，还比较年轻。

刘文炳在自杀之前将外祖母藏在申湛然家中，申为宛平太学生，同刘文炳以及驸马巩永固为刎颈之交，把弟弟、祖母放在他家中是没有问题的。

大顺军进城后，知道申刘两家的关系，并且崇祯外祖母又藏在他家里，那么他家里一定有很多钱了。

一帮人使用了各种酷刑折磨申湛然，希望找到所谓的金山和刘文炤的下落。

刘文炤只好选择其他藏身地点，他一直在等待光复大明的时机。后来看到情况越来越糟，太子和二王均做了俘虏，刘文炤便悄悄地逃出了京城，返回故乡。

崇祯的死，留给文人骚客是无比的惆怅，留给历史学家、政治家则是太多的愤恨和指责。人们过多地看到亡国的事实，而忽略事情发展的过程。

多疑、嗜杀、自毁长城几乎就成了崇祯的代名词，谁让他成了亡国的君主呢？比如商纣王在国人的眼中，他就是十恶不赦的大暴君。

这当然要归功于周代的大力宣传，作为上朝的下属犯上作乱，不找出个理由，怎么堵住天下悠悠众口呢？

其实商纣王一生在经营淮河下游、山东、长江流域做出了卓越的贡献，连《史记》都说他：

> 资辩捷疾，闻见甚敏；才力过人，手格猛兽。

当时商军已经配有战车，装备青铜兵器，这在当时都是最先进的武器，并且拥有一万三千多人的正规军，正因为如此，商纣王才敢南征北战，称霸于长江和黄河流域。

周武王联合诸侯进攻商朝首都时，商军主力因在外征战，而没能及时归来，商纣王只好武装一批奴隶仓促应战，结果奴隶倒戈，生性高傲的商纣王点火自焚。

其实崇祯也是一样，他的爷爷天天躲在深宫，他的哥哥更像个木匠，没有一个像皇帝，留给他的已经是一副烂摊子。而老天爷也好像故意和他过不去，连年的大旱继而引发大面积的蝗灾和瘟疫。

历史上因为灾荒而爆发的农民起义估计也有成千上万次吧，而大的起义每个朝代总会有那么一两次，但是能够推翻统治者的却不多见。像朱元璋这样农民起家做成皇帝的更少见，原因在哪里？过去我们称之为农民阶级的局限性。

试想一下整天在田间地头、乡村小巷溜达的淳朴村民，忽然发给他武器，穿上军装，但是战斗力，确实不敢让人恭维。虽然民间不乏武林高手，但是真正打起仗来，个人英雄主义就不见得管用了。赵子龙浑身是胆，但是那只能存在于小说中，打仗靠的是将帅的智谋和士兵们的集体作战能力。

李自成领着一群劳苦大众，忽然从湖北跑到河南，短短几年中打遍河南无敌手，后来竟然攻下北京。这些事情估计就连李自成自己都没有想到，但马上打天下容易，马上治天下也行吗？李自成能治理好自己打下的天下吗？

第四章 老鼠——压垮明朝的最后一根稻草

鼠 疫

1644 年 3 月 15 日，农民军到达居庸关城下，这是北京的最后一道防线，越过此道防线，北京真的就危险了。奇怪的是，这座生死攸关的隘口好像没有人防守，农民军几乎没有遇到抵抗，守将唐通更是举手投降。

两天之后，北京失陷，崇祯上吊，如此顺利，顺利得让人都不敢相信。过去人们都将此归结为政治的腐败、经济上的困难，导致明军已经丧失战斗力。其实从西安过来，农民军并不是没有遇到过抵抗。

李自成在代州、宁武关一带就遇到山西总兵周遇吉的誓死抵抗，当时周只有四千人，农民军以伤亡两万人、损失四员大将的代价方才攻下了宁武关。

李自成经此打击，已经产生退回陕西老家的念头。正在这时，宣府和大同的总兵竟然献上了投降书，李自成于是改变计划，继续向北京进发。

区区一个山西总兵、小小的宁武关发起疯来，农民军已经承受不起。北京兵精城坚，如果耍起狠来，不至于短短的两三天就陷落了。

当时的北京城是个什么样子呢，称之为"鬼城"绝对不夸张。

1997 年上海交通大学历史系的曹树基教授在他的论文《鼠疫流行与华北社会的变迁》中，提出明末华北地区曾经流行鼠疫。2006 年他与学生李玉尚在合著的《鼠疫：战争与和平》一书中，更是明确提出老鼠灭亡了明朝。

鼠 之 罪

　　根据曹树基教授的考证，明朝崇祯六年（1633年）至崇祯十七年（1644年）华北爆发了一次大的瘟疫。发源地大概在山西的兴县，之后传到了山西大同，再到潞安，接着传到陕西的榆林等地。崇祯十四年瘟疫传到了河北大名府、顺天府等地。

　　这些地区的地方志多记载有：

　　　　瘟疫，人死大半。互相杀食。

　　崇祯十六年，北京陷落的前一年，北京也发生了大的瘟疫。当时的人称这场瘟疫为"疙瘩瘟""疙疸病"，应该就是对腺型鼠疫淋巴结肿大的通俗称呼。这次瘟疫的传染性之强极像欧洲黑死病的时期：

　　　　死亡枕藉，十室九空，甚至户丁尽绝，无人收敛者。

　　有一个官员叫吴彦升，刚准备到温州上任，一个仆人就死了。他急忙派另外一个仆人去买棺材，可过了很久还不见买棺材的仆人回来，后来发现那个仆人竟然死在棺材店里了。

　　有一对新婚夫妇，婚礼之后，夫妻进入洞房后就再也没出来，进屋一看，夫妻两人死在床的两头。

　　台湾著名明史专家邱仲麟，在2004年《明代北京的瘟疫及帝国医疗体系的应变》一文详细描述北京的那场鼠疫。

　　崇祯十六年（1643年）四月间，北京每天死亡人数达上万，以至于城门都被运出的棺材堵塞。大街上空荡荡的，几乎家家门口都堆满了死人，街头连个玩耍的小孩都没有了。

　　有人做过粗略的统计，这场瘟疫共夺去20万北京市民的生命，按照当时北京人口有100万来说，基本上每五个北京市民中就有一个死去。当时的北京盛传白衣人勾魂的传说，一到晚上市民们就敲击铜的或者铁的器具驱散鬼怪。

此时的大明朝内忧外患，崇祯也不知道能做些什么。二月瘟疫就已经爆发，七月由于驸马巩永固的提议，崇祯才拨银二万两，令五城巡城御史收埋死尸，又拨了一千两银子给太医院，让他们救治病人。

这点银子能干什么事，但是崇祯确实拿不出太多的钱了。

鼠疫甚至跑到了皇宫内院，连宦官也不能幸免。当时有个张真人进宫后，刚出宫就被崇祯叫了回去，毕竟紫禁城染瘟疫这样的事情不足为外人道也。

张真人的法术可能不怎么高，他施法后死亡的人数仍没有减下来。刚一开始宫中每死亡一个，还可以得到四千钱的抚恤金，后来，连这个钱也没有了。

那么驻守在北京的军队自然也不可能幸免，根据邱仲麟的考证，当时北京的军队号称十万，但是瘟疫过后少了一半，明朝遗民张怡讲述了当时明军的受伤害程度。

张怡，原名鹿徵，生于万历三十六年（1608年），卒于康熙三十四年（1695年），字瑶星，江苏上元人。

明末张怡以诸生的名分混得锦衣卫千户的头衔，李自成进京后有人说被抓了起来，后来看这个人比较不一般就放了。出狱后潜伏在深山寺庙之间，写写回忆录，发发文章，自号白云山人。一生搞学术，多次拒绝清廷的做官邀请。著有《志林》《谂闻随笔》《续笔》《金陵私乘》《蠡酌》《读易私钞》《白云言诗》《史絮》等。

当时李自成的大顺军杀过来时，北京能上城墙的守军，连一万都凑不齐。过去碰上有战事，都会找些小商贩或者衙役充充场面，但是现在百姓死了太多，连顶替的人都找不齐了。

即使说现场发钱，钱加两倍，也找不到人，甚至像叫花子这类一般感冒、流感奈何不了他们的人，也都纷纷倒下了。当时的守城将领只好低三下四地求人守城。

过了五六天还没有找齐人，崇祯只好让三四千太监登上了城墙。农民军兵临城下时，北京内城五个城垛才有一个士兵守卫，但大部分都是老弱病残。

打仗的时候很多士兵躺在地上不肯动，急得军官用鞭子来回抽人，可是刚被抽起来，回过头又趴下了，以往人们多认为这是军心涣散的表现，其实这是发病的症状。

因此邱仲麟和曹树基教授难得取得一致意见，崇祯十六年的鼠疫灭亡了大明王朝。但这就产生一连串的疑问。一年后，李自成进北京难道没有受到传染？42 天后，清军受到什么影响？进入一个大疫之城，难道他们事先得到疫苗，获得抗体？

显然这是不可能的事情，当时的医疗条件还不足以生产疫苗。是什么原因让他们不受影响的？

曹树基教授给出的答案是，当时就在李自成进北京的时候，鼠疫刚好自己消失了。

曹树基教授虽然是历史科班出身，但是他的学生李玉商却是到医学院进修过，他们的解释认为鼠疫刚好在李自成进北京的时候消失，绝非巧合。那么是不是李自成的军师宋献策、牛金星等人掐指一算，正好算出北京城已经安全了呢？

显然不是，其实这与鼠疫的发病机理有密切关系。

鼠疫是老鼠身上的跳蚤把鼠疫杆菌传染给人，这就是腺型鼠疫，主要症状为身上淋巴结肿大，然后溃烂。肺型鼠疫一般由腺型鼠疫转化而来，症状表现为胸痛、咳嗽、吐血。此时已经不需要老鼠做媒介，已经表现为人与人之间的传播。

但是肺型鼠疫的传播需要在温度较低的环境下，冬天寒冷的天气就是它的温床，但是春天来临，天气转暖后，它就会悄悄地离开。

正如曹树基教授所言，每一种疾病都有一种疾病的机理。腺型鼠疫也是一样，等到老鼠和人都死到一定程度的时候，它就会自己消停下来。

李自成恰好在这个时候来了，如果李自成早几个月过来，他们也会被鼠疫消灭掉。这样得最大便宜的就是清军，他们最终还会进来，曹教授称之为大趋势。

也许这就是历史吧，有时候就是这么无奈。

但是 1644 年春天，天津和南方地区，确实还在发生鼠疫，南方一直延伸到苏杭地区。所以有人就认为李自成的军队在山海关大败以及清军进京后一直没有南下都跟感染鼠疫有关。

这也难怪，1643 年李自成的军队从陕西一路打来，所经过的地区都是鼠疫泛滥的地方。但是很奇怪历史上并没有留下农民军中发生鼠疫的记载。西安建立大顺政权后，农民军各种配置已经健全，虽然还略显粗糙，但是书记官的职位还是有的。

所以连曹教授也只能用诡异来解释了。再举一个疾病影响战争的例子：

同治元年（1862 年）七月，曾国藩眼看就要攻下南京，宣布太平天国运动的结束。可就在这个关键时刻，清军中爆发霍乱，士兵十之四五死去，死亡人数达数万。别说军医，有时候连个喂药的护士都找不到了。

这个时候正是太平军反攻的绝佳时期，但是洪秀全也没有动。过去我们认为是由于太平军腐化堕落、不思进取造成的，但是现在我们发现太平军也受到霍乱的影响，他们也同样不能组织有效的反攻了，这样战争进入相持阶段，又拖延了三年。

爆发的原因

小小病毒的威力，生活在 21 世纪的我们当然不会怀疑了，但是鼠疫是怎么发生的？为什么明末几次鼠疫都发生在山西？

这个很令人深思！

明代中叶以后，山西地区长城一线内外的环境发生了很大的变化。原来这一地区的草原牧场逐渐演变成农耕田地，大批汉族人涌入这一地区，成为鼠疫流行的前提条件。

首先是因为小冰河时期的到来，这一地区进入一个长时段的干旱时期，草原出现了大面积的退化。生活在草原上的人们便开始南下抢夺财产。

其次，明代中后期以后，卫所制度开始解体，许多军户不堪沉重的徭役，纷纷逃亡，试图摆脱军籍。明嘉靖年间（1533年—1534年），大同卫发生变乱，许多老百姓已经顾不得所谓的"礼义廉耻"逃往了北方，投奔俺答汗。

明代卫所制，延习过去唐宋代府兵制，实现军者有其田，即军人不单要打仗，保卫国家的安全，而且还要种地养活自己。在此制度下，军人的儿子孙子之中必须有一些人出来接班。

刚一开始，这一个家庭只有五六口人，国家划给的土地，完全可以养活自己。甚至天下刚定时，军队的背景还可以多占些土地。

但是到了和平年代就不行了，人口多了，原来的土地已经无法养活家人。而大明对于军人家属有非常严格的限制，这类人一般不能参加科举考试。在和平时期，连长说话就没有秀才管用了。军人在其他地区服役，而家里的田地被某秀才给占了，这个时候国家制定的法律已经不管了。

甚至某些官员，已经养成看不起军人的习惯，从中央到地方都一样，军人只有无怨无悔地奉献了。

这样的大批人员跑到这片干旱的草原，破坏的不单是这片土地的环境。本来干旱的草原就滋生了大量的老鼠，它们身上的鼠疫杆菌最多在小范围流行。现在大批移民的到来，正好推动了鼠疫的大面积流行。

而我们所熟知的晋商也正是在这个时候得到了巨大发展，走南闯北，一方面创造了东方经济的神话，同时也促使鼠疫的传播。

如今一提起晋商，人们就立马就会跟乔致庸、乔家大院、山西票号联系起来。山西商人可以追溯到隋唐时期，生活在隋唐之间的武士彟，也就是女皇武则天的父亲，大力支持太原起兵的李渊父子。李渊称帝后，这位木材商人也被封为国公，与秦琼等人地位相同。

这奠定了晋商的基调，与政府合作，与政府做生意。北宋时期，晋商已经与徽商并列，成为中国商业的中坚力量。

北宋时期，幽云十六州一直被辽国占领，这断了北宋的战马产地。北宋朝廷丢不起这个人，况且政府出面可能也不好使，这样晋商就充当了中介人的角色。将辽国的战马卖给大宋，同时把中原的丝绸布匹运到辽国出售。

宋庆历年间（1041年—1048年），宋朝政府出藏绢2000多匹在山西岢岚购买马匹，之后又出绢3万多匹在山西各地买马。

与国家做如此大规模的生意，获得马可·波罗对于晋商的富裕的赞叹，也就不足为怪了。

进入明代，晋商继续充当中间人的角色。

晋商频繁地活动在蒙古草原、中原大地、江南各地，担负起农业文明和畜牧文明交流的重任。明末，晋商以张家口为中心，往返关内外，不但帮助后金运送物资，甚至代为传递文书。

努尔哈赤起兵后三面都受到明政府的封锁，晋商参与其间，暗中输送物资，缓解了后金的燃眉之急。为此，努尔哈赤、皇太极多次接待和表彰为其发展作出卓越贡献的晋商。清朝入关后，自然很照顾曾经在困难时期帮助过自己的晋商。

清军的军饷多从晋商那里借贷，随后以丰厚的利润返还。而皇家生活用品和军用物资采购也多通过晋商代办。晋商与清朝政府这种依托关系，使得晋商在清代获得空前的发展，成为东方的"华尔街"。

大量人口在草原上的流动，加大了老鼠与人亲密接触的机会，在干旱条件下更为严重。干旱造成老鼠洞内的温度相对升高，这就促使老鼠身上长出更多的跳蚤。

由于干旱，没有饭吃的老百姓便向老鼠要粮食吃。聪明的老鼠好像能预测到干旱的到来，于是早就储备了大量的粮食，往往一个老鼠洞能挖到上百斤的粮食。这对奄奄一息的牧民来说，可以挽救数个家庭的生命。

然而小小的跳蚤以及它们身上的鼠疫杆菌却带来毁灭性的灾难，牧民们只能将其理解为这是上天的惩罚。

战乱和饥荒使得病的居民四处逃散，而此时内忧外患的明朝政府已经没有什么能力组织防疫。连官员工资都发不起，哪还有什么钱用于卫生安全？

翻开中国历史，战争、疾病、灾荒往往接踵而至，三者的影响带给国人无尽的苦难。1644年，北京居民因为鼠疫减少了四分之一。明末河南、山西、直隶三省北部因为瘟疫死去的人口约占三省人口的三分之一。

风雨飘摇的大明王朝，天生苦命的崇祯帝，遇到的不是小小老鼠，而是带给他们无尽噩梦的老鼠。

如果没有老鼠，可能李自成也跟皇太极一样，在北京郊区抢劫一番，然后就会回到河南，抑或是回陕西老家。这样留给崇祯的时间又可以多出五年、十年，甚至更长。也许，这对于他也不是什么好事，他会继续在煎熬中彷徨，等待命运的审判。

还有多尔衮，内心的彷徨、感情的羁绊，窝在东北时间越长，精神的分裂越是严重，对于他来说没有比金戈铁马再好的释放了。

还有顺治这个本来可以好好读书，读好书的皇帝，却生活在自己还很懵懂的旋涡中……

他们是不幸的，老鼠其实也是不幸的，灭亡一个王朝这么大的罪责竟由它们背。北京的老鼠不光驱走崇祯，而且带来了李自成，后面还跟着个多尔衮。

第五章　我们离得曾是那么近——山海关大战

目标：南下

正在多尔衮、豪格等人为了皇位争吵不休时，李自成已经拿下西北、河南大部，湖广的数十府县，兵锋直指北京。

多尔衮是干着急没有办法，只能让济尔哈朗、阿济格趁机霸占明朝在关外的据点中后所、前屯卫、中前所。这样就割断宁远与山海关的联系，彻底宣告明朝在关外势力的终结。

说起来也够窝囊的，从努尔哈赤到皇太极两代人辛辛苦苦地拼杀那么多年，最终还不能越过山海关。李自成几个陕西农民凭借几把菜刀，短短十几年时间就发展到上百万，还占领了大明政治、经济、文化的中心——北京。

李自成进京了，清廷也没有闲着，多尔衮隐隐感觉到清朝发展的关键时刻到了。但是横在前方的是岿然不动的山海关，还有表面平静，内部却波涛汹涌的朝廷，这让多尔衮一时迷失了方向。

多尔衮多么希望有人能指点迷津，但是现在还处于政权交替的敏感时期，一向谨慎的范文程等人闭门不出，更谈不上什么奏折建议了。

这次要感谢好色的弟弟多铎了。满族贵族以肉食为主，这也催生他们肉欲的一面，好色对于他们来说是最正常的生理反应。

多铎见范文程的老婆长得不错，就动了念头。派人盯在范文程家的门口，时刻观察他老婆的动静，搞得范文程不敢出门。

要是在平时，多铎最多受到口头批评的处罚。但是现在，多铎撞在枪口上了：多尔衮不但当着满朝文武和清廷贵族的面狠狠地批评了多铎，而且命令他上交二千两白银还有十五牛录的兵力（一牛录三百人）。

范文程作为上任领导的秘书，大家都明白一朝天子一朝臣的道理，一直在等待新任领导的安排。

既然现在新任领导如此看重咱，那还有什么要隐瞒的呢？有十分力气，肯定不会只使八分。

范文程立马给多尔衮写份报告，历数今天对当今形势的观察和理解。

1. 如秦失其鹿，楚汉逐之，是我非与明朝争，实与流寇争也。

现在天下大局已定，现在参与角逐的只有农民军和清朝两家，明朝已经退出政治舞台。因此主张立即出兵进取中原。

2. 战必胜，攻必取，贼不如我；顺民心，招百姓，我不如贼；严禁军卒，秋毫无犯。

改变以往抢打杀的土匪风气，严肃军纪，争取中原老百姓的支持。

多尔衮跟随皇太极处理军政要务多年，十分了解范文程的才干，看到范文程的报告后，立马调兵遣将，随时准备入主中原。

当然还有一个人，他是八哥皇太极留下的财富，他的影响力、对于中原社会的洞察力都在范文程之上，多尔衮自然不会忘记拜访他，他就是洪承畴。

洪承畴的想法同范文程差不多，他也希望清军改变以往的土匪作风，积极争取中原人民的支持。

不屠人民，不焚庐舍，不掠财物。仍布告各府县，开门归降，官则加升，军民秋毫无犯。若抗拒不服，城下之日，官吏悉诛，百姓乃予安全。有首倡内应者，破格封赏，此要务也。

得到洪承畴、范文程两个人的指点后，多尔衮更加坚定了逐鹿中原的决心，开始南下。

四月初九，多尔衮率领满蒙汉八旗兵约十一万人南下，准备同农民起义军攻打北京，或者先于农民军攻占北京。

四月十一日，清军刚跨过辽河就接到消息，说是李自成已经攻占北京，崇祯上吊身亡。

多尔衮在想，要不要同农民军交手，能够如此迅速地夺取北京，大顺军的战斗力应该很强，他有些犹豫起来。

现在过去同他们交战不知输赢，可能还会全军覆没，我带的可是爱新觉罗家的老本，输光了可就啥都没了！

随军的洪承畴看到了多尔衮的犹豫，凭着多年与农民军打交道的经验，他晓得农民军的底细。他认为农民军没有什么可怕的，因此极力主张加速入关，与农民军一决雌雄。

> 今宜计道里，限时日，辎重在后，精兵在前，出其不意。从蓟州、密云近京处疾行而前，贼走则即行追剿，倘仍坐据京城以拒我，则伐之更易。

多尔衮对于洪承畴的分析能力自然不会怀疑，于是采纳了他的建议，决定取道今内蒙古，从喜峰口、墙子岭一带入关，直奔北京。

这也是多尔衮多次走过的路线，走老路自然心里比较踏实。即使如此，多尔衮仍旧小心翼翼，深怕出什么纰漏。

四月十五日，多尔衮大军在翁后（今辽宁阜新）遇到了身着明军服装的军官，多尔衮本来还以为是来投奔之人，因为这种事情已经不稀奇了。

带过来一问，才知道这两个人是冤家吴三桂派来的，这两个人一个叫杨坤，是吴的副官，另外一个是杨的手下游击郭云龙。

两个人说的第一句话，差点让多尔衮晕过去，还以为自己在做梦。

"我们是来借兵的！"

吴三桂是谁，当年八哥皇太极念念不忘，除了一直想招降的洪承畴，就是这厮了。

松锦大战，明军大败，但是吴三桂硬是从上万人的包围中，逃回到宁远，并且迅速组织明军回援锦州。虽然由于实力问题，没有成功，但是宁远这颗钉子却留在清军的心中。

清军多次围困都是损兵折将。派吴三桂的舅舅祖大寿、祖大乐招降，不好使；派他的大哥吴三凤，不管用；副将张存仁，根本不听。

最后皇太极亲自出马，写信给吴三桂："将军现在已经孤悬关外二百多里，没有必要为了一个不道的皇帝丢了生命。自古识时务者方才为俊杰，我大清一直为将军保留一个王的封号，汉军八旗第一人非将军莫属。"

这够有诚意了吧，结果吴三桂当着特使就把信烧了，看都不看。

想招降爷，下辈子吧。

爷叫吴三桂

吴三桂，江苏高邮人。祖辈因为做贩马的生意就迁到了东北。东北那个时候在打仗，为了保住自家的生意，吴家就组织了一支看家护院性质的私人武装。

吴三桂的老爹吴襄正是依靠这支私人武装和生意赚来的钱，成功地博得大明政府的赏识。由一名社会地位比较低的商人，摇身一变成了明朝东北的将领。还娶当时东北王祖大寿的妹妹，吴家地位从此也是水涨船高。

吴襄最后担任守备司令，虽然每次打仗比谁都跑得快，但是他的手上也没少染八旗的鲜血。

老爹的工作就是天天骑马砍人，在这种耳濡目染的教育下，吴三桂继承了老爹的工作，比老爹更出色，真正达到了"青出于蓝而胜于蓝"。

1643年，皇太极死后，顺治即位。多尔衮见明朝内乱，派济尔哈朗、阿济格等人率兵攻打宁远地区。

这次他们绕开宁远，先是取得宁远以西至山海关的前屯卫、中后所、中前所三个卫所，然后移兵宁远。吴三桂拒不投降，并且挫败了济尔哈朗、阿济格发动的进攻。

吴三桂镇守的宁远离山海关比较远，但还在明军手里，清军再怎么折腾还是局限在关外地区。再者宁远还不是真正意义的孤城，吴三桂在这里，可守则守；局势不利，也可以迅速退回山海关。

打得赢就打，打不赢就跑。清朝想抓住吴三桂，就一个字"难"。

要活命，给钱

前面已经说过，李自成的东征之旅看似顺利，其实中间因为一次惨败差点夭折。

当李自成率领军队来到北京城外时，他首先选择的是与崇祯谈判，裂土为王，不管这是否为李自成的真实想法，但他仍就表明了李自成的不自信，换句话说，对于夺取北京不自信。

想想也是，清军的十万铁骑围北京可不止一次，但是对着北京还是望城兴叹。李自成也没想到对方会自己开城门，意外地拿下了北京。对于他来说，最先要做的就是证明自己的合法性。

早在进城的几周前，李自成就放出话去，农民军进城后每个乞丐可以得到五两的赏银。穷苦百姓对于闯王的到来自然很高兴，因为闯王来了不用交公粮。

而北京城里那些有房有田的人却害怕了，他们早就听说闯王喜欢抄家，所以都在家中紧张地等待着即将发生的事情。

李自成已经安排好手下人，进城要讲文明，讲秩序。手下的这帮穷兄弟果然开始几天也比较听话，毕竟北京城都是自己的了，大哥的话还是要听的。

但是该发生的事情还是要发生的，十几万张嘴要吃饭，光靠崇祯留下的那点存粮怎么行。

李自成见局势还算稳定，便开始向富人、官员要钱。这是李自成一路成功的法宝，劫富济贫，只是实施地方换成首都而已。

再看下起义军的主要领导人，李自成、刘宗敏、牛金星、李岩、宋企郊、宋献策，他们要么是无产阶级农民出身，要么是低级知识分子。

这帮人因为社会改革、官员欺压走了背运，不得不走上这条不归路。没有被逼到绝路的话谁造反呀。他们对于社会或许没有特别的仇恨，但是对于高高在上的统治阶级，心里或多或少的都存在一些仇视心理。

4 月 26 日，大顺政权宣布，希望所有在职的官员参加 27 日的早朝，当然已经自杀的 40 多名官员除外。在这次会议后，在京官员可以根据自己的意愿，选择留下或者离开。大明官员们将信将疑地等待着。

27 日黎明时分，3000 多名官员早早地来到东华门等候与李自成的第一次亲密接触。一些政治嗅觉敏感的已经感觉山雨欲来，他们被大顺的官兵像驱赶犯人一样驱赶到承天门前的空地，其中几位高级官员还受到太监的辱骂。

最后等得花儿都谢了，生生地等到太阳下山，李自成也没有出现，甚至连个解释都没有。他们只是被告知两天后继续来报道。

明朝的官员们虽然已经意识到事情的严重性，但是 29 日他们还是乖乖地跑去报道。当时北京的清晨还是比较凉的，年轻点的还扛得住，年老体弱的就受不了了。但是在这个非常时期，谁也不敢请假。

这次要比上次好些，只等到黄昏时分，李自成就千呼万唤走出来。

紧接着顾君恩开始大声点名，叫到谁，谁都要应声作答。之后牛金星开始细数这名官员的罪行。反正每个官员都不是什么好人，这是纲领。

这哪里是什么见面会，分明就是审判大会！但是政府还必须运转起来，牛金星最终从 3000 人中挑选 92 人留下，其他人统统被赶往城外的"集中营"，等候刘宗敏元帅的发落。

几乎是 30 比 1 的比率，的确够严格的，但是标准是什么，是德才兼备，爱民如子吗？好像不是，其实是刚进北京的牛金星、宋企郊忙着拉帮结派。

历史原来这么有趣·清朝卷——这是大清开国史（顺治）

牛金星喜欢照顾同学和老乡，纷纷授予他们高官。有位河南老乡，与牛金星同为明万历四十三年（1615年）举人，牛直接让他做了翰林学士。还有一位叫何瑞徵，原本是明朝国子监一个芝麻官，因为跟牛是老乡，被派到弘文馆工作。再有一位叫魏学濂，他的朋友韩霖是牛金星的朋友，因为这层关系也被举荐为官。

刘宗敏元帅有很多事情要做，听说东城有个歌手长得不错，西城有个艺人挺惹人爱的。

于是刘元帅对于这帮大臣也不审了。毕竟近三千人，按照正常司法程序得审到什么时候，大家出钱帮助政府度过困难时期吧，按照品级交出银子，然后回家，一手交钱，一手交人，最重要的是概不赊欠。

> 以官第献银，一品必须献银累万，以下必须累千。痛快献银者，立刻放人；匿银不献者，大刑伺候。

一时间北京城内哀号四起。老虎凳、辣椒水这些后代人的发明都太善良，炮烙、挖眼、割心方显英雄本色。

士兵们一旦抄家，很容易上瘾。刚一开始这帮农民兄弟还只是抢抢大户、官绅，后来渐渐把手伸向普通百姓，先是抢钱，后来就是吃的，最后真的是强抢民女了。

慢慢地一切都乱了，大家每天商量就是去抢某某人家，或者某某人家闺女长得不错云云。

李岩是看在眼里，急在心里，他迅速向李自成报告这个情况，并指出这一行为的严重后果。李自成也知道现在立足未稳，如果如此祸民，肯定会引起大的麻烦。

李自成便找到刘宗敏等人，毕竟他们主抓军事，希望他们能够收收手，帮助自己做个好皇帝。

> 你们为何不帮助孤王做个好皇帝？

刘宗敏马上顶撞他道："皇帝之权归你，拷掠之威归我，你别废话！"

看起来，李自成好像有点窝囊，手下竟然敢这样跟自己说话，但是仔细一想也就是这回事。大家本是一群亡命天涯的兄弟，几年前在商洛山中，眼看被政府正法的时候，不是靠这些兄弟撑着，李自成早就回归自然了。

整天东奔西走，河南、湖北地瞎跑，本来就是穿着一条裤子，提着一颗脑袋，大家敬重你，所以称呼你为大哥。在这帮人眼里是没什么上下尊卑区分的，也难怪，大字都不识几个，还想让他们懂这些？

兄弟们不买李大哥的账，李自成也没有办法。他也没有点儿做皇帝的觉悟，江湖气息太重，只好让他们闹腾去吧。刘宗敏等人看大哥不再过问，胆子更大了！

官员中第一位遭严刑逼供死亡的，竟然是最早投降的皇亲国戚襄城伯李国桢。崇祯本来寄予厚望的亲戚，不但没有起到模范作用，不帮崇祯出城逃跑，还第一个开门投降。

李自成、刘宗敏等人最恨的就是些皇亲贵戚，而且还是个变节之人。这种蝇营狗苟的小人还留着干啥？

李自成刚见到李国桢，就把他骂了一顿：

> 汝受天子重任，信宠逾于百官，依理应该死国，厚脸来降，汝欲何为？

接着命人把他绑了个结结实实，根本不理会他痛哭流涕地哀求。刘宗敏以大刑招待这位贵人，先是火烧，后是大棒相击，折磨了一夜，李国桢平时不大注意锻炼身体，很快挺不住挂掉了。

下一个就是大学士魏藻德，由于地位尊贵，大顺军给他弄了个单间，本来就是想让这位首辅拿出点银子，但是魏藻德可能是太饿了，饿晕了以后胡说八道：

"把你们头叫过来，我是大明首辅，才高八斗，学富五车，识相的马上把我放出去，否则他日我高官得做，必报今日之仇，不能把我锁屋子里，赶紧拿吃的来。"

刘宗敏一听就火了，本来就看不起这种人，靠拍马屁谋取高官，现在都成阶下囚了还敢威胁自己，更是气不打一处来，命人把魏宰辅提到大堂，自己亲自审问。

老规矩，先打后审。先给魏藻德上了夹刑，然后质问道："你作为首辅，觉得国家为什么乱成这个样子？"

魏宰辅以为刘宗敏粗人一个，就想骗过去。但他不知李自成已经做了指示，明朝灭亡跟崇祯没有关系，都是因为他手下的那些文臣们。

魏宰辅说道："我是读书人，不懂得政治。国家乱成这个样子，应该是崇祯犯的错。"

刘宗敏一听更火了："呸，亏你还是读书人。你丫太没良心了，真不是个东西，人家崇祯把你从一个小小的书生提拔为一朝宰辅，你不为皇上分忧，现在还能说出这样的话来。"

刘宗敏越说越火，亲自动手给了姓魏的十个大嘴巴，士兵们看将军这么气愤，夹棍的力度自然也加大。

魏宰辅的十根手指头都断了，毕竟是书生，受不了这般折磨，疼得嗷嗷叫。最后魏藻德提出愿意拿全部财产赎命，但是一切都晚了。

刘将军就想让他死，而且还是慢慢折磨死。

经过六天六夜的炼狱，魏宰辅脑袋被刑板夹裂，脑浆四出而死。

临死前忏悔：

"之前没有为主尽忠报效，有今日，悔之晚矣！"

明朝的翰林、言官这些清贫衙门的官员更是倒霉，当年就没捞到钱，现在家中也没有存粮，要钱没有，想借还没处借，大家都在狱中，正好一起痛苦地死去。

据说刘宗敏、李自成他们总共搜取了 7000 万两白银，短短几天就搜取了这么多钱，能得民心吗？这就是他们成为 42 天短命王朝的主要原因。

喜欢钱没有错，但是不懂得管理。毕竟已经是个正规的大公司，还想像以前白手起家的时候，打打抢抢，是行不通的。公司必须有自己的合法财务，不能老靠掠夺来维护运转。掠夺无法得到民心，不是长久的办法。

在非常时期，靠非常手段弄些资本运营也未尝不可，当年朱元璋也这样干。但是李自成他们眼里只有钱，他们只把钱运回自己老家，也不和手下分，这显然就是自毁前程。

如此的小家子气、心里只有钱的家伙成不了大气。有一个人将这一切看在眼里，他就是吴三桂。

吴三桂的选择

在李自成攻下大同后，崇祯终于痛下决心，宣令吴三桂、唐通等人来京勤王。

之前北京的官员们因为这个问题不知道吵了多少回，放弃宁远，就等于彻底放弃东北地区，这肯定要被后人骂的。

大同丢失后，北京已经暴露在农民军的面前，崇祯只好放弃东北，但他没有放弃宁远的群众，下令辽东全体百姓迁到山海关内。

崇祯知道他必须这样做，他的一举一动都代表大明的形象，如果放弃宁远数万军民，保不齐就会哗变，变成另一支农民军。而且他的内心愧疚会更重，社会的批评也会更强烈。

这很容易让我们想起刘备，面对曹丞相的追兵，刘皇叔没有丢下跟随百姓。过了襄江每天只能走十几里，有人劝他放弃百姓，赶快逃命。老婆、孩子都丢了，刘皇叔还是坚持对百姓不抛弃、不放弃。

这当然是罗贯中自己艺术化的描写，但是刘皇叔的忠义形象，在明末就很快流传开来，并且日益深入人心。

所以虽然大家未必都愿意这样做，但是迫于社会舆论的压力，很多人必须这么做。

古代人没有现在的移动接收塔，无法打电话，发电报，也没有飞机。一旦出现危机只能用烽火台，毕竟这玩意限制条件太多，碰上刮风下雨的都会严重影响信息传递速度。

古代的邮政只能用马，邮差骑了整整两天才到宁远，还算是中规中矩。吴三桂晓得崇祯的脾气，当年陪着袁崇焕到露台最后一次面见崇祯的，除了祖大寿、袁的贴身侍卫，就是吴三桂同志了。

对于这位猴急的皇帝的诏令，吴三桂当即下令。三军全体集合，向山海关内进发。

当时明朝留在东北的人民据史书记载有五十万，事实也相差不远。当时宁远的百姓有八万之多，当然还不包括军属。其他还有中前所等几个军事卫所、觉华岛等十数个坞、堡，前方与锦州清军交界的中间地带的百姓，加起来怎么说最少也要三四十万吧。

吴三桂带着这么一大帮的人行进的速度自然快不到哪去。全是拖家带口的，数万人在没有汽车等现代交通工具的情况下，速度之慢可想而知。

中国人注重安土重迁，即使搬家也会把瓶瓶罐罐全带上，同时密集的人口还必须时刻防备天花、鼠疫等传染疾病的发生，最快一天也就行军30公里。

北京至宁远大概九百多公里，邮差骑了整整两天。照这种行军速度，到北京得下月了。

吴三桂当时只知道农民军到了大同，接到的命令也是带着宁远及关外所有的明朝人民安全返回关内，然后回京护驾。

大家都看得出来，这是崇祯战略的变动，放弃东北，专心对付大顺军。此时吴三桂和崇祯、甚至李自成一样，大家都没有想到北京会这么快就被攻破了。所以吴三桂也没急行军。

毕竟这是吴三桂的全部家当，祖辈几代人的心血都在这里。这是他以后立足的资本。

经过四天的动员及准备，整整用了五天的行进，吴三桂一行人到达了山海关，时间已经到了三月十六日。而就在前一天，唐通已经投降了李自成，但是按照当时的信息传播条件，北京都不清楚怎么回事，更不要说山海关的吴三桂了。

吴三桂留下部下总兵高第、巡抚黎玉田等人处理新迁百姓的各种事务。

三月十八日，吴三桂亲率大军赶往北京。

三月二十日，吴三桂到达永平。当时条件下，即使骑快马，从永平到北京也要两天的时间。可见吴三桂走得也不慢，表现都还算中规中矩。但是吴三桂收到一封邮件，一封他最不愿意看见的邮件，李自成的大军三月十七日包围了北京，考虑到信息传递的时间、空间间隔、北京的城防，吴三桂第一时间想到，北京要完。

几天后，吴三桂派出的骑兵飞马回报，北京沦陷了，崇祯皇帝在煤山上吊自杀了。

听到北京陷落的消息，吴三桂第一反应就是返回山海关。北京虽然有他的高屋大院，还有他的父亲、他的爱人陈圆圆，但是现实告诉他，只有回到山海关，凭着这个挟制清军的关隘，以及手中的几万军队，才可能挽回北京的一切。

刚离开永平的时候，吴三桂向着北京的方向磕了三个头。老板死了，必须意思意思。现在的吴三桂为自己弃北京不顾感到内疚，但没过多久吴三桂就释然了，现在大顺军、清军、明军三家，究竟花落谁家，一切都还言之过早。

吴三桂知道，现在只有强大的实力才能继续生存下去，这就是乱世的法则。

到达山海关以后，吴三桂立刻命令手下人发布招兵信息，这些老百姓都是吴三桂从东北带来的，对于吴三桂的招兵政策，自然是极力拥护。

吴三桂望着军营门口排起的长长队伍，心里却怎么都高兴不起来。当然不是因为崇祯死亡消息的传来。

吴三桂苦恼的是今后吴家军的去向问题。手底下充其量也就五万兵马，这样的实力要想问鼎中原，简直就是梦想。但是作为几万兄弟的大哥，吴三桂必须给他们选择一个理想的归宿。

从永平退回来的那一天起，已经注定吴三桂没有办法回到明军的阵营。吴三桂也知道那帮在北京整天吵吵闹闹的官员，跑到南京也翻不起什么浪

历史原来这么有趣·清朝卷——这是大清开国史（顺治）

来。现在还剩下清军和大顺军。

在东北多年的较量，吴三桂知道如果投降清军，后果会很严重，自己从此也成了知识分子辱骂的对象，汉奸两个字就会陪自己一辈子。而投降农民军也要落个不忠不义的臭名。

吴三桂真是不知道应该感谢山海关，还是憎恨它。李自成攻进北京的时候，不知道有多少官阶比自己大的人选择变节，但是历史注定要遗忘他们。

而他就因为镇守在这里，历史就永远忘不了。有人说历史就像个小孩子，总爱和人开玩笑，但是这次历史跟吴三桂开的玩笑太大了。

吴三桂拿出唐通的劝降信，心里有些犹豫了，并不是故意自我抬高身价，而是他明白现在任何一个举动都有可能丧失吴家几代人的心血，这需要谨慎再谨慎。一子错，满盘皆输！

投降，对于军人来说是一件可耻的事情，可是现在军人的领导都上吊了，还服从谁？

唐通、姜瓖这些昔日的战友也都已经投靠了新政权，吴三桂之前并没有与大顺军相遇过，姜瓖倒是望他们的风就逃。

当李自成大军来到大同后，作为大同总兵姜瓖毫不犹豫选择投降。吴三桂不知道这个情况，在东北大家一起打仗的时候，吴三桂没有发现这位兄弟有反骨。其实吴三桂哪里知道，在东北想投降只有找清军，不到万不得已，大家谁也不愿意投靠他们。

大顺军则不同，再怎么说也是自己汉族人的队伍，你朱元璋当年不也只是一个要饭的和尚吗。皇帝轮流做，早晚会轮到别人家。现在李自成拿了北京，投降他也没有什么丢脸的。

后来还有种说法，认为明朝官员的集体变节，是因为底薪太低。明末清初著名思想家顾炎武曾发出"自古百官俸禄之薄，未有如此者"的感叹。

专家平常自然很会质疑，其实事情或非他们想象的那样。作为大明公司的奠基人，朱元璋同志虽然出身贫寒，但是要记住这是唯一一位从南方起家，统一全国的皇帝。早在建立吴国地方政权的时候，朱元璋就已经设立比较完备的行政制度，由我们比较熟悉的"高筑墙、缓称王"的策略，可以看出朱氏政权绝对不是经济文盲，他们是懂经济的。

朱元璋虽然小时候经常饿肚子，但是他不傻，他知道笼络经济方面的人才，虽然有些手段还是有些下三滥。

元朝户部尚书张昶，相当于今天的财政部长，亲自到江南试图说服朱元璋，不想被朱元璋扣留，强迫为朱氏政权服务，后来一直升到副宰相的位置。

所以朱元璋的智囊是懂经济的，他们设立的官员工资还是基本靠谱的，明代的官员并不是想象中的太苦太累。

洪武二十五年（1392年），朱元璋政府颁布了一份反腐教材，名叫《醒贪简要录》。这本教科书中列出当时公务员的工资的计算方法。明代正一品的高级公务员的月薪为87石，一年1044石；七品县官的月薪是7.5石大米，年薪90石。

对于人民的生活水平，世界人民喜欢用恩格尔系数来衡量，系数≤20为极度富裕、系数在20~40为富裕。按照明清的通常说法，当时一个人一天要吃一升米，每月需要三斗米的样子。我们传统的家庭多为五口人，那么吃饭大概花去1.5石，占月薪的1/5。按照恩格尔的算法，工资是可以使县官生活处于富裕水平的。

其实大家都知道古时公务员很多是不靠工资吃饭的，明代的情况也大致如此。以县官为例，当时的县官公检法集于一身，再加上县政府工作人员比较少，所以百姓的吃喝拉撒他都要管，是名副其实的父母官。

过去我们是典型的熟人社会，说白点就是关系社会，熟人与熟人之间结成一个巨大的关系网，要想立足社会就必须选好自己在这张网的点，进而通过这个点与其他点交流。

所谓熟人就是大家彼此都认识。在一个村落中大家很容易认识，超过村落，邻村也还行。但超过了一个乡镇的界限，大家就很少见面了。要想成为熟人，就得靠各种关系联络上，同学、朋友、同姓、共同的爱好、价值观等等。

如果你在县城的南面，我在县城的北面，我们一般不会认识，也没有必要认识，我们都活在自己的小圈子里。但是我是县官就不一样了。商人想要获得经商许可，甲村的人被杀了，刘家庄的刘老汉儿子想要考秀才，这些都必须经过县官。

当时为了防止官员与地方豪强勾结，规定不准在原籍任职，即所谓的"回避制度"。我的家在遥远的南方，而我可能在天津一个小地方做官。当地人要想认识我，他们就要通过熟人法则。给我房子、免费乘车的方便，我的工资自然也花不着。

所以说明代的公务员待遇并不低，他们的集体变节与明末士大夫崇尚奢华、重利轻义有关。标准的满口仁义道德，一肚子男盗女娼。

吴三桂也是一个俗人，面对松山大败，他选择逃跑；面对美女陈圆圆，他也不犹豫地纳为己有。

面对唐通的书信他有些犹豫：以前崇祯还在北京好好的，现在崇祯已经走了，是该选择自己的命运了。面对昔日战友、同僚们一封接一封的书信，吴三桂真的有点心动了。

除了北京的家眷、财产，昔日战友的示范，逼迫吴三桂投降的还有从北面大军压境的清军。凭着与清军多年的交手，吴三桂明白这次他们肯定不是抢劫粮食来了，他们的目标同样直指北京。

吴三桂感觉留给自己选择和思考的时间不多了，局势也是越来越紧张，大批的流民往山海关聚集。

从前从后而来的压力让吴三桂有点失眠，他独自一个人在深夜时分来到山海关的关隘上走走看看。带着心事的脚步比往常要沉重许多，但直至走到跟前，正门站岗的几个士兵才发现吴元帅驾到。

吴三桂也没有心思批评，对于这些士兵的作战能力，吴三桂是一点也不会怀疑。之所以这样，吴三桂心里也是明白的，当日从东北撤回来的时候，很多士兵的家属直接从辽东坐船去了天津。

现在自己的老爸老婆孩子在大顺军的手中，怎么还能让他心如止水，每天逃奔过来的百姓带回来的也不是好消息，大顺军在北京城里到处抓人，天天开批斗会。

大顺军在北京的恐怖活动也让吴三桂坐不住，人往往是自私的动物，对于卫国这样的事情比较迟钝，对于保家这样的事情丝毫不会犹豫。

这时吴三桂老爸吴襄寄来一封书信，吴三桂迫不及待地打开书信。

吴三桂最担心的问题终于排除了，虽然小时候没有跟吴昌硕大师一样在书法上有所造诣，但是对老爹的字还是认得的。吴家三十六口总算平平安安，吴三桂觉得没有好犹豫的了。

他带上最精锐的吴家军向北京进发，这支军队是从老吴家贩马看家护院发展而来，可以说只知道听吴家人的话，皇帝是谁，谁做皇帝跟他们都没什么关系。

在吴军南下的同时，唐通已经带领八千大顺兵接管了山海关。李自成本来希望刘宗敏能够亲自出马，坐镇山海关。但是最近他太忙了，忙着数钱，忙着找美女，忙着娱乐身心。

其实李自成挺想看到他们这个样子，这样谁还会跟自己争江山，就派了降将唐通。

李自成很是高兴，一切看起来都是那么美好那么和谐，唯一让他不爽的就是那个李岩，每天就像个苍蝇似的，嗡嗡的，让他有些不痛快。

原来，李岩隔三差五地就跑来报告，谁谁抢什么东西了，李自成每次都跟他打太极，每次都是满口答应会严肃处理。可是，一回头早忘得一干二净。

多次之后，李岩也无可奈何，毕竟他无兵无权，李自成不同意做，他也没办法。

忽然有一天，李岩又惊慌失措地来到李自成的寝室。这次老李真的有点生气了，你小子有完没完啊，好不容易从宫外找了一个会唱小曲的艺人，正听到高潮了，就这么突然闯进来，太煞风景了吧！

本来李自成对于李岩的表现就有些不满，大顺军进宫的时候，李岩曾多次出面保护皇亲贵戚，京城中大街小巷的百姓拥戴李岩，而李自成则被归为刘宗敏一类——强盗。

这一次，李自成以为又是阿猫阿狗抢了什么东西，听完李岩说完，李自成更生气了，不就是抢了吴三桂的一个小老婆，有什么大不了的。既然吴三桂已经答应归顺，一个女人他怎么会在乎？

不过话又说过来了，宫内、城中刘宗敏不知道收藏了多少美女，现在竟然抢到官员的家中，实在有点过分。

李自成立马命人把刘宗敏叫过来，李自成明白自己虽然是老大，但是也不敢拿老三、老二怎么样。

刘宗敏知道自己理亏，但是抄吴三桂的家是你李自成同意的，你叫我抓了他老爹和大老婆，还没收他的财产，我抢他一个老婆也在情理之中，所以刘宗敏丝毫没有认识到自己的错误，他摆出一副死猪不怕开水烫的架势。

李自成也不能拿这位仁兄怎么着，要是惹恼了他，下面一帮兄弟不知道要怎么想。

事情眼看就要不了了之，李岩憋不住了，虽然自己受刘宗敏的管辖。李自成让他分管军事，李岩原本十分高兴，毕竟和老婆红娘子在一个部门工作。

可是上任后，李岩才发现事情没有自己想象的那么简单，刘宗敏这些李自成的陕西老乡霸占整个部门，自己的任何想法都只是想法，根本无法实现。

今天看到李自成的无奈，李岩再也忍不住了，他很想细细地给刘宗敏大将军分析，吴三桂多么重要，陈圆圆多么重要，但是李岩知道这么做只能是浪费大家的时间。

李岩积蓄已久的愤怒开始爆发，他直接对刘宗敏吼道："你知道这样做，会给我们带来什么样的后果吗？"

刘宗敏早就对李岩有意见了，这小子仗着自己读过几年书，整天之乎者也，搞得好像就他懂得带兵打仗、治理国家。不像人家牛军师，学问也不比你李岩差，但是人家每次见了我刘宗敏都是和颜悦色的，说话也让人特别舒坦。

同是读书人，差别怎么就这样大呢？刘宗敏有点想不明白。

李自成看两个人剑拔弩张的样子，知道再不说话就要出事了，本来想让李岩灭灭刘宗敏的威风，不想却整成这个样子。李自成先是批评李岩不尊重上级领导，然后告诉刘宗敏以后不要什么事情都由着自己的性子来。

李岩知道自己说什么都没用，说到底自己毕竟是外人。刘宗敏看大哥挺够意思，至于以后怎样，以后再说。

正在大顺高层在讨论吴三桂老婆的问题的时候，吴三桂已经走到了丰润这个地方，侦查员火急火燎地跑到吴三桂跟前，对吴说道：将军的家产被没收了。

吴三桂愣了一下，然后笑着对周围人说道："我想只要我到了北京，这些东西都会回来的。"

周围人连忙附和："是，是……"

"凭将军的实力，肯定还要另有封赏。"

"到时候我们也可以沾将军的光了。"

吴三桂晓得一旦城池失陷，当兵的有些不良行为也在所难免。与其说没收自己的财产，倒不如说暂且替自己保管，大顺政权这是向自己施压。

吴三桂，不但没有反感李自成这位新领导人，倒是觉得他还是有点思想的。听说他的智囊中有几位都是大明朝的举人，看来这个人还是有两把刷子的。

吴三桂想着北京的高墙大院，以及那些大小老婆们，不觉得脚步加快许多。可是没有走出多远，侦查员又跑来报告，说是老爷子吴襄同志被大顺政权给拘留起来。身边的将领听到这个消息，纷纷抡起胳膊，等待着吴三桂的指示。

大家都以为吴将军要跟农民军撕破脸皮了，家被抄了，财产被分了，老爸被拘留了，这还有什么可以谈的。

吴三桂可不这么想，自己的舅舅祖大寿、大哥吴三凤都投降了清军，按照常理崇祯早该把吴家人给办了，但是崇祯没有这么做，依然委吴三桂以重任。为的是什么，不就是自己手里有兵么，东北的局面需要他。

与此同时，1643 年 11 月，吴襄被崇祯以"御寇"的名义调回北京，但是吴襄到北京两个月之后才被任命为京营提督。

这样吴家一共三十六口人，包括吴三桂的大老婆张氏、爱妾陈圆圆在内，都在北京过起了"无忧无虑"的生活。其实明眼人都知道，吴三桂的家人在北京成了人质。

吴三桂明白大顺政权拘留老爸，同样是出于逼迫自己就范的意思。再说北京现在乱糟糟的，关起来也许更安全些。什么拘留？也就是软禁起来，好吃好喝。还是那句话，到了北京，这还能算什么事儿。

吴三桂让手下人不要惊慌，笑着对他们说道：

"是胁我耳，我至即释，何患！"

吴三桂虽然面带微笑，但是他内心还是泛起了涟漪，于是行军的速度也开始慢了下来。一群人到达玉田的时候，天色已晚，吴三桂命令军队就地扎营。已经行进一天的吴三桂怎么也睡不着，他一直在等待北京的消息。

半夜时分，北京打探消息的士兵回来，吴三桂的担心终于得到证实：心爱的小妾陈圆圆被刘宗敏给抢去了。

吴三桂起初也不相信，毕竟报告的也只是道听途说，并没有亲眼所见。吴三桂不想推翻自己之前的假设，没收财产、亲人被抓，这些吴三桂都很容易理解。

但是女人被抢，鬼才相信大顺政权还需要吴三桂。

家里被抄了，老爸被软禁了都可以解释为大顺政权还需要吴三桂，非常时期行非常事。

我们大顺压根就没抄您家，只是保护起来，等您一到，家里的东西立马还给您。我们压根就没抓您老爸，只是怕别人伤害他，好吃好喝供着他，等将军一到，立马全部奉还。

但女人被抢，这就不好说了。我们大顺压根就没抢陈圆圆，只是为了保护令夫人，没有任何私念，等将军一到，立马完璧奉还。

他要是相信大顺这种话，他还是个男人吗？

男人最重要的是啥？面子。

小妾陈圆圆被抢的事情已经传开了。吴三桂宁愿相信这不是真的，怎么自圆其说？"我就是让别人替我保护女人？"还不被天下耻笑。我吴三桂以后还有啥面目立威？

吴三桂立马找来智囊方献策，很想听听他的看法。

方献策一开始并没有说出自己的看法，他先是询问吴三桂："将军，乱世何以立足？"

吴三桂随口说道："长矛在手，兄弟跟你走。"

方献策紧接着问道："北京情况是否属实？可否有人亲眼所见？"

吴三桂答道："探子还有众多逃难百姓都这样说，应该不假。北京家人当被羁押，失去联络。"

方献策轻轻摇了摇头，诡秘地说道："既然未尝亲见，路人和探子之言不可尽信。人人均言袁崇焕将军通敌卖国，将军信乎？"

吴三桂拍了拍脑袋，似乎明白了一点，但是对于接下来的路怎么走，还是有些犹豫。

方献策凑到吴三桂的耳边说道："为今之计，只有先稳住脚跟，趁唐通立足不稳，拿下山海关，招兵买马，以图立身。"

吴三桂认为此计甚好，手上的几万兵马就是自己立足的本钱，但同时也会遭新政权的敌视。如果贸然进入，那时候自己可就是案板上的鱼肉了。

吴三桂的嫡系部队都还在山海关，吴三桂也想弄清楚农民军的真实想法，必须保存谈判的资本，不然也没有什么好谈的了。

吴三桂虽然很认可方献策的策划，但是这次没有成行的"约会"，会不会激怒大顺军？到时候即使退到山海关，情况也会比较糟糕。拿自己的几万军队同大顺军的几十万军队相撞，无异于以卵击石。

再加上身后的清朝军队，探马报告说清军已经开始往关内运动。吴三桂希望在两者之间做笔买卖。

唐通带着八千农民军刚着手改编山海关军队，战友吴三桂又回来了。

唐通一开始还以为是李自成派他前来守关，可是一计算路程，时间不对。这才刚过去两天，兄弟你回来得也太快了。

没等唐通反应过来，吴三桂已经开始进攻。山海关的官兵看到主帅又打了回来，二话没说打开关门欢迎老领导，唐通只好先跑到永平驻扎。

吴三桂知道这是一着险棋，这么做并不是要跟李自成彻底决裂，毕竟老婆、老爸都在他们手中。吴三桂就是想让李自成知道吴三桂也不是吃素的，你们不能像对待崇祯亲戚和北京高官那样对待我吴三桂，想要我投降，先拿出足够的诚意来。

冲冠一怒为红颜

李自成在北京听说吴三桂突然变卦，十分震惊，急忙招来牛金星、李岩、宋献策等人商量对策。李岩认为必须亡羊补牢，善待吴三桂的家人，尤其要归还陈圆圆。刘宗敏听到这里差点没有跳了起来。

牛金星见状，急忙站了出来，说道："陈圆圆的事情暂且不说。可先归还吴三桂的家产，释放的他的老爹，同时让他老爹再写一封劝降信。现在我们已经占据北京，他的家人、财产都在我们手中，不怕他不归顺我们。"

"万一吴三桂不归顺我们怎么办？"李自成询问众人。

牛金星摆出一副胸有成竹的样子："那就派军队逼迫他投降。"

李岩反对如此草率的行动，还没有弄清楚吴三桂为什么反悔，就做出判断，显然要吃亏的。

正在他们争吵不休的时候，吴三桂的使者到了。使者表示只要保证吴三桂一家老小的安全，吴三桂还是非常希望回到大顺政权的怀抱。

这本是吴三桂试探之举，但是牛金星同志却认为是吴三桂害怕的表现，因此极力坚持出兵威慑吴三桂。

有时候人就是这样：好了伤疤忘了疼。去年在宁武关被周遇吉的几千军队打得没脾气，最终以伤亡二万人的代价才攻破，当时就已经让李自成产生回陕西老家的想法。但到后来随着大顺军的一路顺风又顺水，很快拿下北京，让他们的自信心又膨胀到了极点。

李自成询问派谁去比较合适，牛金星觉得让白广恩带上两万人与唐通会合足矣。李岩、宋献策均表示反对，不为别的，吴三桂的军队能与清军周旋那么长时间，绝对不是一般明军所能比拟的。

李、宋两人首先反对贸然对吴三桂用兵，其次也不同意只让白广恩带上两万人前去。之前来北京做生意的山西商人已经告知李岩等人，清兵也从东北赶来"做生意"。

对于白广恩，李岩也十分了解。这小子起初跟着干革命，接着被明朝政府收编。松山大战中表现得还算中规中矩，后来跟着吴甡镇压农民军，由于不听领导的话经常被穿小鞋，一怒之下大抢一笔回到陕西老家。没过多久钱花光了，又开始跟着孙传廷镇压农民革命。李自成攻下潼关后，白广恩逃到陕西固原，但是还是被李自成给包围，最后投降农民军。

李自成很喜欢这位老兄，不为别的，此人在大顺军、政府军中人脉极广，黑白通吃。不过这位老兄的作战能力不敢让人恭维。李岩、宋献策已经看出这一点，一个经常选择背叛的人是很难委以重任的。

李自成同志认为两人多虑了，吴三桂没有那么可怕，北京那么坚固的城池，不也是被我们攻破了。这个杀手锏一出，其他人还有什么话可说？北京城防坚固吗？谁打下来的？那还有什么好说的。

李自成先是命令使者带上四万两银子，算是对吴将军的一点歉意，还有吴三桂老爹的亲笔劝降信出发了。使者出发的同时，白广恩带着两万军队也急速北上。

吴三桂在山海关也是如坐针毡，屁股后面的清军，前面的大顺军队，还有北京的亲人，吴三桂很想知道老爸怎么样了，离别半年之久的爱人陈圆圆怎么样了？

陈圆圆个人简介：

性别：女

籍贯：江苏常州

曾用名：邢沅

职业：歌妓、道士

配偶：崇祯、田畹、吴三桂、刘宗敏

人生经历：母亲早亡，被一位姓陈的女性收养，这位养母费尽心思终于把陈圆圆培养成能歌善舞的娱乐圈大腕，获得"秦淮八艳"的称号。

外戚田畹看到崇祯天天操劳国事，面容日趋憔悴。就想到江南搜罗一些美女，替皇帝分忧。陈圆圆有幸入选，取悦龙颜。但是崇祯根本没有心思亲近女色，田畹觉得不能太浪费，就把陈圆圆收到名下。

1643 年，吴三桂同志进京接受领导表彰和分配任务，田畹邀请这位军界大佬到府上吃饭。席间吴三桂一眼就看中了陈圆圆，田畹同志没什么好说的，吃完饭就让吴三桂带走了陈圆圆。

吴襄知道吴三桂做的蠢事后，为了不让崇祯知道，就让儿子把陈圆圆留在北京，因为带到军中，很快就会传到皇上的耳朵里。

敢跟皇帝争老婆，那纯粹就是活腻了。皇帝是独一无二的，他使用的东西也应该天下无双。龙椅、龙袍这些生活必需品就不用说了，就是进了宫的宫女，虽然跟皇帝清清白白，但是你是不能打她们的主意的。

她们入了宫就是皇家的人，也是皇帝的财产，除非得到皇帝的恩准，是不能随便离开工作的地方的。现在吴三桂竟然娶了皇帝的女人，这要是传到崇祯的耳朵里，有几个脑袋都不够砍的。

吴三桂在东北公干的时候，北京忽然换了主人，而色胆包天的刘宗敏同志早就听说吴三桂府上藏着一位绝色佳人，于是就趁着抄吴家的时候，顺便把陈圆圆带到自己府上。

吴三桂同志听说家产被抄、老爸被抓、爱人被抢后，愤然背叛大顺政权。后来清军入关，吴三桂分封云南。陈圆圆跟着吴三桂来到云南，据说后来做了一名女道士。

就在吴三桂坐立不安的时候，派去北京的使者回来，后面还跟着大顺的使者以及四万两银子。老爸已经被释放，但是爱妾陈圆圆的问题还没有解决，正在吴三桂犹豫是否接受大顺的银子时，忽然发现方献策在后面向自己招手。

吴三桂借故离开，来到内室，问方献策出了什么事情。方献策只轻声说一句："傅海山来了。"

吴三桂立马联想到北京家里可能出事了，傅海山是老爸手下的旗鼓官，跋山涉水地来到山海关绝对不是叙家常的。

吴三桂立马命人把傅海山带了过来。傅海山见到吴三桂，先是扑通跪在地上哭个痛快，然后一把鼻涕一把泪地说道："将军你一定要为提督报仇啊！"

吴三桂细问后勃然大怒："好你个李自成，先是骗我到北京，随后抄家、抓我老爹、抢我媳妇，现在骗我说已经放了！我老爹都入土了！此仇不报我誓不为人！"吴三桂拔出宝剑就要冲出门外，先砍了李自成的使者。

方献策立马命参将冯有威抱住了吴三桂，然后给吴三桂分析："将军息怒，方才我已经仔细地询问了傅海山。他逃离北京的时候，将军在去北京的路上。如果当时督军已经死了，那么我们就不可能看到他的第二封劝降信了。"

吴三桂仔细一听还在理，赶紧询问道："现在李自成一边派人劝降，一边派出军队进逼山海关什么意思？"

方献策示意吴三桂撤掉门口的守卫，这种事情还是知道的人越少越好。方献策轻声说道："李自成释放督军，并让人送了四万两白银，说明他还是有诚意和谈的。但是拒绝释放夫人，并且派出军队，将领白广恩打仗不咋地，东家倒是换了不少。这说明他们还有些看不起我们，以为我们跟其他明军一样。"

吴三桂也感觉到一种侮辱，如果现在就投降，手下人还有后人就会认为自己的权位是拿老婆换来的。但是老爹一家三十六人还在他们手中，现在山海关兵马也不是很多，想跟大顺政权较量无异于自寻死路。

吴三桂感觉投也不是，不投也不是，四周都是悬崖，等待自己的只有死路一条，于是吼道：

"吾忠不成忠，孝不成孝，何颜立天地间乎？唯有自刎而已！"

吴三桂虽然名声比较差，但是多年东北的军旅生活，基本的军事素养也还是有的，所以这次吴三桂同志是真的要自杀，并不是做给手下人看的。

幸亏帐下的侍卫眼疾手快，一把抱住了吴三桂同志，参将冯有威等人也纷纷跪下，表示誓死效忠。

吴三桂看到手下的将士如此齐心，也就放弃了自杀的念头。但是一群人已经出来好一会了，李自成的谈判代表还在那里等着呢，时间不等人，是降是打必须做个决断。

冯有威说干脆直接反了，大丈夫死则死矣，一辈子轰轰烈烈就可以了，没有什么好怕的。至于李自成送来的银子，我们没有理由不收下，反正现在我们也正缺钱。

方献策基本也是这个意思，他见吴三桂还有些犹豫，便慢慢说给吴听："李自成在北京到处搜刮钱财，官兵们好多都有亲属在北京，他们肯定不能原谅大顺政权。山海关周围的士绅也一样，他们都怀着对政府的无限忠诚。如果我们反抗大顺政权，他们一定会支持我们，因为他们也害怕失去财产。山海关地区紧邻北京，受过多年政府的恩泽，如果在此招兵复明应该不是难事。"

吴三桂还想听方献策继续说下去，但是他却停了下来。文人都是这个样子，喜欢卖关子，吴三桂只好示意他大胆地说。

方献策接着说道："即使这样我们的兵力还是无法同大顺军抗衡，部队扩大后补给也会出现困难，但没有办法，只有走一步看一步了。"

虽然是实话，但是吴三桂希望得到的是方法，现在却抛下来一个包袱。吴三桂狠狠地瞪了方献策一眼。现在要做的就是要让李自成尊重自己，最好的办法就是歼灭白广恩的军队。

唐通、白广恩听说吴三桂接受了李自成的慰问金，心里别提多高兴了，唐通也不希望同老战友兵戎相见。可正在这两人等待着开进山海关的时候，吴三桂的军队突然出现了，不过看样子不是欢迎他们的。

唐通、白广恩一直跑了很远才敢停下来，回头一看人马损失至少超过一半。吴三桂趁机也把防线摆到山海关前的石河西和永平一带。

虽然打了一个胜仗，但是吴三桂明白真正的战争才刚刚开始，大头还在后面呢。

正在吴三桂一筹莫展的时候，参军胡守亮建议向清军借兵，两家联合作战。

胡守亮同志精通满语，对于他们的生活习惯颇有研究，因此在与清军的交锋中很受吴三桂的重视。方献策也提议向清廷借兵，共同对付李自成，事成之后重谢清军。

吴三桂本来对李自成还有些幻想，教训唐通、白广恩也是基于挽救两家友谊考虑，事后吴三桂也觉得自己太天真了。脸都撕成这样了，还怎么和好。吴三桂也不是冷血动物，毕竟是自己家三十六口人在李自成手里，他还是想等着李自成的友好之举。

方献策晓得吴三桂的顾虑，作为资深秘书、智囊，他必须让吴三桂明白，吴军与大顺军已经没有合作的可能。

方献策说道："将军知道北京的 3000 多名官员，李自成只留下 90 多人吧。前些日子我们赶去北京的时候，督军老爷子却被他们关进监狱，还有夫人……"

吴三桂已经听不下去了，身旁的桌子也就成了他发泄的工具，望着地上被劈成两半的桌子，方献策明白计划成功了。

吴三桂怒火燃烧后，开始冷静下来。我跟清兵打交道不是一年两年了，也可以说大家彼此仇恨了很久。现在向他们借兵，他们会借给我们吗？再说向大明政府的死对头借兵，广大知识分子以及人民群众会答应吗？

方献策对于吴三桂的疑问，一一作了解答：清军来中原不是一两次，但是目的都是一样，就是抢劫。世界上没有永远的敌人，只有永远的利益。如果我们承诺给清廷足够的物质补偿，我想他们一定不会拒绝的。

至于人民的反应，肯定要作调查才可以下结论。目前最主要的事情，就是怎么延缓李自成大军的进攻，赶在他们到达山海关之前，借来清兵。

吴三桂还是有些担心，他害怕落个叛徒的骂名，这个世界上没有谁一生下来就希望做叛徒。

方献策举出唐代借回纥兵收复了大好河山，唐代宗和郭子仪一起向回纥可汗行跪拜大礼的例子，就是要告诉吴三桂行大事者不要拘于小节。

经过方献策的一番开导，吴三桂终于下定决心，联合清军，抵抗大顺。

开始吴三桂并没有着急这么做，而是做了些准备。他先是派出使者要求面见朱慈烺，并商量投降后部队如何改编的问题。之所以问这么细，目的只有一个，即尽可能地推迟大顺军的进攻步伐。

李自成在北京听到唐通、白广恩大败的消息异常震惊，没有想到小吴总兵还是有两把刷子。大顺政权刚刚搬进北京，江南还是诸侯割据，如果山海关再出什么漏子，那大顺的官兵只有回家继续种地一条路了。

原来的那帮兄弟都还沉浸在喜悦和休闲当中，派谁去收拾吴三桂同志呢？刘宗敏虽然负责军事，但是缺乏应变能力。李岩挺适合的，但是他的级别要比刘宗敏低，是否能够服众呢？

李自成召来牛金星，好像很久没有见到这位军师了，不知道都在忙什么。李自成询问牛军师，派谁去比较好呢？

牛金星认为应该派刘宗敏前去，虽然牛金星很鄙视刘宗敏来北京整天就是吃吃喝喝的懒散作风，不像自己即使吃喝，作陪的都是文化人，但是牛军师对于刘宗敏的战斗力丝毫没有怀疑。

李自成直接说道："我怕他会拒绝前往，大家都在北京享福，让他去打仗。我这位兄弟，有一说一，一点亏都不愿意吃。"

"李岩怎么样？"李自成问道。

牛金星望了李自成一眼，接着意味深长地说道："最近李岩将军做了不少好事，他在北京人民心目中的形象好像比您还好呢。"

李自成稍微一品便明白了，牛军师这是在委婉地告诉自己，李岩不合适，名声好的人不能让其掌兵，掌了兵就不好管了。但是山海关的吴三桂总得有人过去收拾吧，这次再也不能派白广恩这样的饭桶了。

看来为今之计只有李自成自己出马了，牛金星也表示愿意随从前往，但是北京的事情太多，得把刘宗敏留下来主持大局。

李自成这个时候还不知道吴三桂已经下定决心决裂，因此也没有做什么山海关失利后的准备。李自成也没有计算清军介入怎么办，虽然这个时候他已经得知清军也赶来凑热闹。

说到底，还是李自成感觉太好。十万大军再加上崇祯的太子陪同，最为关键的是吴襄老爷子前往，收服吴三桂应该没有什么问题的。

借 兵

李自成这次确实有点自负了，吴三桂一面与其谈判拖延时间，一面也开始展开秘密活动。吴三桂派人到北京及其周边地区发传单，贴大字报，号召投降的官员心系大明，做一名有良知的官员。同时散布自己要为崇祯报仇，且准备与清兵联合作战，共同对付李自成的军队。

吴三桂此举的意图十分明显，就是想看下社会各个阶层对此的反应。

一番话散布出去后，得到了意想不到的结果。广大人民群众好像没有看到吴三桂要与清军合作的字样，对于给崇祯报仇的字样倒是十分关注。

一时间在北京掀起了一股反对大顺政权的暗潮，北京的大街小巷都出现了"明朝气数未尽，人思效忠"的大字报。刘宗敏同志为了首都形象，抓捕了几十个贴"告示"的不良分子，但是此风愈演愈烈，大字报最后竟然贴在紫禁城的墙上。

被吴三桂忽悠的远不止寻常百姓，就连伟大、正直、英明神武的史可法同志也觉得吴三桂是个好同志。

四月下旬山海关大战已经结束，南明弘光政权在八月加封吴三桂为"蓟国公"，并且赏银一万两，蟒缎两千匹。十月份把这些钱物和委任状一起送到了北京。

史可法在《史可法复多尔衮》中称吴三桂为"吴大将军"，我吴大将军怎么怎么的，叫得让人觉得有点肉麻，对于吴三桂向清军借兵的行为也表示赞赏。

既然群众的反应如此强烈，吴三桂也渐渐打消心中的疑虑，向清廷借兵的计划开始进入实施阶段。

吴三桂派出副将杨坤和游击郭云带着亲笔书信赶赴辽东，前面已经说过此时多尔衮已经接受洪承畴的建议，从喜峰口一带长城进入关内，双方刚好在翁后（今辽宁阜新）相遇。

多尔衮听到吴三桂要跟自己合作，差点没有笑出声来，大家打交道都不是一年两年了，谁不知道谁。你让我相信母猪上树可以，但是相信你吴三桂，免谈！

多尔衮正想把来人给打发了，或者直接就砍了，还看什么信！

洪承畴听说吴三桂派来了信使，急急忙忙赶了过来，他晓得清贵族对于吴三桂的敌视，他们的冲动很可能坏了大事。

这一年多洪承畴在东北深居简出，独自疗伤，再加上崇祯已经死了，现在去北京又是为他报仇，心情好了不少，连多年的风湿病都不犯了，紧走再加上慢跑，终于赶在多尔衮处理信使之前来到多尔衮的大营。

洪承畴同志说话还是有些分量的，既然他说要看信件，多尔衮也不好驳他的面子。

尊敬的"北朝"首长多尔衮阁下：

　　"我国"与北朝通好二百多年，近来小人挑拨，两国摩擦频频。和平相处方可共赢，北朝首长多尔衮阁下英明神武，万望援助友邻。出兵中原，阁下率兵直入中协、西协，三桂自率部，合兵以抵皇城，灭流寇于都门之内。示大义于中国，则我朝所报者，岂惟财帛？分疆裂土，不负誓言。

辽东总兵吴三桂

此时吴三桂还是以平等的身份同清廷交流，求助的语气虽然激烈，但是也没有什么谄媚之处。

多尔衮看完信，终于明白吴三桂的意思，他是想借清朝的军队，恢复明朝的统治。小吴总兵果然不是什么善男信女，借别人的军队，还给别人的军队指定路线。让清军从中协、西协进攻，说白了就是要清军远离山海关，先去和大顺军打下消耗战。

这样吴三桂就可以坐收渔翁之利，由于山海关还在他的手里，所以他不用担心清军赖在关内不回家，没有吃的，你们待的住吗？

多尔衮感觉吴三桂在侮辱自己的智商，虽然他和八哥皇太极都希望吴三桂能够归降，但是对于此人还是留点心眼比较好。

多尔衮当场表示愿意出兵，但是条件必须改下，就是你吴三桂必须投降。裂土封疆、金银财宝这些忽悠人的东西没用，东北已经被我们拿下了，有了权力、有了主权，还怕没有金钱吗？

礼尚往来，多尔衮虽然比较怀疑吴三桂的动机，但是他还是希望能够争取到他的加盟，要知道夺取山海关是清军多年的梦想。

尊敬的吴三桂阁下：

予闻流寇攻陷都城，不禁扼腕叹息，恨不挥师南下，驱逐逆贼。及伯遣使求助，深为惊喜，伯虽守辽东，与我为敌，今亦因此缘故，尚存疑虑。今伯若率众来归，封土为王又有何难。国恨家仇俱已得报，子子孙孙富贵永享，国家太平安康。

皇上他叔多尔衮

当然为了保险起见，多尔衮留下吴三桂的副将，让自己的小舅子拜然陪同郭云龙到山海关商量具体事宜。这虽然是大买卖，但是大家都不傻，天上掉馅饼的事情还是少想为妙。

送走了郭云龙，多尔衮急忙把洪承畴请进了内室，心中的喜悦和疑虑相互交织，他今晚难以入睡！

洪承畴知道多尔衮是个特别谨慎之人，这位首长是不见兔子绝对不撒鹰的。他最早与吴三桂的相识已经记不清楚了，可能在某年某月的一个早上，大家都到北京开会，于是就认识了。但是一个在陕西，一个在东北，各人有各人的工作，大家彼此也没有什么交情。

真正的相识应该是在1639年，锦州吃紧，崇祯调洪承畴出任蓟辽总督，吴三桂这个宁远总兵也就成了他的下属。

松山一役，明军大败，就连洪承畴也成了清兵的俘虏。洪承畴也看清小吴总兵若是被抓了，绝对不会像自己绝食、痛苦地挣扎，这人绝对是个俊杰，不然他也不会跑得那么快。所以洪承畴认定，吴三桂绝对是可以威逼利诱过来的。

多尔衮本来还有些担心，经洪承畴一分析，看来这个买卖还是可以做的，收益与风险成正比，三十二岁的多尔衮迫切需要找些刺激来排遣心中的痛苦。

没有什么好担心的了，多尔衮命令军队改变行军方向，直扑山海关。

吴三桂在派出代表与清军接触的同时，一边继续迷惑李自成，延缓大顺军的行军速度；一边积极地展开备战，准备与大顺军一决雌雄。

小吴总兵家里不愧是贩马的，忽悠人的本事简直就是天生的。为了让李自成相信自己是有诚意的，吴三桂派出山海关当地知名人士生员刘泰临、李友松、谭邃寰以及乡绅黄镇庵、刘台山、高选组成的代表团，向着北京的方向出发。

吴三桂跟六人下了死命令，为了明朝社稷，诸位都是读圣贤书的，勇于奉献的知识分子，一定要把大顺军迷惑住了，让他们相信我们是真投降。

这六位刚走，帐下人报告郭云龙回来了，好像没有见杨坤，随行的还有一个满族打扮的人。吴三桂立即明白是多尔衮的使者来了，杨坤这小子不知道是做了人质，还是做了冤魂。

吴三桂先是命人把清朝使者请到客厅等候，自己先到偏殿找郭云龙了解下情况。当得知多尔衮以投降作为出兵的条件时，吴三桂有些犹豫了。

可是箭在弦上不得不发，大顺军近在咫尺，清军还远在天涯。吴三桂现在要做的就是充分发动山海关军民的积极性，为自己的生存获得一点空间。

清军这根救命稻草，吴三桂还是不肯放弃，他迅速修书一封，让郭云龙再跑一趟，这次随行的还有孙文焕，毕竟他通晓满语，大家交流起来也比较方便。

尊敬的多尔衮殿下：

接王来书，知大军已临宁远，贵军之速，三桂甚服之。逆贼李闯军已至永平，三桂承王谕，集精锐于山海关以西要处，诱寇前来。今三桂精锐俱已整装待发，幸王速整虎旅，直入山海，左右夹攻，闯贼可擒，京师传檄可定。又师出仁义，当重安民，愿王敕令大军秋毫不犯，则民心服，财富至，何事不成哉！

辽东总兵吴三桂

之前吴三桂侦查得知清军已经改变行军方向，直扑山海关。既然没有办法阻止清军来到山海关凑热闹，只有退而求其次，要求多尔衮不要伤害老百姓。作为未来的合作伙伴，吴三桂觉得自己有义务提醒清军注意爱民，之前那些抢劫的事情就不要做了。

四月二十日一大早，在练兵的校场，山海关的将领们和当地名流先是在自己的嘴边涂点猪血，然后观看了处决奸细张有起、张五两兄弟，这就是文献中记载的所谓的"南郊誓师"。

在吴三桂开动员会的同时，多尔衮已经率军到了宁远属下的连山（今辽宁葫芦岛市连山县），刚要准备安营扎寨的时候，吴三桂的第二封求助信到了。

多尔衮从信中得知李自成已经逼近山海关，急忙找来洪承畴、范文程等人商量对策。洪、范两人均认为事情十分紧急，如果让大顺军抢先夺取了山海关，那么清军跑这么远可能只是锻炼下身体，什么也捞不到。

但是多尔衮还是有些担心这是吴三桂和大顺政权演的双簧，从老爸努尔哈赤白手起家，混到现在确实不容易，十万大军可以说是家底了，如果全给搭进去了，不用说老爸、八哥皇太极，就是自己也不会原谅自己的。

历史原来这么有趣·清朝卷——这是大清开国史（顺治）

山海关到底什么情况，现在谁也说不清楚，是否真如吴三桂所说的那样，到了才能见分晓。连山距离山海关两百多里，没有什么可再说的，多尔衮下令停止做饭休息，所有人空腹急行军。

在饥恶、疲劳的情况下，仍能夜行两百里，这就是清军八旗的素质，以往两千多年农耕民族一直干不过游牧民族就是这个原因。

二十一日晚多尔衮和他的八旗兵来到了山海关脚下，不过他们还是晚了李自成一步。

李自成和他的十几万大军优哉游哉的，走了五天才到了永平。在永平李自成遇到吴三桂派来的六人忽悠团体，李自成虽然对明朝高级官员比较讨厌，但是对于低级知识分子还是比较喜欢的。

既然六个人都保证只要见到崇祯太子，吴三桂就会投降，李自成也就没有多想，不然怎么说农民兄弟实在。这位陕西汉子虽然仗没少打，但是官场的经验还显得有些不足。

其实之前大顺的先锋部队在永平已经遭遇乡勇的抵抗，但由于不是正规军，大顺军很快突破了这层防线。

这样程度的抵抗丝毫没有引起李自成的注意，他继续优哉游哉地往山海关走着。

兵贵神速这个道理李自成不是不懂，只能说现在的李自成已经不是以前的李自成了，太多的天真想法已经占据他的大脑，锐意进取的激情早已经烟消云散。

大顺军从永平到山海关又走了四天，四月二十日终于到达山海关前十五里的七星寨，即使这样李自成还是先多尔衮一步到达山海关。

李自成这次不但带着崇祯的太子，还带着吴三桂的老爸，也许这也正是李自成一直对吴三桂投降充满信心的原因。

这时大顺军的先锋部队四万多人，已经在石河西遭遇到吴军的真正的第一道防线。这一道防线由山海关原来总兵高第的一万多军队和临时招募的乡勇组成，这支杂牌军无论从装备、战斗力，到战斗经验以及忠诚度都比较差，但是即使在这种情况下，双方交战十三次，没有分出胜负。

当然吴三桂的坐镇指挥以及部分关宁铁骑的参与起着重要作用，但是大顺军精锐的先锋同吴军杂牌军打成这样，不能说谁比谁强，只能说有人轻敌了。

陕西汉子就是这样，敢爱敢恨，说不喜欢你就不喜欢你，说要相信你就会一直相信你。先锋军队都跟吴三桂打成这样了，李自成还不肯相信吴三桂已经与大顺政权决裂，一直不肯相信，也许是不愿去相信，因为自己一直所坚持的正是别人口中所批判的，只想证明自己其实是正确的。

直到忽悠六人组因为害怕，纷纷逃走，李自成这才相信自己被吴三桂忽悠了。

有仇不报非君子，这位陕西汉子就是如此的逻辑。

四月二十日晚上，李自成在帐篷中气得没有休息，怎么也想不明白吴三桂只有几万人，为什么还敢瞎折腾。他不知道他的一家三十六口都在我的手中吗？不管怎么样，必须给他点颜色。

吴三桂这天晚上也没有睡觉，扑面而来的大顺军团，扑朔迷离的清军八旗，他们谁都跟自己有仇，不管是新仇还是旧恨，总之都不会轻易放过自己。

多尔衮这天晚上也没有睡觉，当然他在连夜赶路，没空睡觉。

这三个人都拥有决定天下的命运，只是吴三桂的命运不掌握在自己手里。

如今摆在吴三桂面前的只有三条路。

第一，放下武器，诚诚恳恳地向李自成和大顺的官兵认错，然后在大顺政府中获得一官半职，老婆陈圆圆就当给刘宗敏将军赔不是的礼物了。当然吴三桂所要的尊严就没有了，最好的结果就是在忍辱偷生中度过后半辈子。

第二，与清兵合作，凭借清兵的帮助，扫平各地叛军，也许吴三桂会获得同唐代郭子仪一样的美誉。

第三，投降清兵，肯定是高官厚禄，或者裂土封疆，但是后世骂名恐怕是躲不掉了。

小吴总兵绝对不是一位甘于平庸的人，让他窝窝囊囊地度过余生，吴三桂是无法说服自己的。

吴三桂也知道老对手多尔衮也不是什么菩萨心肠，更是位无利不起早的主，让他帮你，而不答应他的要求，难上加难。

投降自己的老对手，吴三桂还有些担心，现在说过的话，打完仗可能就只是一句空话，到时你能拿着白条去找领导兑现？何况现在连白条都没有。

这三条路关系到吴三桂以后跟谁吃饭，必须仔细想想，但是李自成已经不给小吴总兵这个时间考虑了。

四月二十一日天还没有亮，李自成命令三军生火做饭，准备教训一下没有诚信的小吴总兵。李自成并没有一清早就发动进攻，他先是拿出手中的一张王牌——吴襄老爷子。

李自成命人把吴襄架到城下，对着关墙喊话，李自成就不相信吴三桂会不管老爸的死活，李自成这次真的又失算了。

吴三桂见到被严密保护的老爸，心里也打起了退堂鼓，人心都是肉长的，小吴总兵也是读过书的人，基本的人伦礼常还是知道的。

方献策见吴三桂有点动摇，急忙说道："将军知道楚汉战争项羽拿刘邦父亲要挟刘邦的故事吗？"

"略有耳闻。"吴三桂低声答道。

方献策职业病促使他不顾领导的心情，滔滔不绝讲个不停："若汉高祖当年一时心软投降了项羽，也就不会有后来的大汉王朝了。即使将军投降了李自成，他也不会放过督军，放过我们。如果不投降，手中握有兵权，督军或许还有一线生机。"

吴三桂其实也是这样想的，但是他不能一开始就这样做，必须有其他人提出建议。见死不救，如果该救的是不相干的人，说明你这个人没有公益心；如果这个人是你老爸，恐怕到了佛祖那里也不会原谅你的。

既然手下人都这么说，吴三桂只好做出很痛苦的样子，命令神箭手把吴襄两旁的"看护"给解决了，一是表示跟老爸划清界限，一是威慑大顺军队。

吴三桂泪眼朦胧地望着关下的老爸，大声喊道："自古忠孝不能两全，既然你已投降贼寇，那我们父子情分到此为止。李自成，是真汉子，就真枪真刀亮出来，大家战场上较高低，拿个老人做诱饵，丢不丢人！"

李自成见老吴不顶用，只好先把他关了起来。待吴襄走到自己跟前，李自成轻声笑道："吴老爷子，看来你儿子不孝顺啊！"

吴襄只好摇摇头，苦笑着离开战场，要是再往前推十几年，自己不也是这一方的霸主，虽然有时候跑路比打仗多，但是何曾像今天如此狼狈过。

既然大家谈不拢，那就开打呗。

山海关

山海关原来只是个普通的关隘。明洪武十四年（1381 年），中山王徐达奉命整修，因为它西起燕山，东临渤海，故名山海关。

山海关地势易守难攻，关外又有四座卫城支撑，东西两卫分别叫东罗、西罗，南北叫南翼、北翼，他们与长城、哨楼以及关城等防御设施相互呼应，构成一个相当完备的防御体系，西方的"马奇诺防线"就是模仿它的防御体系。

山海关的坚硬程度，多尔衮同志深有体会，以往清军入关抢劫，每次总要绕开此处。

其实山海关刚一开始叫榆关，天下第一关的美誉约形成于明成化年间，关于这个称号还有一段引人入胜的传说。

明成化皇帝朱见深，老爸就是做了俘虏的明英宗朱祁镇，可能是受了惊吓，成化皇帝性格中比较依赖养母和宦官。

同时成化皇帝也是历史上以痴情著称的皇帝，与年长自己十八岁的万贵妃的爱情堪称恋母情结的典范，万贵妃也是辛苦地充当了朋友、情人、母亲、老婆和保护者的多重角色。

痴情的人一般都比较讲究生活的情调，即使在朝廷他还是会或多或少地保留点浪漫情调。

一天，成化皇帝忽然心血来潮：今天我要做一件有意义的事情，决定要送出一块匾，不是送给人，而是榆关（即山海关）。

领导一时冲动，也就是动动嘴皮子，可忙坏下面的官员了。当时的山海关负责人兵部主事接到指示，立马命人爬上箭楼，丈量好尺寸，木匠们一个通宵终于赶做出来一个长约 5.9 米、宽 1.5 米的巨匾。

匾是做好了，匾上的字谁写呢？皇帝亲自过问此事，如果写得很一般，那这个国防部长也就做到头了。

兵部主事立马召开紧急会议，不知道的人还以为要打仗呢？部将到了才知道缘由，很多人是放弃与大老婆、小老婆团聚的美好时光，因此很生气，但也不好说什么。

大家虽然都不是文化人，但是三个臭皮匠还是顶得上一个诸葛亮的，最终敲定萧显老先生。萧老先生进士学历，曾任福建按察司佥事，还有一点就是毛笔字写得好。最近由于年龄大了，辞官回到山海关老家，养养鸟、种种花的。

第二天一大早，兵部主事登门拜访萧老先生。说明来意后，萧老先生差点没按捺住内心的喜悦，但还是装做沉思了一会儿，最终答应这个差使，不过要求完工时间不能太急。

既然萧老爷子答应了，兵部主事哪还能有什么要求，一连感谢了半个多小时才离开萧府。

可是一连过了二十多天，萧老爷子是一点消息也没有。兵部主事只好让手下人预备一些礼物去拜访下萧老爷子，顺便看看动静。

手下人带着几匹上好的绸缎，几枝大型湖笔来到萧府，看见萧老爷子在院子里要一根长扁担。一问他的下人才知道萧老爷子最近天天起早贪黑啥也不干，就是要这个东西。

兵部主事虽然很着急，但是大家有言在先，不能惹恼了萧老爷子，在北京的时候没少碰到这些文化人，惹恼了这帮人，事情只能更糟。

又过了二十多天，萧老爷子还是没有动静，兵部主事确实有点架不住了，便让亲信带着上等的宣纸、墨砚再次来到萧府。很快亲信就回来了，一问才知道萧老爷子在家里吟诵什么：飞流直下三千尺，疑是银河落九天……关关雎鸠，在河之洲；窈窕淑女，君子好逑……

"见到礼物他怎么说？"

"一个月后保证完成。"

我的妈呀，还要一个月，难道萧老爷子还嫌润笔费不够，不过大家都觉得萧老爷子人还不错。不管了，既然已经答应他老人家一切按照他的意思，那就再等一个月又有何妨，只要上头不催促，就没事。

有时候你怕什么就会来什么，第二天兵部主事接到兵部的一封加急书信，说是蓟辽总督代表皇帝来参加挂匾的典礼，三天后到达。

本来是挣面子、捞资本的事儿，可是兵部主事却一点也高兴不起来，忽悠皇上，虽然有时候也不是故意的，但是结果都是一样的。

兵部主事还有什么好想的，命令手下人抬着匾额，还有一大坛子墨水往萧府赶去。萧老爷子也是在官场上摸爬滚打了很多年，自然明白这其中的利害关系。

萧老爷子命家人取来一个像拖把的毛笔，在家人提纯墨汁的时候，萧老爷子围着巨匾转了三圈。待一切准备完备，萧老爷子并没有急于动笔，而是闭目凝思了一会，接着又做做深呼吸。

正在大家等得不耐烦的时候，萧老爷子突然起笔，旁人还没有回过神来，"天下第一关"这五个字已经写好了。

只见萧老爷子满脸通红，气喘吁吁，感觉要累晕的样子。兵部主事忙上来递毛巾、擦汗，同时感谢不停。

萧老爷子喘着大气，一边回礼，一边说道："本来还想这一个月看看唐诗宋词，练练剑，陶冶下情操，可是现在时间太紧了，写得不好，还请见谅！"

兵部主事已经笑得合不拢嘴："写得已经很好了，写得已经很好了。明天在悦心斋设宴，先生务必赏脸。"

第二天，兵部主事先是把大匾挂在箭楼上，然后来到箭楼下的"悦心斋"酒楼，觥筹交错，酒过三巡，大家停止饮酒凭栏仰望，忽然有人发现"下"少了一点。此时帐下报告蓟辽总督已经过了石河，再取下来加工已经来不及了。

萧显老爷子急中生智，命令随从研墨，随手抓了一块抹布，包成一团，沾适量的墨汁，拼命地往匾额砸去。只听得"叭"的一声，抹布正好落在"下"的右下角，大功告成。

顿时响起一片热烈的掌声，很多人惊叹："萧公真神人也！"

不论这个故事真假，有多少后人加工的成分，但它都表明山海关在后人的心目中有着极高的地位，就连他的"天下第一关"的封号都有着不同寻常的故事。

其实从山海关的建立，到它的每一个楼台、关口都有着一段或者凄美、或者悲壮的故事，共同组成了山海关的神奇。

突破——一片石

山海关的故事我就先说到这里，书归正传！

前面已经说到李自成以吴襄要挟吴三桂不成，那么李自成也没啥选择，二话不说命令主力部队向吴军发起进攻。

双方抢起大刀长矛打了一上午也没有分出胜负。大顺军人数比较多，到了中午开饭的时间，他们可以轮流休息，吴三桂的军队就不行了。

到该吃饭的时候，吴三桂先调走自己的嫡系部队吃饭，而让原来山海关总兵高第的部队及乡勇留下来担当防守。

这些杂牌军兄弟就有意见，正在他们抱怨的时候，大顺军的骑兵风驰而来，这样石河西防线宣告瓦解。

还好吴三桂的主力部队并没有受到多大伤害。石河西防线崩溃后，吴三桂命令他们退到四个卫城，吴三桂则躲到山海关居中调度，正式与大顺军展开正面交锋。

李自成虽然没读过什么书，但长期实战的磨练，也让他具备了相应的军事素养，可以称得上专家级别的人物。

连《明史》这本清朝政府编纂的著作都认为"自成善攻，汝才善战"，可见李自成擅长进攻战绝对不是吹牛。

而战争一开始李自成便利用自己兵力上的优势，主动与吴三桂的关宁铁骑主力展开正面交锋，同时派人猛攻西罗、北翼两城。

李自成知道这样的硬攻，大顺军必须付出惨痛的代价才能登上山海关和长城。如果能绕到山海关的背后，吴三桂的军队即使再顽强，也很难经受住腹背受敌。

同时李自成此举也是意味深长，南下活动的清军，也一直牵动着李自成的心。分兵攻击西罗、北翼两城，也可以顺便牵制一下清军。

要想绕到吴三桂的后面，就必须在长城上杀出一条口子，当时没有现在的大型挖掘设备，可以随便在长城上挖个口子。

当时山海关以西长城均沿山而建，所以要想通过长城就必须走关隘，离山海关最近的只有一片石了。

一片石位于抚宁县，处于河北、辽宁两省的分界处。关城始建于明朝洪武时期，包括东、西、北三城，关上建有十几座敌台，还有烽火台等防御工事；大清河水从关外山脚下流过，建有泄水门6座，与关门、东、西门共九处，因此又名九门口。

关门与长城前面又挖了一条很深的沟堑，在没有坦克的情况下，骑兵、步兵是很难顺利通过的，因此万历时期一片石被誉为"京东首关"。

李自成派唐通来攻打一片石也是很有深意的。唐通虽然跟吴三桂有着战友情谊，但是最近被吴三桂忽悠得很惨，早已心怀愤怒，因此让他打吴三桂绝对可以放心。

唐通虽然兵力占有优势，但是小吴总兵的关宁铁骑也不是吃干饭的，他们发扬艰苦作战的顽强作风，多次击退大顺军的进攻。

待到二十一日下午，事情才出现转机。这得感谢北京送来的红衣大炮，在优势炮火的支援下，大顺军轮番进攻，终于在午夜时分拿下一片石。

唐通军队在占领一片石后，马上从长城北面出关，然后向东运动，唐通之前与李自成约定从一片石绕道山海关后面的计划基本实现。

吴三桂当然晓得昔日战友费那么大劲，跑到一片石做什么，他也晓得如果一片石失守意味着什么，但是暴露了兵力不足的缺陷，正面战场已经吸引了他所有的兵力，根本没有多余的兵力去管那个三十里外的一片石。

大顺军打仗很有个性，喜欢一拥而上，不会像军事家一样，讲究什么佯攻、主攻。正如《亮剑》中的李云龙同志一样，攻打平安县城，就是大伙一起来吧，没有什么战术，有时候就是最好的战术。

因此不论是正面对峙的山海关城，还是东罗、西罗城，还有北翼城都遭受大顺军的猛烈进攻。山海关防御体系这天多次面临崩溃的危险，好在吴三桂带领亲兵左冲右挡，才算度过艰难的一天。

幸好这支战斗力超强的亲兵队伍，否则局势会更坏！

这支队伍直接隶属于吴三桂本人，他们从参军那天开始就被专门培养成吴三桂的家丁，可以说是吴家贩马护卫队的翻版。刚一开始设置1000人，共分20队，每队50人。

打仗的时候分发20支令签，上面写着领队的名字，遇到紧急战况，拿签的人喊道谁，谁就要跟着他冲锋。

这很像满洲的八旗兵，只不过分组不同。吴三桂组建这支军队就是为了对付满洲铁骑，因此他在这支军队中吸收了大量的蒙古人，打仗这些体力活，体格很是关键。吴三桂通过家丁这种亲情培养模式也就极大地减少了士兵叛逃的现象。

这支铁骑早在东北战场就让清军印象深刻："而彝丁突骑数千，尤为雄悍，敌望之遁也。"（《明季北略》）计六奇虽然敌视清军，但是还算有良知的作者，因此他的记载还是可信的。

由于大顺军是不顾章法，全线进攻。山海关主城的防备力量虽然不够，但毕竟也有为数不少的人马，所以一开战就崩盘的事情不会发生。

而像北翼、西罗这些辅城则不同了，他们的防备力量十分有限，抗打击能力也十分有限，随时都有被攻破的危险。

负责守备北翼城的是吴三桂的副总兵官冷允登，虽然强将手下无弱兵，但是面对城下蜂拥而至的大顺军，冷总兵也变得很无奈了。大顺军好像会变戏法，打死他们一个，就会蹦出两个、三个，前面的人倒下了，后面的人就沿着战友的尸体，往城墙爬去。

在东北大大小小的恶仗不知经历了多少，冷总兵第一次有点害怕了。

渐渐不支的吴军只好眼睁睁地看着大顺军爬上城墙。在这紧要关头，吴三桂带着他的亲兵及时赶到，打退了大顺军的进攻，暂时守住了北翼城。

在吴三桂赶去北翼城支援的时候，大顺军队西罗城加紧攻势，借助炮火优势，最后又是吴三桂及时派人增援，西罗有惊无险地度过一天。

东罗城是吴军退往关外的唯一通道，因此吴三桂调集优势枪炮和相对多的兵力守卫，虽然这一天过得也不轻松，但是元气没有受到多大的伤害。

伴随着夜幕的降临，吴军又获得一个安静又紧张的夜晚。按照常规在山海关这种地势不是很平坦的地方一般晚上无法发动大规模的进攻，但是也要防止小股奇兵的偷袭。

其实睡不着觉的不光这些值班的士兵，李自成、多尔衮、吴三桂这三位，在那一夜都没有合眼。

李自成的十几万大军忙了一天，除了唐通有所收获，其他人都白忙活了。更为严重的是侦察兵报告清军已经逼近山海关，本来就够乱的了，现在又来了一个捣乱的。

吴三桂同志白天忙，晚上更忙。大顺军刚停止进攻，战场上的厮杀声还在空中回荡，吴三桂便派出由地方知名人士余一元、曹时敏、冯祥聘、吕鸣章、程印古五人组成的代表团至威远台面见多尔衮，请求他出兵。

多尔衮还是坚持自己的原则：不见兔子不撒鹰。你吴三桂来借兵，可以，条件是投降。这几位乡绅自然也受到清军的国宾待遇，对于吴三桂的先前提出的爱民护民建议多尔衮也满口答应。

但是茶水喝了一壶又一壶，就是不提出兵的事情。五位乡绅几次想提出出兵事宜，都被多尔衮借机打断。

之前吴三桂已经派出了两拨人向多尔衮借兵，吴三桂越是催促得紧迫，多尔衮越是怀疑小吴总兵是否含有深意。

但是这五位知名人士坐着不走也不是办法，多尔衮想出一个测试吴三桂的办法，就是借兵可以，但是你吴三桂必须剃发并亲自来营中谈判。

吴三桂听到要剃发到清军营中相见，知道多尔衮这是逼着自己投降清军，已经对不起父母家人，如果还要落个万世骂名，吴三桂有点不情愿。

吴三桂不愿意的根本原因，还在于手中的军队精锐尚存，或许会有奇迹出现，击败大顺军队。其实吴三桂也知道这只是一种梦想，崩溃是迟早的事情，但是不去做怎么知道会不会发生奇迹呢？

决 战

吴三桂在等待和徘徊中很快度过了二十一日的夜晚，没等他小憩一会儿，大顺军已经喊声阵阵，在山海关下摆出与吴三桂进行大决战的样子。

吴三桂似乎在躲避这些，但是他知道山海关的储备已经不足数天，如果再耗下去，只能是全线崩溃。李自成已经发现清军的到来，只是不知道他们要做什么，如果再耗下去，清军很可能渔翁得利。

因此从一大早，唐通与山海关正面的大顺军就疯狂地发起集团冲锋，这时吴三桂已经成了三明治被双面包围着。

此时多尔衮已经把军部搬到了两里外的欢喜岭，密切注视着两军的动静。

大顺军攻打最猛烈的北翼城，有些乡勇甚至悄悄地打开城门，想放大顺军进城，幸亏吴三桂及时赶到，才避免了陷落。为了减缓防守压力，吴三桂不顾清军也在关隘的东边，命令向东猛轰。

多尔衮见吴军的炮火往这边打来，更加怀疑吴三桂的动机。

吴三桂知道如果这样打下去，不用到晚上，自己就可以光荣了。昨天晚上小吴总兵还期盼奇迹出现，现在看来一切都是幻想了。小吴总兵不甘心，投降对于一名汉族军人来说，这将是他一生的污点。

但是小吴总兵家里以前是做生意的，他明白要不是东北的将领都死光了，怎么也轮不到他吴三桂出面收拾残局。因此小吴总兵不会傻到为了一个万古流芳的美名，搭上整个家当和性命。

他的确很想保持一个职业军人的良好形象，可是如果在生命和荣誉面前抉择的话，小吴总兵肯定会选择前者。但这并不代表小吴总兵天生就是叛徒的料子，他之所以撑到二十二日早上，足见小吴总兵还是有点职业道德的。

既然决定投降，小吴总兵也不再犹豫了，现在时间就是生命，大顺军随时都有可能攻进来。小吴总兵挑选了一百名精兵强将组成敢死队，在炮火的支援下，保护着他冲出层层包围奔向清军大营。

多尔衮见到吴三桂便质问他："你邀请我来帮助清剿匪乱，为什么又朝我开炮？"

吴三桂忙作解释："都是误会，只因为大顺军进攻比较激烈，所以需要用炮火压压他们的士气。"

多尔衮对于吴三桂的回答很不满意，但是现在是收服吴三桂的绝佳时机，过了这个村可就没有这个店了。

见多尔衮还有些犹豫，洪承畴微微招了下手，示意多尔衮到偏厅一下。

洪承畴明白吴三桂的心思，这跟当年自己被关在沈阳的小屋子的情景十分相似，因此对于吴三桂的心理也拿捏得比较透彻。

洪承畴只说了一句话："良将易得，山海关难攻。"

多尔衮是何等聪明，立刻醒悟了，他明白如果把吴三桂以及他驻守的山海关推向大顺军的后果是什么。

多尔衮很快回到大厅，答应吴三桂出兵的要求，但是吴三桂必须剃发投降。同时还开出保护明朝宗室，天下一统后吴三桂可以裂土封疆的优厚条件。

面对诱惑，面对形势，吴三桂既然来到清军大营，想要保持名节显然是不现实了。吴三桂剃发后，又与多尔衮杀白马、乌牛，把血抹到嘴上，接着把衣服割乱，这还没完。最后还得把箭给弄折了。

搞了这么多仪式，看起来两家是精诚合作了。但是这些表面的东西，大家心里都清楚，靠不住。你今天剃个光头，明天不认账了，我又能把你怎么样？

所以多尔衮要看到兔子才能撒鹰，他要求吴三桂率先与大顺军展开决战，然后清军出其不意投入战斗。

吴三桂也知道这是多尔衮一箭双雕之计，可事到如今，头都剃了，还能有什么法子，认栽吧。

吴三桂有了靠山，胆子也就大了起来。他这次又选择老战友唐通。此时唐通正在专心地攻城，没有想到吴三桂来了这手，在腹背受敌的情况下，唐军很快败退下去。

这样吴三桂就解除了后顾之忧，回到关内的小吴总兵，重整旗鼓，准备与大顺军拼命，毕竟是刚加入清军，吴三桂希望以优异的表现获得多尔衮的认可。

此时李自成还不知道吴三桂已经投降了清军，见小吴总兵摆出决战的样子，自然也不敢怠慢。早点解决也好，省得夜长梦多，清军插手就不好办了。

这次决战很多人都认为它决定了中国历史的方向，至于是否如此重要不敢说，但它的确决定了当时很多人的命运。

有人从此成为人人得以诛之的大汉奸，有人皇帝的美梦从此破灭，有人却离皇帝的宝座越来越近，还有很多很多人再也见不到老婆孩子、父母兄弟了。

和解也见不到老婆孩子，吴三桂已经准备与大顺军拼命，毕竟是刚加入清军。比起一战时期的凡尔登战役，二战时的斯大林格勒战役，这次只能称之为战斗。国人之所以对它如此熟悉，并不是我们不了解世界史，而是我们总有点不平或者愤恨。很多人恨铁不成钢，李自成你就不能好好对待吴三桂，坐稳江山后你再享受，再收拾明朝官员？吴三桂这个挨千刀的，你投降谁不成，非要投降清军。

我们现在说什么其实都是事后诸葛亮，当时的李自成、吴三桂、多尔衮三家都不可能知道结局是什么。就算把牛金星、宋献策、洪承畴、范文程还有方献策都叫过来开会，他们也无从知道最后如何收场。

李自成没有想到清军与吴军已经联合；吴三桂也不知道多尔衮会不会

出兵，剃发盟誓这些都是不可靠的；多尔衮也还不敢完全相信吴三桂，他还要等待兔子的出现。

但是有一点是可以肯定的，就是三方都睁大了眼睛，铆足了所有力气。

李自成知道如果这次战斗不解决吴三桂，势必引起清军介入，那以后的日子就不好过了。吴三桂也晓得如果此时不拼，以后恐怕没有机会了。多尔衮感觉没有必要搭上所有家当，他把一半的兵力留在关外，随时准备撤回东北老家。

其实从清军介入的那一刻起，战争的局势已经很明朗了，但是当时正在厮杀的双方人员都不知道这些，他们还要拼杀、嘶喊，等待分出胜负的时间。

关宁铁骑的战斗力有目共睹，即使在人数处于劣势的情况下，也给大顺军极大的伤害。李自成经过这几年的摸爬滚打，排兵布阵能力得到很大的升华。连《明史》这本清代官修的书也对于这次排兵多溢美之词。

> 临阵，列马三万，名三堵墙。前者返顾，后者杀之。战久不胜，马兵佯则诱官兵，步卒长枪三万，击刺如飞，马兵回击，无不大胜。

李自成这种战术让我们看到了汉尼拔新月形战术的影子，李自成先是命令骑兵出击，骑兵与敌军刚一接触后就会佯装溃败，引诱敌军骑兵追击，而等待他们的是拿着长矛的步兵。

待敌军逼近后，这些步兵就会忽然举起长矛，由于惯性，一般情况下刹不住车的骑兵都会死在长矛之下。

但是这一战术有一弊端，就是很容易引起大溃退，这就要求指挥者拥有极强的人格魅力和战场控制力。

可以说在清兵参战以前李自成对战场局势控制很好，从早上到中午，吴军虽然很顽强，他们的横冲直闯虽然给大顺军一定的杀伤，但是面对人数占有绝对优势的大顺军，他们在午后开始显出败势。

又喊又跑还要不停地舞动手中的东西，即使剽悍的群众演员也受不了

历史原来这么有趣·清朝卷——这是大清开国史（顺治）

这个，更不要说真以命搏杀的士兵了。

多尔衮之前一直在旁边看笑话，他需要事实来证明小吴总兵这次没有欺骗自己，看到小吴总兵如此拼命，多尔衮心中的疑虑也在慢慢消逝，但是他还要等，等到吴军与大顺军两败俱伤的时候再出手。

看到吴军渐渐出现败势，多尔衮不能再袖手旁观了，如果吴军真的被消灭了，这个结局可不是他所愿意看到的。

此时李自成正在山上观战，陪同的还有崇祯的太子。帐下报告吴军快撑不住了，李自成心里美滋滋的。正在这时候，只见西边忽然冒出很多留着长辫子的骑兵，李自成不禁惊呼：吴三桂这个混蛋真的请来清兵了！"

这时候又忽然自西向东却刮起了一阵沙尘暴，吹得大顺军士兵根本睁不开眼睛，而清军士兵借助风势，发动突袭。看来老天爷都在帮着清军和吴三桂！

前面已经说过李自成的布阵需要指挥官有极强的战场控制力和人格魅力，现在遇到不可抗拒的自然因素，李自成也没有办法，大顺军骑兵出现了集体溃逃。骑兵身后的步兵因为来不及逃跑被兄弟部队和清兵践踏和砍伤的十之八九。

李自成刚才还兴致盎然，见这个样子知道大势已去，只好带上崇祯的太子迅速撤出战场。大将刘宗敏也受了重伤，只好退下火线。主帅、主将纷纷撤离，其他人还能有什么心思打仗，接下来便是演绎兵败如山倒的悲壮场景了。

山海关战役就这样结束了，多尔衮率领的关外铁骑终于第一次跨越山海关进入关内，小吴总兵终于找到新东家。

只有李自成还是不明白，为什么山海关曾经离我那么近，怎么忽然离得又那么远呢？

第六章　我想你是我的了——北京

剑指北京

吴三桂投降清军当时还比较匆忙，为了赶时间，只有吴三桂及手下一些人剃了发，换了服装，其他吴军均是临时绑了个白布条以区别大顺军。

是时间急吗？可能吧，大晚上的给几万人剃头换衣服，的确是件麻烦事，更何况吴三桂本来就想阴多尔衮一把。

其实还有一个重要原因，如果硬是要所有士兵剃发，难免有人会不答应。士兵虽然很多人都没有读过书，但是大家都知道"身体发肤，受之父母"这条为世人所熟知的儒家礼条。

士兵们虽然有怨气，但服从命令是他们的天职，不管他们愿意与否，都要跟着首长向北京进军。只是在多年以后，当尘埃落定后，一些读过书的军官才开始思考当时的行为。

对于当时的惘然，可能很多人会流下悔恨的泪水，我怎么能够这么浑呢？当时我怎么了？面包真的比什么都重要吗？

范文程早在清军越过山海关的第一时间便草拟了一份公告：

> 义师为尔复君父仇，非杀尔百姓，今所诛者唯闯贼。吏来归，复其位；民来归，复其业。师行以律，必不汝害。

多尔衮跟范文程都明白，早些年清军在北京周边干的那些事，的确不招人待见。现在必须收买民心，而且首先要收买的是那些文人士大夫的心。

你们不是想要气节吗？清军就是帮忙为你们的君父崇祯报仇的，李自成是我们共同的敌人。农民军罢了你们的官，还进行人身攻击，清廷愿意恢复你们的官职。

对于已经成了惊弓之鸟的百姓，范文成等人恳切地希望多尔衮能够约束清军，不要扰民，以重新树立清军在他们心中的形象。为了笼络他们，清廷甚至愿意恢复他们的产业，看来清廷这次真的有留下来的意思了。

这些都是范文程等人的想法，原来默默无闻的青年，现在终于可以衣锦还乡了。不用在东北天天忍受着思乡的痛苦。

多尔衮、豪格这些清廷贵族可不这么想，豪格听到开进北京的命令时，气得跳了起来。为什么呢？

当时北京及其周边地区正在闹天花、霍乱瘟疫，而豪格将军还没有出花，也就是还没有获得天花的免疫力。在当时的医疗水平下，一旦染上病，就相当于被判了死刑。

其实，多尔衮对丁清军能否在北京站稳脚跟，也没有实足的信心。虽说五月二日多尔衮从东城朝阳门进入北京，特别是在武英殿接受百官跪拜的时候，已经下定决心不走了。但走不走却不是以他个人意志为转移的。

要知道当时李自成还有 20 万的军队在北京西边，张献忠的部众也不下 15 万，南方明朝军队也应在 35 万左右。而此时清军只不过 20 万人，虽说都是精兵吧，可谁也不能保证他们个个都能以一敌三。

李自成、张献忠也都是杀出来的好汉，手下的人如果发起狠来，那也是很吓人的。福王虽然没有吃过什么苦，但是占据的地方好，有钱。今天打仗是烧钱，过去也是。

而清军占领的北京及其周边地区是什么情形呢？北京城在数十天内两易其主，老百姓人心惶惶草木皆兵，一有点风吹草动就犹如惊弓之鸟。李自成刚来北京的时候也宣称不拿百姓的一针一线，到头来是不拿针线了，反而拿命了。

直隶、山东地区更是权力真空区。匪祸纵横、民不聊生。拿山东为例，当时山东主要活跃力量有两支，一为咆哮山林的绿林好汉，一为保寨安土

历史原来这么有趣·清朝卷——这是大清开国史（顺治）

的地方士绅、地主大户。两者在地方的博弈，不管有心无心，造成了地方局势的动荡不安。

这还要从明代的官僚体制说起，明代的党争可以说是其特色。乡土情谊的纽带作用至关重要，咱朝里有老乡在一定意义就意味着咱上面有人。

明代虽说商人的地位有所上升，但与士大夫还是没有可比性，因此全国人民读书的热情还是相当高涨。明朝刚建立的时候，可能一个秀才就能在县政府某个官职，要是进士那一定能弄个京官做做。

但是太平日子一久，政府职位也就饱和了。以生员为例，在宣德七年，总共才有 3 万多人，到明末已达 50 万。总共就那么多职位，可是每年考生却是如雨后春笋般涌现。

怎么办？无法浇灭读书人的热情，而这些人是最容易出事的群体。东汉的党锢之祸发生背景，正是东汉后期生产过量的太学生，大批滞留太学生不满宦官把持朝政，群起反抗。

明代的东林党事件也处处闪烁着读书人的光辉，由此可见知识分子的力量之大。

明代政府为了读书人不抱怨，规定凡是取得功名之人，不论是否做官，都可以得到豁免赋役的特权。这样不论你是县里的监生，还是通过乡试（全省统考）的举人，更不用说殿试成功的进士，国家都有优待。

看看吧。读书读好了就可以给家庭和宗族带来实惠，你们家的田地可以不用交租，多好的事情啊！还有如果哪天在县城不小心碰到了县老爷，没有功名的人都必须表现得毕恭毕敬，得功名的人就可以特殊一下，免去不少"繁文缛节"。

司法上的特权更是让人心动。从西周时期我们就有"八辟"制度：你犯了法，只要不是谋反、弑君等特别重大的罪行，政府都会适当地减免处罚，当然要看你的官阶和品级多大了。

你有避税的特权，亲戚邻居自然会向你靠拢。偷税漏税在我们国度的某些人眼中绝对不是丢人的事儿，赖昌星是国家的大蛀虫，但是有很多的人可能一直视他为楷模。

这样在明代就形成一个置于百姓与官员之间的士绅阶层。他们虽然没有做过官，或者已经辞去、丢掉官职，但他们有着百姓没有的特权，即使地方官员们也得让他们三分。

这样在地方社会就形成了三种力量：民众、士绅、政府。

在国家权力暂时消逝时，士绅阶层便担起了保境安民的责任。明代山东经济异常繁荣，但是区域经济分布极不平衡，运河沿岸地区与西南以及中部山区差别极大。位于运河上的临清16世纪末就已经繁荣，而中南部沂蒙山区及西南地区则极度贫困。

西南地区及中南部山区虽然贫困，但地主阶层的自卫能力却很强。警察素质的提高有时候要感谢小偷的帮忙。魔高一丈，道才能跟着长出一尺。

贫困再加上干旱，使得当地的盗贼异常猖獗，很多家庭、甚至整个村庄以打劫为生。当时如果你在藤县到兖州公路上走上一圈，而没有遭到"响马"的袭击，那你真得回家好好烧香感谢下佛祖他老人家。

如果是车子陷到泥泞中，你千万不要骂老天，是有人故意设计你。当你陷下去的时候，会有人牵着骡马帮你，当然前提是你接受他们的服务价格。

山东之所以这么乱跟清廷在关内的活动密切相关：打仗就会产生难民，他们在东北的节节胜利使得很多东北居民逃往关内。山东因为紧邻东北，自然成了难民首选的避难地。

大批人口的迁入，使得当地社会矛盾迅速升级，外来人口与土著的矛盾成为各种社会矛盾爆发的导火索。徐鸿儒看市场前景不错，便举起白莲教的大旗，进攻明朝地方政府。保守估计当时徐的徒众有二百万人，我们在感叹人民力量伟大的同时，也可以想象出破坏之严重。

1642至1643年间，清军深入关内的抢劫，多尔衮应该晓得他带队那次，对山东济南、运河沿岸等地的祸害不小。临清这个商贸中心再也不见昔日的繁华，郊区甚至变成了不毛之地。

在1643年，当地的官员已经收不到税了，整个统治力量都陷入瘫痪，民间的力量士绅和盗匪成为地方的仲裁者。

怎么消除北京军民的不满、敌视情绪，取得他们的支持呢？怎么稳定北京周围区域的动荡，建立清廷在地方的统治呢？

范文程等智囊知道必须先让国家的机器运转起来，光靠贴几张告示，象征性地发点小钱也起不了什么作用。

多尔衮在进入北京之前便宣布只要明朝官员愿意为新政权工作，他们就可以官复原职。如果愿意剃发归降，还有好礼相送——官升一级。

这一招的确好使，清军在进入北京周边及进京时遇到的阻力很小，士大夫自杀以及拼死抵抗的现象可以说没有出现。

主要是该殉难的人在李自成接管北京的时候都已经殉过了，现在留下来的都是投降过李自成的人。不投降的要么躲到山里了，要么等进棺材了。

既然已经投降了农民军，现在再投降清军也就不存在什么心里障碍了，因为已经名誉扫地，再扫一次又有何妨。

一些文人社会名流这时也被推荐到新政权任职，而某些关键人物的穿针引线起着至关重要的作用。

气节、名誉是士大夫、文人都希望得到的，但是面包、牛奶他们也需要，修身、齐家固然重要，治国平天下方是人生的最终目标。所谓成大事者不拘小节，如果修身跟治国平天下发生矛盾的话，修身可以缓一缓了。

那么对于新政权抛来的橄榄枝，很多人选择接受也就不奇怪了。

金之俊，字岂凡，江苏吴江人。明万历四十七年（1619 年）进士，曾任崇祯朝的兵部侍郎。可能是受够了李自成部下的严刑拷打，清军一进京，金进士就做了识时务的俊杰。

多尔衮说话算话，将其官复原职。金进士看政府对自己这么好，不再拳打脚踢，工作起来分外卖力。

金进士连夜整理出一份明朝军官备忘录，以备政府查阅。由于在明朝国防部管过事，哪些人有才，哪些是废物，自然分得八九不离十。

经他给清廷推荐的重要人物有，卫周允，山西曲沃县人，崇祯七年（1634年）进士，崇祯朝曾任御史；王鳌永，明天启五年（1625 年）进士，山东临淄人，官至户部右侍郎；沈惟炳曾任吏部侍郎。

这只是冰山的一角，最后还要提下一位文人，著名的文人，出生在上海的李雯诗人。李的父亲李逢甲为万历己未进士，李自成进京后被拷打死了。李雯因为丧父之痛，待在父亲的灵柩前很多天吃不下饭。

难道是李雯的孝行感动了多尔衮及其周围的官员们？没有的事！

范文程不知道费了多少唾沫星子才说动多尔衮。按照多尔衮的性格，老爸死了，就应该拿刀跟仇人拼命，哭啥哭！

最终多尔衮明白了，治理国家、跟文人士大夫打交道，不能太直接，要含蓄。新政府需要树立新的形象，这都要靠典型人物的代表作用，李雯正是新政府需要树立的典型。

李雯咬咬牙做了多尔衮元帅的私人幕僚。（这还是那个当年信誓旦旦向陈子龙表白，要做一个对国家有用的人，要名留青史的人？）报仇的方式有很多种，为什么偏偏选择极少数人赞同的这种呢？

很多人想不通，估计就是李雯有时候也想不通。作为 1644 年—1646 年清廷中央文件的主要起草者，李雯显然是被仇恨蒙住心智了。

如果一个人心中只有报仇二字，而有人恰恰答应为他报仇，那他会毫不犹豫地抛弃理想、志气等一切，因为他已没有理想和志气。

暗　涌

上门应聘的络绎不绝，多尔衮就看到了一个假象，好像天下的英雄尽收囊中，于是某些原始的东西便开始爆发了。

对于剃发的问题，多尔衮咨询范文程、洪承畴等人时，两人均语焉不详，含糊其辞。这两人可是出了名的老油条，当然明白如果反对，多尔衮肯定会生气，如果表示赞同，后果是很严重的。

范文程、洪承畴两人虽然加入了多尔衮的队伍，但是多年的圣贤书没有白读，他们的行为一直承受着良心的谴责。

多尔衮在进京的第二天，屁股还没有坐稳便发布剃发令。胜利者的姿态的确摆得比较高，吏部侍郎告诫他这样会失去人心时，多尔衮相当生气，大声地呵斥道：

历史原来这么有趣·清朝卷——这是大清开国史（顺治）

> 吾乃汝民之首，你且先顾自己的头发吧！

对于忠言不但不予采纳，而且以杀头告诫侍郎闭嘴。多尔衮显然是低估了劳动人民的力量，对于北京的官员，通过威逼利诱，加官晋爵，便把他们拿下。

对于地方士绅和群众，如果还是老一套，那就要出乱子了，毕竟对于他们封官太不现实了。

三河与保定发生的反对剃发的暴动给多尔衮当头一击，也彻底触动了多尔衮，胜利者的姿态开始有些放平。

三河、保定地区的起义还只是序幕，昌平红山口、北京西郊农民纷纷效仿。西山的煤炭至此中断，多尔衮终于静下心来，微微低下倔强的头颅。

六月二十五日多尔衮同志发布公告：

> 自兹以后，天下臣民，照旧束发，悉从尊便。

这样清廷统治区的民众又可以自由地留发了，而不用担心被官府抓去。

公告一出，北京及其周边地区是安稳了不少，但是其他地区照样是风起云涌。多尔衮晓得光靠清兵的力量要想迅速安定山东，难，比人类变猴子还难。

但是清廷有法宝，这是从努尔哈赤、皇太极以来三代人智慧和经验的结晶——充分发挥手下将领的积极性。如果你能给我拉来一个排，你就是排长；能拉来一个连就是连长。能力、实力、贡献决定个人的升迁。

早期投降当时还是后金的李永芳，后来的尚可喜、耿仲明，还有吴三桂同志，清廷丝毫不吝惜封官加爵，甚至裂土封疆。后来的三藩之所以能够这么卖力为清廷打天下，这一政策至关重要。

怎么解决山东的匪祸，清廷决定同山东士绅合作，充分调动他们的积极性。多尔衮政府除了让山东籍的官员占据新政府三分之一的席位外，就是允许山东地区自治。

自治并不是完全脱离政府的管辖，而是享有相当程度的自主权力。清廷决定放松对山东的统治，但是山东必须有秩序。因为它直接关系着北京的交通，山东不太平，辽东的东西就无法保证安全地海运运抵北京。

没有物质保障，清军的选择便不是西征、南下了，而是回沈阳老家。

在地方上很多士绅，家中都储备了一定数量的家丁，这些家丁并不是用来扫地、喂猪的，他们的职责是看家护院。

面对纷乱的时局，地方自卫组织如雨后春笋般涌现。类似于我们今天的联防队伍，保境安民，可能是某个地主大户牵头主办，也可能某个大姓宗族担当领导。称之为乡团也好，称之为乡勇也好，反正属于地主的武装，但也肩负起保护百姓的任务。

这些处于非法状态的武装，清廷使其合法化，暂时承担起保一方平安的重任，的确是明智之举。

这样北京和周边的社会环境得到极大改善，多尔衮等人一统河山的信心也越来越强了。多尔衮开始准备迎接侄子顺治来京，按照范文程等人的说法，不迁都不足以表明清军逐鹿中原的决心，不迁都不能有效地控制现在的清军统治区。

但是有一个问题多尔衮不得不考虑，北京及其周边满洲人住的地方怎么办？只有照搬沈阳的老办法，实行分居政策，将原来北京的居民赶出北京城区，让他们住在郊区。

强制拆迁虽然有一定补偿，但是流离失所的滋味总归不好受，反清复明的义士也就有了更大的市场。北京紫禁城的墙上出现了批判清廷的大字报，北京到处弥漫着清兵要撤回关外的消息。

对于这等反动言论，多尔衮急忙命人出来辟谣：那只是清兵正常的回家探亲活动。但是一些百姓往往更相信流言蜚语，而不是政府的公告。

多尔衮也感觉顺治来京的时机已经成熟，只要顺治抵京这些留言都会不攻自破。

此时的顺治还是个小孩子，关键是个没有出痘的小孩子，如果现在就来到疫情肆虐的北京，绝对有生命的危险。

历史原来这么有趣·清朝卷——这是大清开国史（顺治）

顺治还小，决策权也不在他的手中，母亲孝庄晓得开拓中原市场的重要性，必须尽早赶到北京去，那里将是清廷未来的政治中心。

远离政治中心就等于远离了政治，这是孝庄所不愿看到的。

九月底已经到达北京，但是清廷要等待十月一日这个吉利的日子，同时告诉大家：大清决定不走了。等待的这几天最忙的不是多尔衮、孝庄，也不是范文程等人，而是小皇帝顺治，只有六岁的小孩子要学习怎么祭拜天地神灵。

孝庄只是心烦，她在想怎么稳住多尔衮那颗"伟大的心"，还要防备他的兄弟和手下人使坏；多尔衮烦心的则是怎么在距离皇位的最近的距离保持一颗平常心，毕竟在北京立足不稳，还有很多事情要做；范文程考虑更多的可能是怎么躲避熟人或是乞求，或是怒视的眼光；豪格则是等待着新的机遇和挑战，在河南表现不错，恢复名分的渴望越来越强烈了。

豪格栽的这个跟头还要从顺治登基说起。顺治上台一个月后，多尔衮命令辅政王济尔哈朗带兵攻打明军在东北的锦州这个孤立据点。趁此机会，多尔衮宣布自己为"摄政王"，当然是以侄子顺治的名义。

当上摄政王以后多尔衮召开一个所有亲王、贝勒、贝子参加的会议，会议的核心内容就是以后所有的事情多尔衮说了算，所有的重要文件多尔衮看后，济儿哈朗再看。

豪格对于多尔衮的专权自然很不满，其实多尔衮对于豪格不尊重叔叔的表现也是大为恼火。于是在1644年四月一日，清军即将出征大明的前夕，豪格的一个亲信揭发他谋反。

可能是要办大事了，事情处理得也十分简单，豪格的几个忠实手下被杀，豪格降为庶民，成了老百姓。

果然不出豪格所料，十月初一这天北京是人山人海，彩旗飘扬，锣鼓喧天，多尔衮晋级为叔父摄政王，济尔哈朗荣升为辅政叔王；多尔衮的哥哥阿济格被封为英亲王，多尔衮的弟弟多铎被授予豫亲王的称号；豪格也借着喜庆劲儿恢复肃亲王的爵位。

清廷新任领导班子共有五人，多尔衮兄弟就占了三席，其中多尔衮具有决策权。他的哥哥皇太极如果在泉下知道这个情况，肯定肠子都悔青了，当初怎么就没有采取一些防范措施呢？

或许皇太极当初已经采取预防措施了，只是效果并不像他所设想的那样，因为清朝正处于发展之际，如果引发火并，绝对是亲人痛，仇人快的事情。

这个光荣而艰巨的任务就交给了孝庄，作为皇太极的多年的老婆兼行政秘书，孝庄自信她可以做得比她丈夫更出色。事实上孝庄也做到了，她做得让我们看起来是那么天衣无缝。

如果想让一个人摔得狠一点，那最好的办法就是让他爬得高一点，再快一些。孝庄显然悟到了这句话的精髓。在十月一日开国大典上，拥护幼主、决策山海关、迁都北京等等一系列功劳均归于多尔衮名下。

紧接着更夸张的事情来了，树碑立传，这等事情不知道是否为孝庄授意，可以肯定的是孝庄默许了此行为。

树碑立传的意思就是把某人的生平事迹刻在石碑上，或者写成传记式的文章。比如：张三，字××，号××，××人。少喜读书，常一目知十行……

这样做的目的就是想让此人的事迹流传下来，当时没有网络和光盘，写好传记刻在石头上比写在纸上保存最更为久远。秦始皇同志当年到全国视察的时候，就喜欢到处在石头上刻字。

现在多尔衮刚刚三十出头，正值大好年华，一帮别有用心的文人却挖空心思，想玩点恶心、另类，以博取这位摄政王的垂青。

如果是智障者，整天身边围着一群拍马溜须的人士，肯定会飘飘然起来。但多尔衮知道现在还不是谈这些的时候，一切还得等尘埃落定后再说。

第七章 随风奔跑活命是方向——闯王之死

西出北京无故人

话说农民军在山海关大败后，李自成晓得北京是没法待了，粮草没了，军心散了，民心也失去了。再说山海关落入清军之手后，北京也没有什么好守的了。

早在出兵山海关之前，李自成同志已经将在北京收集的金银用马车运回了陕西老家。这只是农民兄弟的天性，衣锦还乡，绝不是什么先见之明，而是已经预测到天上的不测风云。

之前李自成一直不敢称帝，是因为他不想承担弑君的罪名，毕竟农民军还只是取得阶段性胜利。还需要争取大多数知识分子，特别是明朝士绅的支持。

牛金星、李岩从小读书的时候，老师就告诉他们要好好读书。好好读书做什么呢？为皇上服务，为苍生社稷尽一份绵薄之力。

可是眼看北京就守不住了，李自成还管什么社会舆论。农民兄弟即使飞黄腾达也会保持着一颗淳朴的心，我想做皇帝，即使再忙再累再危险，我都要过把瘾。

崇祯十七年（1644 年）四月十八日，李自成同志在武英殿登基称帝，然后在紫禁城放了把大火，这意思是我得不到的你也别想得到，还是表示我不会再回来了呢？

在这个甲申年中，李自成同志做得最成功的，或者说最开心的事，除了意外开进北京，大刀砍了吴三桂一家三十六口，就是过了把皇帝瘾。

如果说后来李自成出家做了和尚，这个说法在情理上有其可能性。一个下岗的工人竟然做了十八天的皇帝，如果不告诉你这个人叫李自成，你肯定会以为这是玄幻小说。

如果上天再给李自成一次选择的话，我想他还是会选择十八天的皇帝，而不是默默无闻的陕西农民。生当作人杰，死亦为鬼雄，咱老百姓就信这个理，闯王也不例外。

李自成的计划是退回陕西老家没错，但也并不是出了北京城一溜烟地往老家赶。

农民军刚出北京，作为清军先锋的吴家军距离北京只有一站地的距离。据说吴三桂提出要进城保护明崇祯太子，多尔衮又不傻，于是告诉吴三桂你君父的太子大清会重点保护的，杀你君父的仇人往西跑了，你就继续追吧。

吴三桂也晓得现在如果不趁机灭了李自成，如果将来北京再见面的话，自己会死得很惨。灭门之仇，夺妻之恨，此仇不报不是非君子的问题了，估计队伍都不好带了。

五月初二，吴三桂怀着满腔的愤慨追到定州（今河北定州）的清水河边，农民军猝不及防，将军谷可成光荣牺牲，左光先挂彩。

左光先可能很多人不熟悉，但是他有个名人哥哥——左光斗，东林党的领袖级人物，因惨遭魏忠贤阉党迫害致死，名声更是响彻古今。

很多人出名是在死后，或者死后很久，他们的价值因为他们不存在才被人发现。

左光先作为明军将领，曾任固原总兵，以骁勇善战闻名。在明朝剿匪的战斗中表现很不错，曾经被调到东北参与松山战役。崇祯七年（1634年），李自成连克陕西澄城、甘肃乾州（今乾县）等地，却在高陵、富平之间地区被左光先打败。后来在潼关协助孙传庭防守，潼关失守后，左光先投降李自成。1645年，清军攻入江西九江李自成老营，左光先被俘杀，著有《左侍御公集》。

前面说到吴三桂斩谷可成，大败农民军。按理说吴三桂应该乘胜追击，一直追得杀父仇人没得跑。但是吴三桂不傻，他知道自己有几斤几两，山海关大家真刀真枪地较量过，农民军也并非都是酒囊饭袋。

小吴总兵先是打扫下战场，农民军从北京撤出来的时候带了很多物质财富，这是花了不少心思和汗水弄来的，毕竟不是一个人，还有老婆孩子呢。吴三桂将这些战利品全都分给了手下兄弟，不能为了自己报仇让大家白卖命，而且是顶着巨大的舆论压力卖命。

接着吴三桂以谷可成的人头祭拜死去的老爸，这也是合情合理的事情。但是这些活动主要是掩护吴军的休整，虽然此时正需要紧急追击。

小吴总兵要等待友邻部队和清军的支援，如果吴家军都打光了，那吴三桂真是赔了夫人又折兵了。名声已经不好了，出卖了自己的灵魂，可不能再出卖自己的兄弟，出卖自己对权力的占有。

五月二十二日，吴三桂终于等来了清军和友军辽东巡抚黎玉田的部队，三者合兵一直追到真定（今河北石家庄附近）。

李自成依托有利的地形，亲自带兵与清军联合阵容厮杀。又是东风不予李郎，正打得不可开交的时候，突然东风大作，飞沙走石，李自成也受了伤，农民军只好退回山西平阳（今山西省临汾市尧都区西南 25 公里处）。

即使这样，事情也还在李自成的计划之中，李自成按照预先方案派兵去守山西的关隘，试图在山西建立一道防线，以阻止清军的西进，进而为农民军巩固陕西根据地争取更多的时间。

李岩之死

农民军的节节败退，使得河南洛阳、开封、南阳等地的大顺官员纷纷反水。所谓墙倒众人推，更何况原来的大明降官已经受过了农民军的欺负。在北京发生的事情大家也都听说了，北京搜完了，下个目标不用说就是地方了，河南首当其冲。

河南是大顺军活动最为密集的地区之一，打仗是要死人的，均田免粮更是会得罪士绅阶层，所以说农民军在河南树敌不少。

看到农民军不复往日之势，原来受到财产威胁或者精神惊吓的士绅们开始背后捅刀子：千人规模、万人规模的暴动武装不断涌现，大顺政权在河南地区的统治可以说是岌岌可危。

屋漏偏逢连阴雨，有时候这不是老天的错，为什么你不在晴天的时候给房子加把草呢？军事会议上李岩自告奋勇，愿意领兵两万到河南为领导解忧。

李自成内心很感谢这位兄弟在困难时期勇敢地站了出来，但他此时其实很不愿意李岩脱离自己的控制。李自成没有说话，而是把目光投到了其他人身上，希望有人能勇敢地站起来，可惜其他人要么缄默，要么故意躲闪。

为什么李岩你愿意收拾河南的烂摊子，仅仅是因为这是你的家乡？

现在李自成能说什么，不行？那他失去的不仅仅是李岩的信任，受伤的还有一大帮子非李自成陕西嫡系将领的心。这将是一个连锁反应，如果你不愿放权，这就表明你李自成还只是陕西人的大哥，那你怎么领导河南、山西、湖北的兄弟呢？你怎么做他们的皇帝？

如果就答应李岩的要求，李自成可能失去的更多，谁能保证李岩不会在河南自立为王呢？李牟、李仲、李友、李栋、李怀仁、李怀典这些农民军的军官可都是李岩的亲戚，而且不是一般的亲戚，李牟就是李岩的弟弟。

对于李家军的真实目的，李自成必须考虑清楚。本来就被吴三桂和清军追得没脾气，现在突然要思考这么高难度的问题，李自成有些头疼了。他看了看牛金星牛大军师，希望他能发表下高见。

牛金星却是一言不发，做深沉状。李自成只好以"事关重大"和"夜深了"为由，把会议散了，将决议拖至第二天的会议。

散会后，李自成给牛金星不停地抛"秋波"，暗示他留下。谁知牛金星假装没看见，很干脆地起来回营房了。

李自成最近脾气变得越来越暴躁，这也没有什么奇怪的。每天被人追着打，时不时传来属下叛变的消息，这个时候能高兴得起来吗？

正在李自成暗自神伤、借酒消愁的时候，一个人影来到了李自成的面前。

之所以说是一个人影，是因为李自成此时已经有了几分的醉意，因此大脑分析判断的能力降低了不少。李自成本能地抽出宝剑，就要向人影砍去，毕竟兵荒马乱的，不能静悄悄地做了刺客的刀下鬼。

此人正是牛金星，他见领导要砍自己，慌忙闪开，同时大喊："皇上是我。"

忽然听到熟悉的声音，李自成暂时收住了手，定睛一看，原来是牛金星军师。李自成借着酒劲质问："刚才不停给你使眼色，你怎么没有看到？"

牛金星慌忙解释，毕竟领导醉意朦胧，手中还握着剑，不是闹着玩的。经过一番口舌，李自成才明白牛金星军师有话需要悄悄地说。

牛金星先是询问："皇上对于李岩自请兵回家戡乱有何顾虑？"

李自成见军师猜出心中所想，也就坦诚相待，告诉牛金星："害怕李岩另立中央，不服自己的管制。"

牛金星套出领导的意思后，开始说出自己的真实看法："李岩如果回到了河南，即使他不愿意自立为王，他手下的那帮亲戚也不会答应。在北京李岩钱没有少捞，却装出一份清高的样子，不断提高自己的声望。他为什么一直制造舆论支持，他的目的何在？恐怕不只是做个好人那么简单吧。"

李自成仔细想想也是，在北京人人骂大顺军，李自成的名声就不用说了，早就跟臭水沟一样了，再看看李岩，名声混得不错，比自己强多了。

见领导陷入了沉思，牛金星继续添柴："皇上本来计划是退回山陕地区，积蓄力量，再图大计。如果真如李岩所保证的那样，河南的暴动被平定了，他就可以成为清军进攻陕西的缓冲，那么李岩手中的兵力绝对不是所给的两万人，很可能是十万，二十万，或者更多。"

李自成听牛金星一说，开始认识到李岩的"本来面目"。但是河南也不能任由它乱下去，万一引起连锁反应就不好办了。

牛金星看出了李自成的担心，接着说道："现在最紧要的事情是赶快建立山陕防线，而不是为乱成一锅粥的河南地区伤脑筋。"

李自成点头称是，牛金星见李自成认可了自己的分析，便把矛头指向李岩这个阻碍自己权力上升的绊脚石："皇上准备怎么处置李岩呢？"

李自成疑惑地望了望牛军师，不知道他意欲何在："不让他去河南就是了。"

"不让他去，如果他硬去呢？"

"他敢！"

"李岩负责军事，地位仅次于刘宗敏将军，军中威望很高。"

"那军师看应该怎么处理呢？"

"无毒不丈夫，将李岩和他的亲属一并清除，以免后患。"

"这样做，恐怕会引起很多人不满。"

"不满的人早晚会反叛，死心塌地跟随皇上的人就不会不满。"

李自成还是有些犹豫，杀明朝的官员，没有什么好想的，杀自己兄弟，恐怕要遭天谴。但是李自成还是决定对李岩兄弟动手了，这并不能一味归结为李自成疑心太重。

当你整天没有生命保障，周围随时都有可能出现为了权和钱杀你的人，可能是你的贴身保镖，可能是你心爱的女人，可能是你一直都很信任的将军。这时你就能体会到何为惊弓之鸟，何为草木皆兵，何为疑心太重了。

接下来的事情，就是怎样花费最小的成本，却能干净利索地除掉李岩。按照牛金星的说法如果走漏了风声很可能会逼着李岩狗急跳墙。

火车不是推的，牛金星能够坐上军师靠的可不是吹牛，那是有真本事的，尤其是阴人的本事。于是两人耳语一番，随后各自回去休息。

李岩白天见领导犹犹豫豫，心中也是忐忑不安。弟弟李牟还有侄子李怀典都批评李岩太冲动，在这个节骨眼上充什么英雄。本来李岩的李家军就很受人眼红了，现在指不定要出什么事呢？

李岩虽然战斗经验也不少，但是政治斗争经验太贫乏，揣摩领导心思的能力更是欠缺。李岩做梦也没有想到李自成要对自己下手了，真的做梦都没想到！

第二天的会议开得很顺利很和谐，李自成同志和牛金星同志的双簧演得也很不错，大会就李岩领兵河南很快达成共识，紧接着就要举行盛大的欢送仪式。

李岩可能是被胜利冲昏了头脑，丝毫没有觉察欢送会竟然是鸿门宴。毫无防备的李岩兄弟稀里糊涂地丢掉了年轻的生命，而大顺政权失去的不仅仅是李岩这个智囊和河南这片土地，更多的是引发了众人对李自成的失望与不满。

潼关大战（一）

杀掉了李岩，剩下的工作只好李自成自己做了。

李自成在平阳建立临时指挥部，他希望趁着清军立足不稳，组织一次有效的反击。为了重振大顺军的雄风，李自成迫切需要胜利来维护将倾倒的大厦。前面农民军虽然接连失败，但是缺少的依然不是士兵，而是士气。因此农民军不但兵分三路，而且发布北伐声明，告诉大家他们要打到辽东，彻底消灭清军：

> 从长安起马，三路行兵，指日前来，先恢剿宁武、代州、大同、宣府等处，后赴北京、山海，剿除辽左。至叛逆官兵，尽行平洗。顺我百姓，无得惊遁。

李自成之所以敢这么说，也不是纯骗人了。当时张献忠已经占领了成都，统一了四川大部。北京及其周边地区暴动不断，朱由崧同志在南京登基，史称"南明"，改号弘光，是为弘光帝。南明政权控制着富庶的江南地区，各类流亡人士群聚于此，共同商讨反清复明大计。

针对当时局势，多尔衮采取了稳住南明政权，进而腾出手来对付李自成和北京及其周边的治安的策略。

范文程、洪承畴明白清军最大的敌人只能是农民军，南明那些人没有北伐的能力。

待九月清军进入山东，十月叶臣、石廷柱、巴哈纳、马国柱、吴惟华等攻进太原，此时陕西已经被清军围了起来。

同时多尔衮派出一批又一批的明朝降官到南京，宣传清军优待叛徒的政策，并且写信告诉史可法，明确表示"削号归藩，永绥福禄"。

意思是说只要弘光帝撤消国号投降，依然可以享受亲王待遇。

南明派出左懋第为首的代表团到北京谈判，多尔衮采取模糊策略，将他们软禁起来，好吃好喝地供着，反正就是不让南明政府弄明白清廷的真实想法。

南明的按兵不动，李自成军队的节节败退，这很容易让人迷失双眼。在此形势下，多尔衮做出错误的判断，认为向农民军和南明政权发起总攻的时刻到来了。十月，多尔衮先后派遣多铎和阿济格率兵出击，向南明政权和大顺政权发起总攻。

双管齐下，势必分散兵力，分散兵力的后果就可能遭遇各个击破的危险。更为关键的是，大顺军和南明政权如果有了共同的敌人，他们很可能联合起来。

十月十九日，多尔衮以英亲王阿济格为靖远大将军，带着吴三桂、尚可喜共三万多人，经大同边上的草地，向榆林、延安一线进攻；十月二十五日，以豫亲王多铎为定国大将军，领着孔有德、耿仲明，共两万多人，向弘光政权发起进攻。

李自成为了扭转山西、河南战场上的不利局面，自十二月十二起在河南怀庆（今河南沁阳）发动反攻。先是拿下济源、孟县，接着在柏香镇大败清军，击毙清提督金玉和与副将常鼎、参将陈国才等，乘胜又打进了怀庆。

多尔衮接到怀庆失守、清军大败的消息，便意识到战略上的失误，于是迅速命令多铎停止南下，掉头西进，先解怀庆之围，然后渡过黄河，向潼关进发，进而对大顺军形成夹击之势，以图两军会师西安，将大顺军消灭在关中大地。

此时已经到了冬天，冬天对于北方的农村来说是彻底放假休息的季节，待在屋子里或者大炕上睡觉、聊天、游戏，反正就是不会到外面瞎折腾。

而公元 1644 的冬天，不论是西安的李自成，还是北京的多尔衮，还有四川的张献忠，更不用说走在去西安路上的多铎、阿济格、吴三桂、耿仲明等人了，他们都放弃了冬天休养生息的机会。

李自成见清军来势汹汹，自然也不敢怠慢。项羽兵败乌江没有脸回江东，现在我李自成却跑回老家了，如果再给家乡人丢脸，那真是无法苟活于世了。

李自成带着刘宗敏、刘芳亮等人北上，摆出一副要在陕北老家与清军决一雌雄的架势。

二刘均为李自成的心腹大将，都是跟着李自成从陕西一路走来的患难兄弟。李自成杀掉李岩后，感觉只有老乡和老革命可以依赖了，说句实在话，也只有这些人愿意跟着他继续革命了。

十二月份多铎在河南孟津渡过黄河，经过洛阳一路向西杀去。十五日多铎部抵达陕州（今河南三门峡西），在灵宝县内击败大顺守军张有曾部后，往西移动，此时多铎部已经离潼关不远了。二十二日多铎在距离潼关二十里的地方安营扎寨。

多铎并没有接着乘胜追击，他晓得潼关可不是一般的小县城，不是清军喊冲几回就能拿下的。他在等待北京方面的指示，确切地说在等待北京派来的援军。

潼关位列中国十大名关第二，绝非徒有虚名。南有秦岭这个天然的屏障，北有黄河天堑这个自然护关河，东有年头原龙盘虎踞，中有禁沟、原望沟、满洛川等横贯东西的天然防线，形成"关门扼九州，飞鸟不能逾"之势。

更因它作为古时大都西安、洛阳的门户，如果称它为"天下第一关"一点也不为过。要知道在元代之前北京还是个小城市，只是在明清以后北京和洛阳的地位才发生逆转。

潼关作为陕西、山西、河南三地要冲的地位一直没有变，"鸡鸣闻三省，关门扼九州"的民谚自古就有。

翻开中国历史，看看发生在潼关的战斗和战役，总感觉有人"偷"了它的名号——"天下第一关"。前面已经说过山海关作为"天下第一天"的称号源于明代，估计也只能追溯到明代。

多尔衮及其智囊对于潼关的战略地位自然晓得，因此在攻打之前做了较为充分的准备。多尔衮增派固山额真阿山、马喇等带兵经山西蒲州渡河配合多铎攻关，并且紧急调遣红衣大炮加强清军火力。

潼关大战（二）

十二月二十九日，潼关战役拉开序幕。

先前李自成接到潼关告急的文书，便带着刘宗敏、刘芳亮等人马不停蹄地增援潼关，留下李过、高一功等人在陕北与阿济格周旋。李自成也晓得如果潼关完了，西安也就保不住了。大顺政权的政府机关、家属以及战略物资可都在西安呢。

战争打响后，大顺军先是派出第一武将刘宗敏出战，不知道是刘将军在北京待的那几天吃胖了，还是最近一直在转移，身体消瘦，以至于接连打败仗。这次寄托了李自成陕西土皇帝美梦的一战，也是以失利告终。

不过已经到了年二十九，虽然彼此为敌人，但是大年还是要过的。两军暂时休战几天，双方各过了一个难忘的新年！

待正月初四，李自成派上三号种子选手刘芳亮，不过还是落败。

李自成只好自己出马，率领优势的步兵、骑兵向清军发起集团冲锋。多铎率领清军全线反击，大顺军最终败下阵来，步兵损失惨重。

骑白马虽然不一定是王子，但是骑马的士兵就是比走路的士兵尊贵，谁让人家是坦克兵，属于机械化部队呢。山海关战役农民军损失最多的就是步兵，这次又是。

大过年的，李自成不想窝窝囊囊地任人宰割，他希望借助黑夜的掩护，给还没有熟悉地理环境的清军一个措手不及，初五夜大顺军偷袭了清军大营，没有什么收获。

初六晚上大顺军又跑到清军大营，依然没有收获。敢情李自成不想让多铎睡觉，夜夜光顾打扰他的睡眠？

但是天天跑，却没有效果，这也不是个办法。清军虽然防范措施得当，但是天天吵得你睡不着，也不是长久之计。

事情总会有转机的，初九清军的红衣大炮运到了潼关，战争的天平开始向清军倾斜，有了重武器就不怕你李自成躲在关内不出来。

十一日清军不等大顺军出来，直接到潼关外展开阵形。先是大炮轰关，接着大举攻城。

大顺军也发扬不怕吃苦、不怕牺牲的精神，连夜加固城池，挖掘沟壕。面对清军猛烈的攻势，李自成积极组织骑兵反击，并派步兵从背后包抄清军，可惜效果甚微。

但是大顺军依托潼关有利地形，也极大地消耗了清军力量，战争进入胶着状态。正在大家都在痛苦挣扎的时候，阿济格带着大量清军开始攻击西安。

本来多尔衮的计划是让阿济格在陕北拖住李自成，为多铎从潼关撕破大顺军防线提供便利。阿济格可不是善男信女，他在赶往陕北的途中，竟然跑到蒙古部落索要美女和马匹，这样就延迟了进攻陕北的时间。

但阿济格不傻，就你李自成知道驰援潼关？阿济格见李自成带主力奔赴潼关，西安势必空虚，于是留下大同总兵姜瓖与李过、高一功在陕北周旋，自己则迅速向西安推进。

西安是大顺政权临时政治、经济、文化中心，大顺的文武官员、军官家属还有战略物资都在西安，如果让阿济格占据了西安，那后果将不堪设想。

在清军的左右夹攻下，李自成明白潼关已经不那么重要了，再加上十一日大顺军在潼关失利，李自成于是命令刘宗敏、刘芳亮等率领主力撤回西安。

李自成也明白西安保不住了，大顺军必须进行战略转移，毕竟创业时期在山陕、河南、湖北都待过，李自成很自然想到一条熟悉的转移路线。

十三日，李自成一行赶回了西安，当天他们就带着家属、财产以及少量文官，毕竟政权的机构在，经蓝田、商洛地区向河南撤退。

经过商洛地区时李自成肯定是感慨良多，前两次都是从商洛地区走上了更大、更强之路，但这次呢？还会出现奇迹么？

路在何方？

潼关方面，十一日大顺军驰援主力刚走，十二日潼关的守将巫山伯马世耀就向清军投降，潼关失守。

马世耀想阴一把清军，在投降的当晚他就派人送信给李自成，告诉他杀个回马枪，自己从中相应，里应外合杀清军个措手不及。

谁知道老马运气太背，密信被清军截获，第二天多铎以打猎的名义摆下鸿门宴，马世耀心虚带上了所有士兵七千多人。多铎以宴会带武器影响气氛，骗说马世耀及其部下解除武器。

马世耀本以为自己人多，没想到清军早就设下了埋伏。武器刚放下，清军立即杀出，将马世耀及其手下七千多人全部杀死。

经过十三个昼夜的厮杀，或者说等待，潼关战役结束了，对于大顺军，这也就宣告西北保卫战的结束；对于清军，这表示整个西北将无战事，可以分出精力来招呼南明政权了。

正月十八日，多铎攻进西安，不久阿济格也抵达。多尔衮开始给两人分配新的作战任务，多铎按原计划进攻南京，阿济格负责追赶李自成。

这里需要指出一点，大顺军转移由于准备时间不足，分为了后来的东、西两部分。东路由李自成同志带领，刘宗敏、牛金星、宋献策这些高级官员均在此队伍，主力为驻守西安的军队，约13万人。计划行军路线为西安—蓝田、商洛—河南—湖北襄阳—南京。

西路由李过、高一功率领，主要为陕北的农民军，行军路线为陕北—汉中—四川—湖北荆州。

西路本来是想在湖北与中央会合，但是陕西分别后两支部队再也没有见面。李自成此次转移的目的很明确，就是抢在清军之前占领江南地区。

南京，南京

打了这么多年的仗，李自成终于明白打仗没有钱是不行的。如果早点明白这个道理，说不定历史就不是我们后来所看到的样子。

计划赶不上变化，通常强调外部因素，其实人为因素即内因更为重要。

占领江南这块富饶的土地，李自成想、清军也想，他们拼的就是速度。但农民军带着老婆、孩子，拎着做饭的锅碗瓢勺，兜里揣着金银首饰，唯一忘记带的就是粮食。

十几万人的口粮征集，李自成还是通过老办法，取之于地方，取之于大户。这样行军的速度可想而知，不过景象倒是很壮观。

农民军在河南商城县绵延不绝地过了十五天，在内乡县正月二十九先头部队到达，三月十八日才完全撤离。

如此行军速度，打胜了才是怪事呢。

大概在三月下旬李自成到了襄阳城，襄阳现在可是大顺军的根据地。

崇祯十六年（1643 年）李自成挫败孙传庭的围剿，在襄阳建立初步政权，接着北上。为了防止左良玉背后骚扰，李自成留下白旺率领一支精锐驻守襄阳，负责襄阳、荆州一带的防务。

李自成的计划是直捣南京。可能是最近一直老打败仗，李自成对手下的十三万兵马一点也不放心，所以他决定要带上荆襄的几万兵马，大顺军已达 20 万之众，这样就可以号称 80 万，或者百万之师了。这样与弘光帝会猎于吴，心里也不害怕了。

李自成如此安排就等于放弃襄阳、承天、德安、荆州，放弃建立根据地，重新回到流动作战的状态。大顺军还是有眼光明亮之士的，原襄阳司令官白旺就提出固守襄阳的计划。襄阳已经经营了一年多，无论是群众基础，还是生产建设等，都比较成熟，如果放弃确实有点可惜。最重要的是襄阳可以阻止清军南下，为大顺军提供后勤保障。而且如果还是带着成千上万的家属转移，行军速度必定缓慢，抢在清军之前拿下南京的计划只能破产。

但现在的李自成，已经成了惊弓之鸟，猜忌心越来越重。就像现在房子越来越贵，纸票越来越不值钱，手中有无存款已经不再是决定条件，只有握着房子、这样的固定资产心中才踏实。李自成已经不再允许手下人在自己的视野之外，那样他觉得太没有安全感。

看清未来形势的还有一个人，那就是大顺军的丞相、文官排名第一的牛金星。牛金星感觉李自成大势已去，既然跟着你混没什么前途了，那咱还是准备散伙吧，于是暗中同儿子牛佺（大顺政权襄阳府尹）商量后路，向清军投降。

牛佺被任命为黄州知府，后来升任湖广粮储道；牛金星由于原来职位太高，再加得罪的人太多，很受明朝官绅忌恨，清廷不便安排其职务。好在有个好儿子，牛金星便在儿子牛佺的官署中颐养天年。

牛金星的叛变对于大顺军当前主要工作中心——军事来说，没有什么大的损失，但是对于本来就不佳的士气，对于已经接近疯狂的李自成来说，无疑是很大的打击。当日是谁说李岩一定会反叛来着，是你牛大丞相；今天是谁投降清廷，也是你牛大丞相。

李自成带着十几万的军队还有他们的家属继续前进，没有了根据地的缓冲，阿济格好像总是在农民军的屁股后面。那前面呢？前面还有左良玉的长江防线。

善于保存实力的地方军阀等一个个实力派人物倒下了，就剩下了左良玉。蜀中无大将，廖化成先锋，这次轮到左良玉同志充英雄了。

见李自成带着大军向汉川、沔阳推进，坐镇武昌的左良玉不停地向南京送信，诉说时下危险的局势。

南明政府急忙派原江西总督袁继咸增援，袁估计大顺军会沿着长江北岸向南京进攻，便带着军队赶往湖北蕲春，与左良玉部相互支持。

谁知大顺在沔阳州的沙湖一带渡过长江，又在荆河口击败左良玉手下的马进忠、王允成部，左良玉见势头不妙便焚烧武昌后撤离。

李自成在武昌屁股还没有坐热，阿济格就带着清军追了过来。刘宗敏、田见秀只好硬着头皮迎战，结果被清军击败。李自成只有放弃武昌，继续向东移动。

前有南明的坚壁清野，后有清廷的虎狼之师，还有十几万士兵和家属要吃饭。此时大顺军已经没有还手之力，只有见缝插针地转移。

四月，清军追到阳新富池口，大顺军没有想到清军追得这么及时，防备出现了松懈，结果清军趁机冲到大顺军的营垒中，大顺军损失不小。

四月下旬，在距离江西九江四十里的地方，清军冲进了大顺军的司令部，大顺军的二号人物刘宗敏、军师宋献策、李自成的两个叔叔以及大批随军家属被清军俘虏。

刘宗敏和李自成的两个叔叔被清军杀死，宋献策同志变节成功。还有一说宋献策在李自成死后继续领导农民军，直至1645年在九宫山被清军俘杀。

不管情况怎么样，大顺军遭受重创是事实，加上准备南下的数万条船只被清军缴获，多铎从河南归德（今商丘）、安徽泗州逼近南京，李自成只有放弃进攻南京的计划，转变行军方向，从江西西北部穿过，进入湖南境内。

李自成的末日

五月初，李自成一行来到湖北通山县九宫山区。十几天后大顺军离开此地，队伍中却不见李自成的身影。自此闯王的结局也就成了历史上的一大谜团。

关于李自成的归宿，几百年来众说纷纭，归纳起来大概有七种说法：

一、死于今湖南黔阳罗公山；

二、死于今湖南辰州九宫山；

三、死于今湖北咸宁市通城九宫山；

四、死于今浙江平阳；

五、死于今广西峡山；

六、死于今湖南石门夹山；

七、死于今湖北通山县九宫山。

名人就是名人，即使死了也有那么多地方争。

其中流传最为广泛的，就是最后两种资料：

一为湖北通山县九宫山遇难说；

一为湖南石门夹山出家说。

过去湖北通山县遇难说一直占据主导地位，这期间政治宣传的痕迹比较严重，当然此说的确有不少"铁"的证据。

首先在清廷和南明的官方文件中都记载了此事，而且是相当详细。

南明的五省总督何腾蛟在隆武元年（1646年）所写的报告《逆闯伏诛疏》中说：

> 天意亡闯，以二十八骑登九宫山为窥伺计。不意伏兵四起，截杀于乱刃之下。相随伪参将张双喜系闯逆义男，仅得驰马先逸。而闯逆之刘伴当飞骑追呼曰："李万岁爷被乡兵杀死马下，二十八骑无一存者。"一时贼党闻之，满营聚哭。及臣抚刘体仁、郝摇旗于湘阴，抚袁宗第、蔺养成于长沙，抚王进才、牛有勇于新墙，无不众口同辞。营内有臣晋豫旧治之子衿氓隶，亦无不众口同辞也。张参将久住湘阴，郝摇旗现在臣标，时时道臣逆闯之死状。

报告中说李自成到通山县九宫山后，带少量随从侦察地形，不料被乡勇误杀。而且举出证人刘体仁、郝摇旗、袁宗第、蔺养成、王进才、牛有勇等。关键证人便是张双喜张参将，李自成牺牲时他就在身旁。由于几个月后，李自成的部将很多接受何腾蛟的节制，所以他很方便从李自成的部下那里得知其下落。

清军阿济格的报告跟何腾蛟的有点相似，说是李自成逃到九宫山后，阿济格四处搜寻，还是找不到李自成的踪影。从俘虏和村民口中得知，李自成被乡勇围困，最后自杀。

两人显然事先没有商量，也没有机会商量，但两人对于李自成牺牲的时间、地点、经过叙述却如此相似，可见此说的可信度是很高的。毕竟李自成的部下多分流到两人的军中，他们所述亲身经历的事情，可信度自然还是比较高的。

清初历史学家费密在其所著《荒书》中对李自成牺牲的经过作了更加详细的描述：

自成亲随十八骑由通山县过九宫山岭即江西界。山民闻有贼至，群登山击石，将十八骑打散。自成独行至小月山牛脊岭，会大雨，自成拉马登岭。山民程九伯者下与自成手搏，遂辗转泥淖中。自成坐九伯臀下，抽刀欲杀之，刀血渍，又经泥水不可出。九伯呼救甚急，其甥金姓以铲杀自成，不知其为闯贼也。

牛脊岭、程九伯都确有其地其人。康熙四年《通山县志》有程九伯的传记："程九伯，六都人，顺治二年五月闯贼万余人至县，蹂躏烧杀为虐，民无宁处。九伯聚众，围杀贼首于小源口。"

多尔衮接到李自成的死讯，十分高兴，又是拜天地，又是祭太庙，接着向人民发布公告，恐怖组织一号头目被击毙，然后是举国欢庆，各地官员纷纷向中央发来贺电。

但是很快大顺军在江西又有活动，多尔衮很生气，就派人向阿济格传达了自己的愤怒。怎么搞的，太不像话，拿着国家的脸面开涮。

阿济格也只能忍气吞声，毕竟没有提着李自成的人头向首长汇报。南明方面也表示出相同的忧虑，不管证人有多少，多么可信，但是活不见人，死不见尸，总还不能让人完全放心。

这样李自成出家当和尚的说法也就有了立足的根本，毕竟没有找到李自成的尸体。

出家一说最早源于乾隆年间，澧州知州何璘在《李自成传》（收录于《澧州志林》）一文称李自成兵败后，逃到石门县夹山做了和尚，法名奉天玉和尚。

据说何璘曾到夹山做过实地考察，并且遇到一位服侍过奉天玉和尚的70岁老和尚，口音极像陕西人。老和尚告诉何璘奉天玉和尚是顺治初年来到寺中的，并且拿出他的画像，据说很像李自成。

这些都只是传说，可信度自然要打折扣，而1980年出土文物又给此说带来了无限的生机。

1980 年，在湖南省石门县东南 15 公里的地方，该县文物工作者在该地一座古刹——夹山寺周围，挖掘了一座古代墓葬——奉天玉和尚墓。奇怪的是该墓葬的规格不是按照当地的习俗，而是典型的陕西一墓三穴的葬法。

出土文物众多，主要有：砖刻《塔铭》、装骨灰的明代青花瓷坛，镇墓的《圹符碑》，对联比较有意思："身披北斗头戴三台，寿山永远石朽人来。"多人认为这只是帝王才能使用的谶语。

在夹山寺还发现了写着奉天玉和尚事迹的康熙年《修夹山灵泉禅院功德碑》、道光年《重修夹山灵泉寺碑》、闯王令牌、临澧蒋家传世宝、6 枚"永昌通宝"铜币、七个"西安王"铜马铃，在夹山寺地道地宫密室发现了石雕龟形敕印。

敕，在过去是帝王的专利，一般人是不能使用的。这更说明墓主人身份的尊贵。

但是这类说法也很多瓶颈，《塔铭》的作者刘萱为明朝遗臣，他是忠于大明的，怎么会给李自成写传呢？

奉天玉和尚顺治年间来到夹山寺，见寺庙破败便四处化缘重建寺庙，如果他就是李自成，想必四处抛头露面是不现实的。

如果这个故事发生在东汉之前，肯定就不是这个样子。那时候佛教还没有在中国普及，想当和尚可不是件容易的事情。

自从南北朝佛教的大众化趋势越来越明显，信佛不再是贵族的专利，平常老百姓也可以求佛保佑了。

历史上就因此出现不少有趣的事，很多知名人士消失后，我们就会猜测他信佛了，出家做了苦行僧。从建文帝，到李自成，再到顺治，这些好像都是一脉相承，总能给你呈现出一些"铁"的证据。

事实到底是什么样子大约已经不可考了，他们都已经离我们远去，但有一点需要我们思考：在古代人们为什么这么讲呢？难道是含蓄地表达了对某些不被政府认可的人的喜爱？

其实感觉李自成被山民一锄头弄死，倒是不错的归宿。这里并不是对李自成有什么成见，只是想表达一个观点：人啊，千万不能忘本！

历史原来这么有趣·清朝卷——这是大清开国史（顺治）

不管是死还是出家，李自成算是彻底退出了17世纪中国的历史舞台。清廷也松了口气，劲敌已除，剩下的只有南明和张献忠这两支弱旅了。

曾经轰轰烈烈的大顺政权转眼就这么烟消云散了，我们也无须再争论李自成失败的缘由了。其间多少悲欢离合、爱恨情仇让后人扼腕叹息，为后人所传道！

随着多尔衮把目光放到了偏安一隅的南明和张献忠的大西政权，清军分成两部分，一南一西，磨刀霍霍杀奔过去。

第七章 随风奔跑活命是方向——闯王之死

第八章　不是皇帝的皇帝——多尔衮这七年

短暂的南明政权

说实话多尔衮从没看得起过这个江南的南明小朝廷，在他看来都是一帮傻子、混蛋在里面蹦来蹦去，整天吵吵闹闹。不过多尔衮还是非常感谢这帮人，没有他们，大清也无法如此迅速地占领江南。

这个南明小朝廷是怎么蹦出来的？

前面讲到北方被李自成等农民军一顿劫富济贫地折腾，撵得那帮朱元璋的子孙无处可跑，便纷纷南下，毕竟当时南方相对安全些，还没出现大规模造反的事情。于是，潞王、周王、鲁王、福王、桂王等等，一窝蜂地跑去。

崇祯死后，明朝从此失去了可以号召的领袖。这样南方的一些大官僚们便有机可乘了，大家怀着各自的目的，纷纷拥戴某位主子。当然中间肯定要经过一些谈判和让步。

其中留守南京的一帮官员把目光盯在了跑路到此地的福王朱由崧。

朱由崧是个什么样的货色不用想我们也知道，明朝皇帝为了防止亲戚造反，都是按照养猪标准"照顾"这帮亲戚。而朱由崧更是其中的佼佼者，除了吃喝玩乐，什么都不会。

马士英、高弘图等人要的就是你什么都不会！

1644 年 5 月 15 日，经过一番激烈地讨价还价，各个派系终于分配好各自的职位权力之后，朱由崧在武英殿即位，以此年为弘光元年，任命史可法、高弘图、马士英为东阁大学士，接着再任命各部尚书、侍郎、各地地方官等等，新的大明政权，史称南明，就这样诞生了。

如果领导人能够锐意改革、卧薪尝胆的话，南明也许还有些希望。但是……

朱由崧本来是个没脑子的人，一当了皇帝赶紧叫人盖房子、买好东西、选秀女，几次大动作下来，引起民间的恐慌。

据说有次大过节的，这位弘光帝坐在皇宫里闷闷不乐，手下太监还以为这位突然良心发现，想起自己惨死的老爹，就请他节哀，不要太悲伤，保重身体，却不曾料到对方突然蹦出这么一句话："唉，戏班子里没好角儿啊！"

听听这话，国家不亡在他手里才怪！

马士英要的就是朱由崧三不管，这样他就可以为所欲为，攫取权力了。

他先把史可法排挤出南京，让他去江北扬州督师，接着又罢免了一批反对自己的人，引起了一些自以为是的清流人士的不满。从此朝堂上两派互相攻击，争吵不已，搞得南京政治乌烟瘴气。

外面大将则是纷纷拥兵自重，像刘泽清、黄得功、刘良佐、高杰、左良玉等，每天想的就是怎么占更大地盘，有更多的军队，其他的事一概不管。

因此，虽然南明占据了天下最富庶的地方，但虚有其表，一盘散沙，毫无战斗力，难怪多尔衮瞧不上南明！

而南明从没想到清军会进攻自己，他们一直把李自成看成最大的敌人，对清军则一直认为是吴三桂借来剿匪的。

多尔衮真的太感谢这帮人了，让他能够腾出手来集中力量灭掉李自成。

南明朝堂依旧每天吵来吵去，朱由崧依旧玩得不亦乐乎！

顺治二年（1645 年）三月初七，多铎率兵向南方挺进。

三月二十二日，清军攻克归德，南明巡按河南的凌駉城破，自缢而死。

另一部清军进入安徽，占领颍州、太和。

四月初五，多铎大军经过修整再度出发南进，经亳州、泗州，直抵淮河，南明将领慌忙烧断淮河桥后逃跑，清军乘胜渡过淮河。

四月十三日，清军抵达扬州城下。

一路上真可谓高歌猛进，势不可挡！南明小朝廷在做什么呢！都打到家门口了，也没见什么动作！

其实，南明也慌了，居然发现自己一直被清朝当猴耍，看着清军慢慢地逼近，以马士英为代表的弘光政权虽然慌张，但眼下出现了让他们更慌的事，在他们眼里这个比什么都可怕。

三月份在南京突然出现了一个人，他自称是崇祯太子！

现在我们也不知道这是真的还是假的，但对某些人来说假的也要当作真的，对某些人来说真的必须当作假的。

马士英一派当然咬定是假的，他们现在的一切都是捧朱由崧来的，朱由崧要是下台了自己可就啥都没了。

所谓清流一派为了自己能获得权力，以左良玉为代表认定这哥们是真的。

其实，真的假的无所谓了，看双方博弈吧。

清军大举南进的时候，南明朝廷每天就为这个争来争去。最后，左良玉觉得吵来吵去也没个结果，干脆来个直接点的。

直接率领大军打着"清君侧"的旗号，顺江而下，以武力逼马士英下台。可惜，左良玉到九江的时候就病死了，他的儿子左家俊继续东下。

这时候，清军已经到达扬州。史可法驻守扬州，报告朱由崧请求增援。大臣们纷纷要求弘光帝派兵前往扬州一代防守。马士英急了，派兵去淮扬，那东边的左家俊怎么办，他们来了自己还有命在？

最后越说越气，指着那帮官员就骂道："你们这帮东林党余孽，就是想借机让左军进犯，就是想让我们君臣死！我们宁可死在清兵手里，也不死在左兵手中！""有议守淮者斩！"

朱由崧更是支持马士英了，下令抽调前方的黄得功、刘良佐部队前去抵御左家俊，这样北方防线上就剩史可法了。

史可法，字宪之，号道邻，崇祯元年进士。他身材比较矮小，皮肤黝黑，浑身上下有股精劲儿，不像一些书生那样柔弱无力。

崇祯末年，他一直在安徽一带与农民军作战，一直都是一位忠实的大明臣子。弘光政权建立后，他以南京兵部尚书的身份入阁，但由于一身正气看不惯马士英等人的丑恶行为，而被排挤出朝，前往扬州督师。但是江北都是一帮跋扈将领，不服调遣，他身为督师其实是无师可督！

清军进抵扬州后，史可法三番五次上书要求增援，但都被扔在一边不理！

四月二十日，经过一个星期的围困，扬州孤城经过英勇的战斗抵挡不住清军的炮火被攻破，史可法自杀不成，被俘。多铎很是欣赏史可法的忠义，劝他投降，但遭到严厉拒绝，并说道："城存与存，城亡与亡，我头可断，但志不可屈！"

最后，史可法从容而死，为中华民族增添了一篇可歌可泣的英雄史诗。

史可法部将等皆拒绝投降，带领城内百姓与清军战斗到底，直到最后一刻。多铎对扬州人民如此激烈的抵抗愤怒不已，以血腥屠杀报复扬州人民，顺便给江南一个警告。

一座具有悠久历史文化的扬州就这样在清军手里成了一片废墟！史称"扬州十日"。

清军随后渡过长江，进至瓜洲，与南京隔江相望。顿时，南京城内人心惶惶，弘光帝一听这个消息，立刻从酒醉中清醒过来，带人急急忙忙溜出南京，向芜湖跑去，准备投靠黄得功。

马士英则带着太后跑到杭州。

大臣们犹如鸟兽四散奔逃，剩下的一心想要投降。南明的军事力量更是早早地投降了清军

五月十四日，多铎率军来到石头城外，留守南京的二十三万军队放下武器，南京不战而克。三天后，投靠清军的刘良佐追至芜湖，擒获弘光帝。在把他押回南京的时候，据说"百姓夹道唾骂，甚有投瓦砾者"。可见南明虽然成立只有短短的一年，但给江南人民造成的苦难却丝毫不轻。

朱由崧从此做了阶下囚，剩下的一些这个王那个王，就更不足为惧了！

几个月来，多铎南下大军一直被多尔衮所牵挂，毕竟他不知道自己如此赤裸裸的武力征服政策，会带来什么效果！当最后南京陷落的消息传到时，多尔衮才真正放下心来，这预示着一个良好的前景，一个统一全国的前景，也许正是从这时起，多尔衮才真正下定决心，让满洲人成为整个中国的主人吧！

其他的南明政权

弘光政权覆灭了，明朝遗孤又先后在南方建立了四个政权。

弘光元年（1645年），明福建巡抚张肯堂、礼部尚书黄道周及南安伯郑芝龙、靖虏伯郑鸿逵等，奉唐王朱聿键称帝，改福州为天兴府，年号为隆武。

唐王朱聿键是南明少有的开明皇帝，如果他能领导南明隆武政权，以长江为天险，笼络各方豪杰，清朝也不一定能统一中国。可惜，只是如果。隆武政权和弘光政权一样，皇帝说话不好使，统兵将军各自为战。其中以郑氏集团最为严重。

郑氏集团的老大叫郑芝龙。

郑芝龙，明朝福建人。明朝时候的福建，不是沿海开放城市、旅游经济特区。那全是山，到处都是盐碱地，种啥啥不长。明朝又实行海禁，"寸板不得下海"，没法开展海上贸易。人穷，种不了地，文化水平又不高，没法参加考试博取功名。

福建人穷疯了，开始铤而走险。郑芝龙就和几个老乡一起偷渡出海，那会儿也不要什么护照、签证，你有船就行。

开始郑芝龙等人偷渡出海就是为了做生意，跟几个沿海小国做做买卖。那时候明朝是世界上最强的国家，没必要给东南亚那几个小国打工，更不用去美国。明末清初的时候美国还没建国呢！

结果一出海就傻眼了，好多海盗船，动不动就抢。后来一打听，全是日本人。

日本那时候是所谓"战国时代"的末期。日本战国时代据说是英雄辈出的时代，织田信长、丰臣秀吉、武田信玄全是战国时代的牛人，反正日本人说得挺玄乎。

实际上就是一帮县长，乡长干架，双方最多干架兵力也就一两万，这在明朝就是个仪仗队。打了败仗的武士没地可去，就变成浪人，上船出海当了海盗，打劫点过往船只养家糊口。

碰到日本人打劫，郑芝龙等人不干了："老子凭啥叫你抢！"索性也变成海盗去抢日本人。可日本太穷了，就抢了一些羊皮和一堆牛角。

日本穷归穷，郑芝龙等人意外地发现日本有一样好东西，那就是日本浪人。

作为失去领主的日本浪人，谁给钱就跟谁走，而且听命令，作战勇敢，一根筋，当炮灰都绝无怨言。真是又便宜又好用，物美价廉。

郑芝龙索性就在日本建立了基地，开始招兵买马，扩充军队。顺便也采采日本的"鲜花"。娶了一个日本女人，并生了一个儿子，取名郑森。

有了军队了，直接打劫来钱又快，谁还做买卖呀，天天想着怎么偷渡出海，累得要死又挣不到钱。还是抢劫好，可问题是抢劫谁呀？

出来偷渡的老乡全变成海盗了，再没有人做正经生意，日本穷得要死。要说当时世界上最强的国家，那就是明朝了，正好咱们都是明朝偷渡出来的，明朝那点事儿咱是知根知底，而且政府对咱也不好，要好还出来当海盗？

"当官不为民做主，索性一起揍政府。"郑芝龙开始带领日本人攻击福建，浙江等沿海城市。

郑芝龙当时是东南沿海第一大海盗，手下拥有三千多艘海盗船，成立了郑氏海上王国。

老当海盗也不是事儿，天天提心吊胆，所以郑芝龙瞄准了一个机会，接受了朝廷的招安，刚接受招安马上就反戈一击，干掉了自己的老乡海盗。因剿匪有功，升任福建参将。

那时候，北方农民军和清军天天搅得崇祯睡不好觉，也没功夫管理东南沿海城市。郑芝龙以自己参将的身份，开始贪污腐败，并干起了自己的老本行，偷渡做买卖。

经过一系列大规模的交易，郑芝龙的财产富可敌国，他用这笔钱招兵买马，在福建拥有了十万水军。

再后来农民军攻进北京，崇祯上吊，天下大乱。马士英拥立朱由崧建立弘光政权。同年（1645年）郑芝龙和弟弟郑鸿逵等拥立唐王朱聿键称帝，改福州为天兴府，年号为隆武。

朱聿键以恢复中原为己任，开始招揽四方豪杰，扩充军队，准备北伐，光复明室。

想法挺好，实施起来发现不是那么回事。

郑芝龙之所以拥立朱聿键，根本就是想建立一个傀儡政权，好自己独霸福建，偏安一隅与世无争。

他的表现很像三国时的荆州牧刘表，老婆孩子热炕头，天下爱归谁归谁。毕竟书读得少，见识如此浅薄，这也注定此人悲惨的结局。

至少现在郑芝龙活得很好，出门有车子，回家有票子。每天最关心的事是："我的生意今天又赚了多少？"反正就不干正经事，什么北伐，压根不提。

朱聿键疯了，我堂堂大明开国皇帝朱元璋的九世玄孙，不能恢复大明江山，死后有何面目见列祖列宗。可是现在全福建郑芝龙说了算，只能哄着。

第二年年正月，借着春节朱聿键请来了郑芝龙全家参加宴会，一是表示表示感谢，二是商量商量北伐的事。可郑芝龙装疯卖傻，一会装没听见，一会又打断朱聿键的谈话，反正就是一点："你想北伐，找别人去。"

朱聿键还真找到别人了。

郑成功，国姓爷

这次见面虽然很不友好，朱聿键很生气但还是有收获。在这次宴会上，郑芝龙把他20岁的长子郑森也带来了。

郑森，有一半日本血统，可以算半个日本人。他父亲郑芝龙还当海盗时，在日本建立了根据地，娶了一个日本女人叫田川氏，有的书也叫翁氏。不管这女的叫什么，反正后来就生了一个儿子，郑芝龙也不知道取哪国名字，就先没取名，这就是郑森，即后来的郑成功。

那时候老爸天天出海打劫，郑森就在日本窝着，整天“阿姨无爱怄”的日本话，中文一点都不会。直到7岁那年，郑芝龙接受朝廷招安，才将他们母子从日本接到中国，给孩子取名郑森。

既然回到了明朝，那就走几千年不变的路线，科举考试考取功名光宗耀祖。郑芝龙先是找了几个老师教郑森，没教几天老师全跑了：“你这孩子一口流利的日本话，我们没法交流，您另请高明吧。”

郑芝龙郁闷了，看样子必须先教郑森普通话，要不哪天孩子出门一口日本话，非叫人打死不可。

福建这个地方，倭寇俩字就代表着苦大仇深。随便问俩人，三辈之内肯定有亲人死于倭寇之手，老百姓一听日本话眼都是红的，谁也不学日本话。

要找一个会教中文的，又要精通四书五经，郑芝龙觉得福建根本没有这种人，但好歹死马当活马医吧。贴告示，花重金招聘会说日语，又要精通四书五经的老师。

重赏之下必有勇夫，勇夫没找着，招聘到一个和尚。郑芝龙以为请到了高僧，非常高兴。

见面以后就高兴不起来了，越聊越生气，这位是考了多年科举都没中，出家为僧后随师傅出海去日本弘扬佛法，在动乱的日本师傅被打死，自己海盗船借偷渡回到明朝，没地可去才来这里找工作。

郑芝龙除了对他偷渡这事感冒，其他的事根本不想听。但人家考过科举，又会日语，还留过洋，也算海归，比较符合自己的条件，先用着吧。

从此小郑森就跟着这位海归和尚学习知识，别看海归和尚自己考得不咋样，教学生还是有一套。很快郑森就有了一口标准的汉语，还在14岁时考取了秀才，当了一名生员。

当上了生员的郑森高高兴兴地来见和尚师傅，可和尚师傅已经走了。临走时留下一封信，大概意思是我已经没有什么东西教你了，希望你继续努力，以后一定要为国效力之类的。

郑森当时哇哇地哭，毕竟这么多年了，已经跟和尚师傅亲如父子，比那个天天就知道做生意的老爹都亲，就这么突然走了，工钱也没要，真有点舍不得和内疚。·

1644 年，郑森 18 岁去考了乡试，这次考试聚集了福建全省的精英。当时郑芝龙刚刚加官晋爵，炙手可热，很多人就拍郑森的马屁，希望傍上这棵大树。

郑森被拍得有点晕了，摆出了一副贵公子的豪华派头，天天昂首挺胸招摇过市。考官提学副使郭之奇看他不顺眼，就略施小计，没叫他中举。

算了，反正我还年轻，大不了 4 年后再考。

4 年，今年就告诉你，你没机会了。1644 年，李自成攻陷了北京，明朝崇祯皇帝上吊，北方大乱。

1645 年，郑芝龙等拥立唐王朱聿键称帝，第二年正月朱聿键请郑氏一族吃饭。

这时候的郑森已经 20 岁了，身材魁梧，眉清目秀，一脸的正气，人见人爱。

而且他的思想和他父亲相反，从小被和尚师傅天天灌输忠君思想，郑森骨子里就是要光复明室。

朱聿键这个高兴呀："看样子复兴明室只能托付于你了，可惜我没有女儿，要不肯定招你为驸马。这样吧，我赏赐你姓朱，郑森这个名不好听，很阴森恐怖，你改名叫成功吧。另赏赐你驸马体统行事。"

这就是"郑成功，国姓爷"的由来。

没过几天，郑成功奉隆武帝朱聿键之命，领兵进驻大定关，开始了长达 16 年的军事生涯。

郑芝龙投降

前面已经说过，史可法在扬州兵败被俘，南明王朝灭亡。收拾了南明，清军大举进攻浙江、福建。

在进攻之前，清朝还是用老办法，让"招降专业户"洪承畴给郑芝龙写劝降信，仗打到这个份上，该投降的都投降了，清朝也没把劝降当回事。

可郑芝龙当真了，本来他就没想打仗，就想做做买卖，一看清朝开出的条件，很满意，立马下令三军投降。

郑成功坚决反对投降，咱们福建有地理优势，他清朝四面用兵，来打咱们福建的兵肯定不多，为啥不战就降？

父子意见不同，就看谁说得过谁，最后郑成功抓住父亲的衣角，跪哭劝说道：

"夫虎不得离山，鱼不可离渊，离山则失其威，脱渊则登时困杀。吾父当三思后行。"

最后郑芝龙还是不听劝阻，下令放弃仙霞关。清军没有抵抗就轻轻松松地进入了福建。

郑芝龙的投敌思想引起了将领的不满，本来我们只忠于明朝，不久前又发生了"扬州十日"，更是加深了大家对清朝的厌恶，所有人誓死不降清朝。

郑芝龙一看苗头不对，也不管妻儿老小了，在一个月黑风高的夜晚，带着自己的亲军跑到了清军营里投降。

清朝将领当时不敢相信自己的眼睛，天下真的掉馅饼了！马上好吃好喝招待这位福建一把手。

而郑芝龙也满口承诺，只要我写一封劝降信，全福建马上投降。

清军很高兴，不费一兵一卒就能占领福建，太划算了。等郑芝龙写好信，立马派人送出去。

没过几天，福建隆武帝朱聿键回复，愿意携文武百官投降，请清军到大定关接受降书顺表。

郑芝龙满脸高兴，自己一封信可比清朝百万雄师，这回我立了不世之功。

清朝将领有点犹豫，按道理接受降书顺表应该到省会福州，也就是你们改名的天兴府。为什么选择一个易守难攻的关隘呢？

郑芝龙自信满满地回答："因为大定关的守将就是犬子，他不肯投降我们大清，所以朱聿键只好亲自去大定关，如果他不去的话，闹不好我儿子不叫咱过。朱聿键一到大定关，生米煮成熟饭，我儿子只好投降了。"

清军将领还是比较谨慎，问道："你儿子是孝子吗？"

这一问把郑芝龙问懵了，半天才缓过神来："是呀，我儿子很孝顺，怎么了？"

"阁下知道吴三桂吧。"前文书说道，李自成带着吴襄劝吴三桂投降，吴三桂不顾老爹死活直接开战，最后恼羞成怒的李自成杀了吴襄泄愤。

这句话说得郑芝龙脊背发凉，心想："是呀，现在这个时代爹死娘嫁人，各人顾各人。但儿子最后跪哭在我面前，抓我衣角的情景像不孝之人吗？"

郑芝龙心里怎么想的不能流露出来，只好应酬道："不会，吴三桂哪能和我儿子比，我儿子孝顺着呢。"

清军将领冷冷地说道："希望如此。"

郑芝龙心里咯噔一下，他知道这几个字代表什么意思，只能默默地祈祷："儿子，老爹待你不薄，你可千万要孝顺。"

福建归我了

第二天，清军井然有序地出发，中午的时候大军开到大定关。但见关门紧锁，城楼上无一兵一卒。

清军将领为防有诈，命令郑芝龙一人去城楼喊话。郑芝龙虽然一百个不愿意，但还得去。

"城楼上有没有人呀，我是郑芝龙，郑森，你小子给我出来。"

只见城楼上走出一群人，为首的正是郑成功，一身戎装，身后弓箭手、刀斧手分开站立两侧，弓上弦刀出鞘，这哪是投降，分明是打仗。

郑成功大声说道："下面郑芝龙听着，自古忠孝不能两全，既然你已投降贼寇，那我们父子情分到此为止。从今以后我郑成功没有你这个爹，你郑芝龙也没有我这个儿子，咱们战场上兵戎相见。"

得，又是一个吴三桂。

郑芝龙气得脸都变绿了，真想骂两句。显然郑成功比吴三桂更绝。人家吴三桂好歹等老爸吴襄下了战场再开战，郑成功直接下令攻击。只见军营当中竖起一杆大旗，上书四个字"杀父报国"。一时间，大定关上擂鼓助阵，呐喊冲天。清军左侧、右侧山头上，各有一支伏兵冲杀出来，大定关紧闭的城门突然打开，无数骑兵冲杀过来。

还是郑芝龙反应快，毕竟见过大场面，掉头就跑。而清军明显准备不足，明明是今天拿降书顺表的，咋突然打上仗了。

一边是准备充足，一边是糊里糊涂，这种仗没法打。清军全线溃败，郑成功顺势追击，重新收复了仙霞关，将清军彻底赶出了福建。

清军被追得魂飞魄散，全线撤到南京魂才回来，一清点人马，少了一半。仗打成这样，如何向皇帝交代，总得找一个背黑锅的吧。

大家的目光全部盯在了郑芝龙身上，郑芝龙明白大家什么意思，吓得好不容易回来的魂又飞了。能怨谁呢，怨自己，还是怨那个不孝的郑成功？

实际上郑芝龙还得怨自己，谁叫你不顾一家老小的。那天郑芝龙叛逃时，没过多久就有士兵发现，那些大将当时就不干了，拿着剑就奔郑成功的帐篷来了。

你不是把儿子留下了吗，我们就找他了，今天必须给个说法。

郑成功正在帐篷里睡觉，瞬间就被大将们给围了，无数的剑直接架到了脖子上。大家东一句西一句地扯了半天，终于听明白了是咋回事。

郑成功问大家："我老爹已经跑了，大家的意思呢？"

大家说道："那小子肯定没跑远，现在派兵肯定能把他追回，追回来以后剐了他。"

这就不好了，当着儿子的面说剐老子，看来大家是真急了。

郑成功想了想问大家说："这样不好，他已经离心似箭，把他追回来也没用，他到了清营必定透露这里的全部细节，清军必定放松警惕，我们正好打他个措手不及。不管是谁，要是敢来的话，别想活着回去。现在最重要的事，立刻将这里的情况报告给皇帝，重新选派指挥官，安抚军心。"

历史原来这么有趣·清朝卷——这是大清开国史（顺治）

大家一听也是这么个理，就都散了，回去以后越想越不对劲，郑成功是不是有点太狠了，特别是那句："不管是谁，要是敢来的话，别想活着回去。"这句话意思就是他老爹来了，也照死不误。

郑成功，你真是郑芝龙的亲儿子？

实际上郑成功从小就和海归和尚一起生活，郑芝龙天天忙着做生意，一个月也就看儿子几眼，父子之间的感情本来就薄。

再加上郑成功从小灌输的都是忠君思想，老爹的思想就是想着怎么挣钱。两种思想就格格不入。

这回老爹实在太过分了，这就是典型的抛妻弃子。得亏郑成功反应够快，刀架在脖子上了还能安抚军心，这要换个人，嘴慢一点，"叛将之子，还和他啰唆什么！"咔嚓一刀，自己就死得不明不白了。

那一晚上，郑成功彻夜难眠，一想到刀架在脖子上的情景就后怕："这个世界谁都不能相信，亲爹可以抛妻弃子，平时的好兄弟可以一瞬间要我命，我能相信谁？只能相信自己，相信自己绝对强，才能生存下去。"

从这一刻起，那个忠君爱国的郑成功不见了，取而代之的是一个始终把自身利益放在第一位，且疑心重重，动不动就捕风捉影的郑成功。

郑芝龙叛逃的事情朱聿键很快就知道了，朱聿键当时吓得脸变白了："郑芝龙是我的兵马大元帅，他要投敌了，朕还不完了？"后来看见郑成功信誓旦旦地说一定能打退敌军，悬着的心才稍微平静一下。

朱聿键本来就讨厌郑芝龙，他决定力挺郑成功。马上下旨："叛将郑芝龙临阵投敌，只是个人行为，与其他人无关，其子郑成功骁勇善战，命其为兵马大元帅，统领诸军。另赐尚方宝剑一柄，见剑如见朕，诸将如有违令者，可先斩后奏，钦此。"

郑成功见皇帝如此信任自己，老爸临阵投敌了不追究，还给我长了官职，怕诸将不服我又赐我尚方宝剑，这样的明主哪找去。当时就感动得稀里哗啦的，没有了任何后顾之忧，用奇策把清军打了个落花流水。

清军被打败，可苦了郑成功的老爹。清军没和他客气，直接扔进囚车运回了北京。

郑芝龙的处境只能用一个词形容——惨不忍睹。他倒真能活，这种牢狱生活一直持续了15年，直到1661年郑成功被清军打得没地方跑，下海去了台湾。清廷才把没了价值的郑芝龙推上了刑台

第二年1662年，郑成功也死了，估计郑芝龙投胎慢点还能看见自己"叛逆"的儿子。

郑芝龙这辈子，一念之差，最后落得这样一个下场。从他身上我们能得到一个教训——有空还是多陪陪孩子，亲情教育很重要。

不义之战

1647年，郑成功正式升为福建总兵，掌管全福建的兵马，为了加强自身力量，郑成功开始广泛招募文武人才。

在"反清复明"的口号下，大批爱国分子相继而来。到最后，郑成功不仅拥有了一只强悍的部队，还拥有了自己的文官幕僚班子。

随着队伍不断壮大，军需物品成了郑成功最头疼的问题。

本来就是，小小福建，土地贫乏，种啥啥不长，单靠这一省养活十万部队就是天方夜谭。

而且现在世道变了，老爸郑芝龙时期，养活部队全靠与日本交易，赚日本人的钱。可自己的时代，日本已经臣服于大清，不和郑成功做买卖。

那就只好加税了。郑成功手下的部队当年都和老领导干过海盗，文化水平不高，也不会动员群众，找农民要税就一个字——"抢"。

一时间，福建全省"民心尽丧"，百姓宁可做清朝的顺民，也不做郑成功手下的义民。沿海百姓更是把郑成功的军队看成海盗，天天都有小规模的冲突。

郑成功头都大了，没有海上交易，再征税的话福建就乱了，手下十几万人天天嚷嚷着要吃饭，那就只好发动战争了，抢别人粮食。

手下文官幕僚建议，攻下南京、杭州鱼米之乡，攻下后就不愁吃喝了，况且南京意义重大，是明朝南方的京城，可以以南京为基地，号令天下群雄。

但郑成功的思想已经发生了根本改变，他现在始终把自身利益放在第一位。郑成功认为，南京是军事重镇，就算攻下来，自己也会损兵折将，这种事不划算，要打也要打软柿子，保存自己的实力才是王道。他把攻击的目标瞄准了潮州。

潮州，地处广东，号称"粤南大粮仓"。郑成功打算攻下潮州，永久性解决军粮供应的问题。

可是此时的潮州，尚在明军手里，归南明永历政权管理。郑成功图谋夺取潮州的行为，就属于挑起明军内讧的"不义"之举。

但郑成功不这样想，他始终把自己的利益放在第一位，为了自己能长久生存，哪怕担上恶名也在所不惜。

几天后，郑成功致信给潮州总兵郝尚久，以"联兵"为由要求进驻潮州。郝尚久断然拒绝："粮食就这么多，我还不够吃呢。"

郑成功就知道是这个结果，终于扯下了温情脉脉的道德面纱，兵锋直指潮州。

郝尚久直接就懵了，郑成功疯了不成，不打清军打明军？马上派兵全力防御，请示自己上级，南明桂王朱由榔。

朱由榔马上致语唐王朱聿键，强力谴责这种无义之战，要求朱聿键马上命令郑成功退兵。朱聿键看见书信后惊呆了："郑成功还不如他老爹郑芝龙呢，郑芝龙从来不出兵，郑成功倒是出兵，直接打自己人。"

唐王朱聿键马上派人800里加急快件，直接命令郑成功退兵。可惜郑成功不是岳飞，你就是给我12块金牌也不好使。粮食基地即将到手，郑氏集团从此衣食无忧，不可能就此罢休，继续进攻潮州。

清军发现南明居然发生了内战，高兴得不行，大举南下，占领了广东大部分土地。也苦了郝尚久，他得两线同时作战。

郝尚久眼看自己不是被郑成功打死，就是被清军打死。一怒之下，决定叛明降清，他致书愿意投降孔有德，请求清军支援。

清将孔有德马上抓住机遇，率军攻击郑成功，与郝尚久里应外合，直接把郑成功做成了"三明治"。郑成功不敌，全线溃败回福建。

这次军事行动，郑成功不但损兵折将没有拿下潮州，还使潮州归了清朝，更重要的是清朝从此在南方有了自己的根据地，切断了南明隆武政权和永历政权的联系，为统一南方作好了准备。

郑成功举措失当，只好自己吞下"鸡飞蛋打"的苦果。

冲动是魔鬼

1650 年郑成功又没粮食了，只好再次倾巢而出去潮州抢粮，当时郑成功手下有一员虎将，名叫施琅。

他明确指出，倾巢去潮州抢粮，厦门就兵力薄弱，恐有危险。希望郑帅有所顾虑。结果郑成功却说施琅有意阻碍自己的战略部署，竟然解除了施琅的兵权，将其遣回厦门担当防务，只给了施琅很少的人马和船只。

后来发生的事，证明了施琅观点的正确。清军趁厦门空虚，偷袭了郑成功的小金库，掠夺了郑氏集团两代人海外贸易积攒下来的财富。施琅拼死作战，终因寡不敌众，被清军打出厦门。

当郑成功赶回来时一切都完了，又一次"鸡飞蛋打"。施琅原以为郑成功回来，会因为自己的表现恢复官职，不料，郑成功只是赏了他 200 两银子，其他的事一字不提。施琅失望之极，剃光了自己的头发，宁愿出家，也不愿意与郑成功见面。

不久，"曾德事件"爆发，施琅彻底和郑成功决裂。

曾德原是郑芝龙旧将，郑成功把他安排在施琅麾下效力。施琅下岗后，曾德发现在施琅手下没有前途，就自己打通关系，希望重新回到郑成功手下干活。

曾德此举深深伤了施琅的心，施琅本来就恨郑成功赏罚不公，现在手下又想"转会"去郑成功那里，顿时勃然大怒。

他命手下心腹抓了曾德，从速斩首以泄私愤。郑成功听了后也是勃然大怒："小小施琅无官无权，胆敢私自斩杀将领，这是要造反呀！"马上派人告诉施琅，你现在就是一个兵，乖乖地去扛旗，哪来的权力斩杀将领？

本来施琅也没想杀曾德，听到郑成功这么侮辱自己，当着传令兵的面亲手宰杀了曾德，还口出狂言："回去告诉郑大帅，爷就杀了，咋地。"

冲动是魔鬼，施琅一时冲动引来了灭门之祸。郑成功听闻施琅的所作所为，怒发冲冠，立刻去施琅府上抓人。施琅凭借自己一身武艺，奇迹般地从厦门逃了出来。可自己一家 36 口，全部被抓获。

郑成功也冲动了一把，听说施琅逃回了内地，就认为施琅投降清朝了，直接把施琅一家三十六口全部斩首。施琅本没有打算降清朝，听说自己全家都被郑成功斩杀，嚎啕大哭，哭完后就去找清朝投降。

30 年之后，正是他，率领清朝水军攻进台湾，彻底消灭了郑氏残存势力。

可叹的是，郑成功没有意识到自己"自断一臂，以肥清敌"的不智之举，他还在一错再错。

一错再错

1654 年，南明永历王朝大将李定国挥师 20 万，以雷霆万钧之势开始攻击清朝，其兵锋犀利，所向披靡。目标收取广东，将东南西南两大反清阵容连成一片，从而重整河山。

为了这次战役的成功，李定国 9 次写信给郑成功，希望他出兵北上，就可两路夹击清军，重新复制三国时吴蜀共同伐魏的场面。

可郑成功不会这么想，广东是因为我打潮州才丢的，要是现在帮了李定国，以后不能保证他不报复。况且现在要是听了李定国调遣，提高了他的威望，以后还不得一直听命于他。这种费力不讨好、给他人做嫁衣的事我是不干的。

现在的郑成功完全变样了，在选择民族利益和个人利益的时候，他会直接选择后者。面对李定国的正面战场，郑成功只是派人组织了一次声势浩大的北上旅游团，悠闲地看着李定国在清军绝对兵力的猛攻下全线溃败。

郑成功不仅不发兵，还上书解释这次"世博会旅游"的原因。这封书信可以看见郑成功无耻到了极点。在信中他只是轻描淡写地说："胜败乃兵家常事，不足深虑。"还批评李定国"骄兵致挫"，一点不提自己搞旅游的事，把失败的主要原因全推给对方。

李定国由于这一战损失过大，再没有力量主动进攻清朝。恢复明朝江山的大好机会付诸东流，令所有反清志士扼腕叹息。

1658年，清军分兵三路攻击西南，李定国应接不暇，节节败退，永历王朝危在旦夕。

郑成功见清军主力部队在西南，马上挥师北上，发动"长江战役"。他的目标就是攻占南京，进而占领整个江南。拿下江南，则清军的势力再也无法越过长江。

1659年，郑成功率领17万大军，分乘大小战船3000余艘，从定海逆流北上进入长江。当时郑成功意气风发，准备去孝陵祭祀明太祖，全军将士穿白挂孝。

"缟素临江誓灭胡，雄师十万气吞吴。试看天堑投鞭渡，不信中原不姓朱！"

进入长江攻击的一个目标就是江阴要塞，但江阴要塞是长江上重要的要塞，拿下就相当于在长江上建了一艘航空母舰，进可攻退可守，还可以就近获取江南富庶的粮饷。

但江阴要塞固若金汤，郑成功围着打了一个星期没打下来，担心消耗打南京的军力，索性就以"县小不攻"为由，继续逆江而上。

逆江而上的攻击打了清军一个措手不及，郑成功接连攻破瓜洲以及南京的门户镇江府，南京近在咫尺。

而现在的南京，兵力空虚，到处都是逃回来的军队，且城内人心惶惶，一片散沙。

这时候如果郑成功亲率主力登陆，两天时间就可以攻到南京城下。之前瓜洲打败的清军用了两天时间逃回到南京，郑成功完全可以跟着他们，走相同的路，以最短的时间攻陷南京。

可是郑成功保存实力的思想再次发作，从来没有陆战经验的他拒绝下船！他只相信自己无敌的水军，必须用水军攻陷南京。就这样17万大军沿水路向南京推进。

郑成功的水军是强，但3000艘船逆流而上，又不顺风，多只能用纤夫在岸上拉。路上两天的行程，他就这样磨磨蹭蹭地走了一个月。

在郑成功享受"自己坐船头，士兵岸上走"这种乐悠悠的心情时，清朝有了时间布置防线，1万清军从荆州顺流而下，抢先赶回南京安抚民心，参与防守。郑成功失去了"一鼓作气，速拿南京"的良机。

尽管如此，郑成功还是拥有17万大军，而南京不过两万人马，双方兵力悬殊，郑成功如果强行进攻，拿下南京还是有希望的。

史上最笨的缓兵之计

清军将领决定用缓兵之计，用的招数非常搞笑，可算前无古人，后无来者。清军使者面见郑成功后说：

"郑帅您厉害，攻无不克战无不胜，我们愿意投降，但根据我们满人的习俗，必须坚持一个月。你刚来，我们就投降，我们在北京的家人就得死，但我们要坚持一个月再投降，就算尽忠了，家人免罪。"

"所以你要现在就攻城，我们就拼死抵抗，你要是等一个月，我们就开城投降。"

清朝使者说着这话心里直发慌，唯恐郑成功恼羞成怒斩了来使。"坚持一个月投降家人免罪"这样连自己都说服不了的说法，竟然还能有模有样地提给郑成功。

可郑成功就相信了，心甘情愿地当了一回三岁孩童，当即表示同意，就等你们一个月。清朝使者傻了："大哥你是咋想的？"实际上郑成功就是一个中心思想："保存自己的实力比什么都重要。等一个月不费一兵一卒就能攻下南京，一个字——值。这么值的事情别说等一个月，等三月都值。"

清军忽悠完了郑成功，马上调集各路人马增援，忙得不亦乐乎。一个月之内，从各地调来15万部队，其中不乏从西南战场回防的八旗铁骑。

郑成功对此浑然不知，他也忙得不亦乐乎，不是忙着调兵遣将，而是跑到瓜洲搞阅兵仪式，天天琢磨如何用最气派的方法接受投降。

这哪像打仗，跟儿戏似的！郑成功不败就没天理了！

一个月之后，清朝派来使者表明愿意投降，郑成功高兴得不行："清军就是讲信义，比汉人强。"更加放松了警惕，带领部队准备轻松进城。

就在郑成功部队松懈的时候，城内清军则磨刀霍霍养精蓄锐。见郑成功到达城下，一声炮响，全部杀出城来。郑军一时没有防备，根本就没想到对方来这手，立刻混乱。

就算郑军不混乱也没戏，17万上了岸的水鸭子跟15万装备精良的骑兵叫板，能赢才怪。

两军厮杀了半天，水鸭子军伤亡惨重，郑成功只好下令全军撤退，撤退沿途被八旗铁骑一顿狂砍，还被之前的江阴要塞从侧翼砍了一刀，全军狼狈不堪地逃回厦门。不仅新攻占的地方回到了清军的手里，自己的17万部队也被打得只剩下不到5万。

一念之差，天堂与地狱。郑成功这回亏大了，以后再也无力北伐。这也是南明最后一次光复明室的机会。

海外忠臣

随着时间一天一天地流逝，天下局势日渐明朗。五个南明政权，除了很早就完蛋的弘光政权，建立不到一年即告灭亡的鲁王政权，被赶到海里喂鱼的绍武政权，清朝人认为天下还有两个南明政权，即永历政权和隆武政权。

实际上隆武政权很早就完了。隆武四年，郑成功改奉永历年号为正朔。可清朝分不清楚，你郑成功从来不听永历政权调遣，你就是隆武政权的人。小说里台湾天地会和云南沐王府大打出手，就是为了争两个政权谁是正朔。

郑成功的延平王就是永历帝册封的，因为在明朝，王爵上一个字是亲王，两字王是郡王，因为是"延平"两字，有的史书把郑成功写成延平郡王，实际上是一样的官职。不管怎样，郑成功早归了永历政权了，天地会和沐王府还争啥，所以小说就是小说。

1659 年，郑成功在南京栽了一个大跟头，无力再发动战争，清军主力从湖南、四川、广西三路进攻贵州。年底吴三桂攻入云南，桂王狼狈西奔，进入缅甸。永历政权名存实亡。

皮之不存，毛将焉附。现在南明就剩下郑成功了。1659 年，顺治命令安南将军达素、福建总兵李率泰率军攻打厦门。

双方展开激战，难分难解，后因海上波浪太大，清军不习海战，才下令收兵。但经此一役，郑成功知道自己在福建待不下去了，下次再来自己就扛不住了。

郑成功不得不把目光转向浩瀚的大海。他发现有一个岛"田园万顷，沃野千里，饷税数十万"，可以一次性解决郑成功军队及家眷生活问题，这个岛叫台湾。

收复台湾

台湾是中国领土不可分割的一部分。

台湾有文字记载的历史可以追溯到公元 230 年。当时三国吴王孙权派 1 万官兵到达"夷洲"，就是现在的台湾。明朝时台湾归福建管辖，也没和大陆分裂。

16 世纪中期，荷兰殖民者趁农民起义和东北满族势力日益强大，明政府处境艰难之时，侵入台湾，台湾沦为荷兰的殖民地。

这帮荷兰洋鬼子实行殖民地统治，把土地据为己有，强迫人民缴纳各种租税，把掠夺台湾的米、糖，收购到的中国生丝、糖和瓷器经台湾转口运往欧洲各国，牟取高额利润。还干走私人口的买卖，无数台湾家庭妻离子散。

所以台湾人民天天盼望明朝军队。听说大陆要来一个延平王，准备收复台湾，大家都准备夹道欢迎，郑成功在这里将得到空前的支持。

1661 年 4 月，郑成功以南明王朝招讨大将军的名义，率 2.5 万将士及数百艘战舰，由金门进军台湾。经过9个月的激烈战斗，1662年2月，郑成功迫使荷兰总督揆一签字投降。

台湾重新回归祖国的怀抱。郑成功从荷兰殖民者手中收复了中国领土台湾，成为一位伟大的民族英雄，受到广大人民的敬仰。

成王败寇，历史只记载胜利者的记录，郑成功的潮州"不义"之战，赶跑施琅，断送南明复兴的事例却不会被世人多提。

不管怎样，郑成功的收复之举，主观上是为了自己的利益，但客观上却赶跑了侵略者，为中华民族的统一大业建立了不朽的功勋，也为反清复明的将士提供了一个继续活动的舞台。

张学良将军后来有一首诗评价郑成功："逆子孤臣一稚儒，填膺大义抗强胡。丰功岂在尊明朔，确保台湾入版图。"

如果没有郑成功盘踞台湾，清朝也就不会视之为眼中钉，不会刻意去收复台湾，台湾很可能就被视为化外之地，有可能脱离祖国的怀抱。由此可见，郑成功驱散荷兰殖民者，收复台湾功绩确实足以名垂千古，称他为一位伟大的民族英雄并不为过。

1662年5月8日，刚刚收复台湾的郑成功死了，一代枭雄含恨而终，享年38岁。

狼烟四起

多尔衮有些得意忘形了。李自成的溃败、南京的平定，让他有种天下大势尽握手中的感觉。虽然有些地方还有各类农民军在顽抗，但已无关大局了。

至少大清入主中原已经成定势了，谁都拦不住了！多尔衮一直耿耿于怀的剃发令，又让他有些蠢蠢欲动了！他觉得时机已经成熟了。

顺治二年六月，多尔衮以顺治皇帝的名义下诏，要求全国各地百姓剃发，各地官员务必把此当成首要工作，有不愿剃发的，一律重罪。

诏书一出，真可谓是激起千层浪！本来南方官绅一直梦想着双方联合剿匪，现在被清军给打破了，心情还没平静下来。现在又来个剃发令，这已经上升到民族文化的斗争和冲突。这无异于火上浇油。

"留头不留发，留发不留头"这句我们现在所熟悉的口号，正是当时激烈抗争的一个缩影。正如有位外国传教士所描述的："汉人为保护他们的头发和服装所表现出来的悲愤和勇气，甚于国家和皇帝，他们宁愿死也不愿意尊崇清人的风俗。"

以南方犹烈！

"剃发令到嘉兴，百姓闻而奋起，杀府尹胡之臣。"

"剃发令到嘉定，远近乡兵不约而起，逐县令张维熙，城中百姓亦与李成栋部相拒，最后为清军所杀者不计其数。"

"剃发令到江阴，百姓高呼：'头可断，发不可去！'与清军相持八十三天，后被屠城。"

还有常州、宜兴、昆山、松江、绍兴、无锡、常熟等地方。

多尔衮不是没想过这些，但手中强大的武力让他产生了极大的自信心。让所有的汉人都和他们一样，留着长辫子，这是多尔衮一辈子孜孜以求的东西！

在封建社会，一个文化落后的民族对另一个先进的民族的征服，往往是以强行推行其风俗习惯为标志的！这句话在多尔衮身上显现无疑。

面对此起彼伏的反抗，多尔衮决心以武力来解决这一切，即使杀尽天下人也在所不惜。他相信死亡的威胁会让人们屈服！

但是多尔衮无论如何也没想到，因为剃发，这场斗争一直持续了近二十年，直到他死也没结束。

这些都还只是小打小闹，其他地方有更大规模的行动，有的甚至差点伤及大清根本。

顺治二年六月，明大学士钱肃乐等人起事，奉明宗室鲁王朱以海为主，被时人评价"颇有复兴之气"，连战十日给清军以重创。可惜的是，这个政权的人只是满足于保护自己的头发，而没有进一步的口号和行动，坚持不到一年。

顺治三年六月，清兵借天旱水浅，度过钱塘江，攻破绍兴，鲁王逃入大海。

福建的唐王朱聿键政权，在开始的时候也想有一番作为，在仙霞岭一带设立防线，决定来年进行北伐。可惜的是，唐王政权掌握在大军阀郑芝龙手中，他们打出抗清的口号只是为了实现自己的某些目的，并不是真心想去做什么北伐这种极度危险的事情。

后来，清军大举逼近福建，郑某人当然不会浪费自己起家的资本，借口去清剿海盗，跑到大海上。清军在仙霞岭未遇任何抵抗，轻松进入福建。

朱聿键没想到会被人抛弃了，跑得慢了些，被杀！

不久，在肇庆又建立了桂王永历政权，可惜也是没什么大的作为，整天东奔西跑，若不是吸收了一些农民军的加入，怕早被清军给一窝端了！

但规模最大的还属大顺军余部。这帮人在李自成死后，先后投降了南明的何腾蛟，双方联合起来，势力可不一般。湖北巡抚飞马告急，湖北危矣！

多尔衮慌忙派平南大将军勒克德浑率兵征剿，何腾蛟与其大战于岳州、湘阴一带，大获全胜。顺治四年到五年，李过、高一功等大顺军余部又连番攻克常德、辰州、湘潭、衡州等地。把广西那个永历帝乐得，不断派人表扬，鼓励他们继续努力、好好打仗。

南方战况的一系列变化，让多尔衮有些意外，他没想到一夜之间变出这么多叛乱来。但事情都到这个地步了，说废话也没用了，就两字来解决——"镇压"。多尔衮四处调兵遣将，派人奔赴各个战场进行戡乱。

顺治三年正月，多尔衮下令肃亲王豪格率兵征讨张献忠。大家可能奇怪了，豪格不是多尔衮的敌人吗，两人斗了那么久，难道两人因为困难局势，要携手共进？还是多尔衮良心发现，不再打压自己这个大侄子？

都不是！即使是在大清叛乱四起的时候，多尔衮都不忘整掉对手。

清军大举入关后，先后消灭了李自成和南明政权，但在四川的张献忠一直都保存着实力，因此成了现在力量最强的农民军。而且四川又号称是瘴疠之地，初次去的北方人很容易生病。多尔衮就想，这么恶劣的条件，这么凶恶的敌人，豪格还不是十死无生！

历史原来这么有趣·清朝卷——这是大清开国史（顺治）

"我就是要借张献忠的手除掉你豪格！"多尔衮恶狠狠地咆哮道。

豪格无法抗命，明知送死也得去。抗令不遵也是个死！

可惜，多尔衮高估了张献忠，低估了豪格！

也许吉人自有天相吧，豪格率军一路不断取得胜利，双方在四川西充凤凰山决战，豪格射杀张献忠，大西军败退，清军乘胜追击。

豪格没死，反而取得了赫赫战功，多尔衮有种搬石头砸自己脚的感觉！但是豪格不死，多尔衮是不会安心的。他在安静地等待着下一个机会。

而最让多尔衮揪心的叛乱是金声桓、李成栋和姜瓖这三员降将，尤其是姜瓖，一直坚持了九个月。搞得多尔衮亲征了两次最后才平定下来。

姜瓖原来是明朝的大同总兵官，李自成进军北京的时候，他打开城门投降了大顺军。等到李自成从北京败退的时候，姜瓖又杀掉大顺官员，投降了清朝。多尔衮非常高兴，觉得这个人"忠诚为国"，让他继续镇守大同，掌管当地的军政。

当时这样反反复复、朝秦暮楚的行为，我们已经没必要再做评价了！

姜瓖叛乱后，多尔衮先后派遣了清军最精锐的八旗劲旅前往平叛，都没有成功。不得已，多尔衮只好自己出手，最后还是姜瓖手下杀死姜瓖全家，宣布投降清军才攻破大同。

多尔衮对耗费如此长时间、兵力和物力，有些恼羞成怒，下令处死大同所有官吏兵民。鲜血染红了整条桑干河！

多尔衮凭借残酷血腥的手段，依靠他的聪明才智和铁一般的手腕终于控制住了全国的局势，没有让这个新生的政权夭折，抗清的势力一个个都被镇压下去，为大清的建立和巩固立下了不世之功。

攀向权力的高峰

顺治在位十七年，其中前七年实际是由多尔衮摄政，在这七年里，也是多尔衮人生最辉煌的七年。

在对全国四处用兵的同时，在大清内部，多尔衮利用各种机会打击对手，培植自己的势力。他发誓自己要做一个真正的无冕之皇，一个不在皇位的皇帝，为了达到这一目的，就需要铲除一切阻挡在路上的障碍。

豪格就是多尔衮要清除的第一个对象。前面我就讲到，多尔衮让豪格出征，意图借张献忠的手除掉豪格。可惜天不遂人愿，豪格不仅平安回来，还消灭了大西军，平定了四川，立下了巨大功劳。

顺治五年二月，豪格凯旋，受到了大清官员的热烈欢迎，顺治帝还在太和殿宴请豪格等人，以示慰问。

多尔衮看到自己的如意算盘没有实现，反而还帮了对方一把。嫉恨的种子再次蓬勃发芽，他认为不能再让豪格这么快乐地生活下去了，必须进一步采取手段，趁现在他羽翼还未丰满。

很快，真的很快，豪格回来还不一个月，自己的床还没睡暖，就发现有人跑到兵部状告自己，说他手下希尔艮冒领战功，那些功劳全是假的，同时还提拔罪人之子扬善的弟弟吉赛为将领。

其实，在当时提拔罪人之子为将并不是什么稀奇事，很多人都干过。只不过还没有被政府明文确认而已，缺少法律依据。对豪格这样级别的人来说本来不是什么大事，但问题是多尔衮要整他，整人当然需要借口了。

豪格的厄运才刚刚开始！

没过几天，豪格就被关押起来。理由有三：

第一，四川还没有平定下来，不时有地方官报告说四川某地仍有叛乱。这个责任是豪格要担了。这明显就有点鸡蛋里挑骨头的嫌疑了，好像多铎、阿济格征讨过的地方也不是绝对太平吧！

第二，你手下希尔艮冒领战功的案子，你一直都不做处理，这是失职的表现。

第三，提升罪人的后代吉赛为将领，这是想犯上作乱，虽然现在还没发生，但表明已经有这念头！

这就是逮捕豪格的三大罪，我们可以清楚地看到什么叫"何患无辞"，不过多尔衮的势力还真够大的，就这么三个勉强算是理由的理由就能把一个亲王逮捕入狱。

多尔衮不怕有人非议，从他镇压各地起义、叛乱的做法就能看出，这个人一向不怕所谓的世人非议。哪个不服，抓！哪个不满，杀！

在多尔衮以及一帮爪牙的运作下，豪格最后被定罪：恶习不改，还对皇位有非分之想，十恶不赦，给予囚禁。

清朝有明文规定，皇族子弟犯再大错也不能杀，最严重的就是囚禁！关一辈子，不把你放出来！

多尔衮看到判罚决定，还假惺惺地说："这个有些太重了，我不忍心啊！怎么说我们也是亲戚！"

能站在这里的，谁不猴精猴精的，上面越这么说，你越得坚持一个字——杀！

在手下一番沉痛劝说下，多尔衮很"勉为其难地""听从"了大家的意见，为了显示自己宽宏大量，只是囚禁豪格，没收全部部众。

豪格成了光杆司令，还被关押了起来，他的愤怒可想而知。此时的他也终于明白了，多尔衮是要置他于死地。可是，现在的他却一点办法都没有，不到一月就死在了狱中。

豪格是怎么死的呢？有的人说是被多尔衮气死的，有的说是被谋杀的，不管哪个说法，罪魁祸首都是多尔衮。其实，用不着下毒什么的，以豪格的性格，让他每天想象一下多尔衮得意洋洋的样子就抓狂不已。

有人说过，心灵上的折磨能摧毁一个人生存的意志，我想豪格即是如此吧。

豪格死后还不到一年，多尔衮就娶了他的老婆为妃，据说当天，摄政王府张灯结彩，宾客满堂，着实热闹了一番。

看来，多尔衮真是对豪格恨到了极点，人死了还不算，连他妻子都不放过！

在整豪格的过程中，多尔衮当然不会忘记老伙计济尔哈朗。

济尔哈朗一直是多尔衮权力路上的最大绊脚石，虽然济尔哈朗也是辅政大臣，在地位上两人是平等的，但济尔哈朗深知多尔衮的脾性，也自知自己力量还不足以与其对抗，便不断退让，几乎都不参与任何事情的决定，碰上双方争执也保持沉默，避开与多尔衮为敌的局面。

但多尔衮始终难以释怀，他很清楚济尔哈朗的力量、地位和影响，不清除这个威胁他寝食难安。

顺治四年正月，有人向多尔衮报告，说济尔哈朗的新建王府殿堂超过了规定标准，还擅自在家里立了铜狮、龟、鹤等一些超出身份之物。多尔衮大喜，终于抓住这老家伙的一根小辫子了，不容易啊！

又是这种鸡毛蒜皮的小事情，好像多尔衮多热衷于寻找这类小事情似的。但对多尔衮来讲，事不怕小，关键看我想不想整。

在多尔衮的强大压力下，刑部最后判决罚济尔哈朗老爷子两千两白银，看着很轻，但重点不在这。

革去刑部尚书吴达海、启心郎额尔格图的世职，理由是为济尔哈朗讲情。同时，让多铎和济尔哈朗一同处理政务。

一个小小的理由，不仅清除了济尔哈朗的两个铁杆支持者，还成功安插多铎进行分权牵制。我们都知道多铎那可是多尔衮的绝对支持者。

这还没完，只是打击的第一步。

还是这一年，到了七月份，多尔衮就把多铎升为辅政叔德豫亲王，这样多铎也成了辅政大臣。几天后，多尔衮就宣布济尔哈朗不再是辅政王，以后各部、院的政务交给多铎辅政王。至此，多尔衮成功地把济尔哈朗排挤出权力的核心。

按理说，济尔哈朗沦落到现在已经对多尔衮没什么威胁了吧！多尔衮可以高兴地睡觉了吧！多尔衮仍然不觉得解气，一个不仅弄死对手还要再霸占人家老婆的人，你觉得会停止么！

第二年三月，又有人跳出来告状，这些人居然是济尔哈朗的几个侄子，当然除了一些家长里短的破事之外，还举报说当年济尔哈朗想拥立豪格为帝，都是些陈年烂账也被翻出来。

还说他当年护送顺治进北京的时候，出现很多违反规定的举动，比如白天和顺治帝并排走在前面，让正蓝旗（豪格所掌管）走在镶白旗（多铎掌管）前面，还让豪格的妻子走在多铎和阿济格的福晋的前面，还说了许多跟皇帝攀比的不礼貌的话等等。

这都是些什么理由！多尔衮就喜欢干这个，我不仅要打倒你，还要恶心死你！

最后，济尔哈朗从亲王降为郡王，罚款五千两白银，虽然没过多久又恢复了他的爵位，但很快就被派到湖广一带剿匪，从此彻底远离中央机枢，成了一个听人差遣的将领。

多尔衮在铲除豪格和济尔哈朗的同时，对原先反对他的两黄旗大臣们也开始了清除活动。两黄旗曾经是皇太极亲自掌控的旗，在皇太极死后，为了继续保持自己优越的地位和势力，他们都倾向立皇太极长子豪格继承皇位，在当初逼得多尔衮不得不采取折中方案，立福临为帝。

两黄旗主要的代表有索尼、图尔格、图赖、鳌拜、谭泰和塔瞻等人。可以说正是这帮人的存在，才让多尔衮不敢冒着内战的危险废帝自立。

多尔衮一直都对这帮人恨得牙痒痒，可惜两黄旗主要大臣都比较团结，表示共进退，才让多尔衮有些投鼠忌器，不敢过分逼迫他们。

但是随着多尔衮权势的日益增长，有的人的心不可避免地有些动摇了。在多尔衮的分化拉拢下，谭泰等先后投靠了多尔衮。这样，随着两黄旗上层的分裂，多尔衮也敢于对这帮不听话的家伙下手了。

在审理济尔哈朗的时候，有人告发说以前索尼、图赖等两黄旗参与谋划豪格。其实这件事大家都明白是怎么回事，但多尔衮就以此为借口，对两黄旗大臣进行处分。索尼被解除一切官职后，被多尔衮打发去给先帝守陵；图赖虽然已经去世了，但多尔衮发扬他对敌人就像冬天一样的残酷的精神，没有放过他。不仅罢免了图赖儿子的官职，没收财产，还把他的灵堂给捣毁！

连死人都不放过，这就是多尔衮的作风，这就是他对待敌人的作风！

对待投靠他的人，多尔衮是委以重任，像何洛会、谭泰等人，靠着出卖他人爬上高位深得多尔衮的赏识。甚至在他出外征讨叛乱的时候，让他们进入权力最高层与其他议政大臣商讨军国大事。

当年曾表示忠心护主的两黄旗大臣，死的死，投靠的投靠，只剩下个鳌拜还当着镶黄旗的护军统领，已经是势单力孤，整天被多尔衮找茬、谩骂，已经翻不起什么浪了！

这样顺治帝的基本支持力量——两黄旗落入到了多尔衮的手中，从此朝堂之上再无一人能与其抗衡。到了顺治五年，他基本上控制了整个局面，世人只知有摄政王，而不知有皇上。多尔衮也达到了他人生的最高点。

皇父终于走了

对顺治来说，多尔衮是一个让人爱恨交加的人。六岁登基，一个懵懂无知的小孩，在他充满稚气的目光里，充满了对多尔衮的崇拜与敬畏。

他知道自己的皇位是皇叔支持的，他知道自己的天下是皇叔打来的，此时的顺治对多尔衮更多地充满着一种依赖，一种由衷的尊敬。

多尔衮也从辅政王到摄政王，再到皇叔父摄政王，最后又成皇父摄政王，地位上是真正的一人之下，万万人之上。虽然这里面更多的并不是顺治帝的主张，但小小年纪的他并没有觉得这有什么不妥当，更多的是一种真心实意。

但是，我们都知道孩子会慢慢长大的，慢慢地会明白些什么，尤其是从小生活在皇宫大内，更会慢慢明白什么才是皇帝。

也不会有人告诉他多尔衮多坏多坏的话，也不会有人告诉他你的皇帝做得不像皇帝，随着年龄的增长，他自己就会有感触，更多的反而是不愉快的感触。

渐渐长大的福临，一天当他想抬起头时，看到的不是碧蓝的天空、灿烂的阳光，而是一个高大的背影，原来自己一直生活在这个人的阴影中，不止是自己，还有紫禁城、北京，甚至整个大清朝都在他的阴影下。

多尔衮更加骄傲、更加跋扈起来了，福临一直都没有被他放在眼里。他夺了顺治帝亲兵，搞得顺治出门都没有保卫力量，更不要说那些为皇帝充场面的仪仗队了。他经常待在皇宫大内，让顺治按照家礼对待他，要顺治像儿子对待父亲那样的礼节对待他。

丝毫没有上下尊卑之分，他如此对待顺治，那手下人也就慢慢不把这个皇帝当回事了。有胆子大的人甚至当面嘲笑，轻视到了极点。

　　比如有时候大家出去打猎，他们走平坦的大路，反而让顺治走坑坑洼洼的小路，时间长了太颠簸了，顺治只好下马，自己走路。于是，便被人嘲笑身为满人，骑术太差云云。有一次，一只獐子跑到顺治马前，有个叫席讷布库的可没管什么顺治不顺治的，迎面就是一箭，差点就射中了他。

　　这发生在皇权至上的古代社会简直是极其罕见，一个皇帝当到这种地步，想想也够窝囊的。顺治什么也没有说，装作若无其事的样子。

　　现在已经长大了的他，已经明白很多很多事，他想到了大哥豪格，想到了叔父济尔哈朗，他想到了很多以前熟悉的人。

　　做皇帝得能忍，尤其是当你还做个傀儡皇帝的时候。顺治很聪明，有些道理其实生活中自己感悟出来的最好，因为你能牢记一辈子都不忘。

　　顺治小时候没怎么读过书，平常也就是遇上国家大型的祭祀典礼了才会露个面，很多时候是无所事事。额娘一个月也见不了几次。

　　顺治二年，洪承畴上书请求为顺治选派老师，以读书识字，要不一个皇帝大字不识太有损国家颜面。多尔衮直接拒绝了这个建议，他不想让顺治懂太多，一个没有文化的皇帝符合他的要求。

　　所以说，顺治的天分还是很高的，有很多道理是无师自通。他并没有流露对多尔衮多么痛恨，他只是在等待着，最起码他知道自己这个皇叔父的身体并不好。

　　多尔衮从小就体弱多病，身体状况就不大好，那时候后金的状况还不大好，多尔衮更是从少年时期就加入到军队，四处征战。打仗是一件很辛苦的事情，经常吃不好、睡不好，风餐露宿，很容易得病。长期下来，身体肯定受不了。后来整天勾心斗角、琢磨怎么打击敌人，庞大的政务更不利于身体的健康，再加上生活糜烂，纵欲过度，虽然每天好吃好喝的养着，大量补品供着，但也无法改变一个人的身体机能。

　　人年纪越大，年轻时候落下的病也全都开始显现出来。

多尔衮经常感到头晕得厉害，跪拜都很困难。从现代医学角度分析看，很像我们现在老年人容易得的脑血栓。

就这样到了顺治七年，进入十一月份的时候，多尔衮又感觉自己身体不行了，经过太医的一番治疗，虽然好了点，但很是让多尔衮烦躁，眼看这大好的河山、最高的权力都在自己手里，还没好好享受，身体就不行了，前途堪忧啊！

心情郁闷之下，便想到野外去打猎。看来大清朝的贵族真的喜欢打猎，多尔衮喜欢、顺治喜欢，后来康熙、乾隆都是，再后来好像就没了。

多尔衮带着各个王爷、贝勒、公侯、八旗将官等等浩浩荡荡地杀向野外。也许只有无垠的天空、朵朵白云以及一望无际的旷野，才能驱散他心中的阴霾，看着身后无数的年轻的八旗子弟兴致勃勃地扑向树林、草丛，那一刻他有些痴了！这些都是我大清的精华，是大清的希望。自己所做的一切都值了！

心情激荡的多尔衮突然眼前一黑，从马上掉了下来。头晕病又犯了！

大家手忙脚乱地扶了起来，还好只是膝盖受了些伤，经过处理包扎，他下令继续前进，还满不在乎地说这点小伤算什么，大家都忧心忡忡地跟着。

这天，一帮手下把一只老虎赶进围场，准备让皇叔父亲自射杀。多尔衮当仁不让，连射三箭，都没有射中。这时候的他突然觉得膝盖剧痛无比，双手无力，不要说射老虎，弓都拿不稳，只好下令取消围猎，被一帮人簇拥着赶回附近的喀喇城中。

回到城里，多尔衮躺下就再也没有起来。

顺治七年十二月初九，这位雄才大略、位极人臣、权倾一世的摄政王匆匆交代了几件后事，就离开了人世。

多尔衮这个不是皇帝的皇帝，占据了顺治朝三分之一还多的时间，他生活在明、清政权交替之际，他的一系列战略措施，为大清入主中原作出了巨大的贡献，使清朝政权有了一定程度的规模，虽然全国在他手里没有统一，但已经打下了坚实的基础。

虽然，多尔衮也有很多缺点和不足，比如他强制推行的剃发令、残酷镇压反抗者、重用奸臣小人等等，又骄傲自大，不把任何人放在眼里，但我想这些缺点和不足也无法与他为大清朝作出的贡献相比。

在明、清交替那个混乱的年代，可以说没有多尔衮这个人，满族能否成功入主中原，真的很难说，那中国的历史也许是另一个样子了吧！

五天后，多尔衮死亡的消息才传到京城。很多人都蒙了，太突然了，各个阶层、派系的人都被这个消息惊呆了。

而对顺治、孝庄太后、两黄旗大臣、济尔哈朗、索尼、鳌拜等人来说，惊愕之余是不知所措，但更多的是一种突来的兴奋吧！仿佛漫天的乌云突然消散，灿烂的阳光照射在他们的心头。

高兴归高兴，丧事还是要办的！

顺治下诏百姓皆素服，为摄政王服丧。四天后，多尔衮的灵柩回到北京，顺治亲自率领文武百官、王公大臣到东直门迎接，满目望去，一片白衣素缟，哭声一片。顺治更是连跪三次，亲自祭奠，痛哭失声。

从东直门到玉河桥，这条长长的路上，四品以下的官员跪候在此举行哀悼。

枢车缓慢地回到摄政王府，公主、福晋以下的各官命妇在大门内痛哭哀悼。从这个晚上开始，各级官员轮番前来守孝。

规模宏大的"国丧"开始了，全国上下、地方各级区域都要进行祭奠哀悼。

几天后，顺治再次下诏，追封多尔衮为义皇帝，庙号成宗；福晋为义皇后，两人进入太庙受后世子孙祭享。

国丧慢慢地接近尾声，多尔衮的时代也落下了它的帷幕，一个新的时代即将开始！顺治终于长出了一口气，"皇父摄政王终于走了！"而留给顺治的则是一份沉重的遗产！

第九章　我终于站起来了

亲政伊始

多尔衮的去世，对顺治来说还是有些突然。七年里一直生活在这个人的阴影里，他的突然消失，让他从此没了依靠，一时手足无措。从来都没有处理过的政务，一下子都堆在了自己面前，面对着那些熟悉而又陌生的大臣，顺治有些发怔了。

幸好身边还有额娘，还有忠心耿耿的叔父济尔哈朗，还有索尼等两黄旗大臣们的支持，最重要的是顺治是一位非常聪明、天分很高的少年皇帝。

他稳了稳心神，很快就投入到了自己的角色，梦想开始飞翔，历史依旧在前进，任重而道远！

首先粉碎了阿济格叛乱。多尔衮在临死前曾单独召见阿济格，两人谈话内容我们现在已经无法知道了。但很明显是交待些后事，也可能是想让阿济格继承摄政王吧。

总之，两人说完之后，阿济格就派 300 名骑兵星夜赶回北京，想让他儿子劳亲带军队前来此地，很明显是想利用自己手中的军事力量，强迫顺治以及北京的王公大臣们承认自己的摄政地位。

大学士刚林明白阿济格的意图，二话不说拍马就跑，一路下来什么都不干，狂奔 700 里，抢先回到北京报告消息。北京这边早一步得到消息，等阿济格麾下的 300 骑兵刚一进城，就被屠杀干净了。

阿济格不知道自己的图谋已经败露，还在那忙来忙去做摄政王的梦。

但是阿济格的人缘太差，人品也不咋地，多尔衮的手下并不愿意跟着他混。

甚至像镶白旗大臣阿尔津、僧格等人明确表示："摄政王拥立的皇帝还在，我们应该抱着摄政王的幼子，依附皇上为生。"

很多人都觉察到阿济格的野心，纷纷报告给济尔哈朗等众位王爷。阿济格很狂妄地以为自己有兵就行，不用你们这帮人同意。

阿济格是打着护送多尔衮的灵柩的旗帜回来的，虽然随行大家都身披孝服，但阿济格却披盔带甲，身带武器，一副征战的装束。有人暗暗地报告给济尔哈朗。

不久，劳亲又带来400骑兵和阿济格会合，这下阿济格气势更嚣张了，大张旗鼓地在丧车两旁而行。

到东直门外的时候，顺治带领群臣在这里迎丧，顺治痛哭流涕，连跪三次，文武百官黑压压也跪了下来，一时间只除了阿济格父子，太显眼了，太狂了！这还能被大家饶恕么，众目睽睽之下，阿济格也不敢做什么，手下士兵也未必会听！

当即有人揭发阿济格阴谋叛乱，被关押了起来，阿济格就这么完蛋了！

阿济格整天就知道打打杀杀，一看就成不了大事！看看他的这些行为举动，估计还会被那些政治家们所耻笑。

阿济格就是一介匹夫！根本不足为虑！真正让顺治等人考虑的则是多尔衮留下的那帮手下，这可是个庞大的摄政王集团，大部分人都占据着朝廷的显官要职，一旦处理不好，就会发生大的变乱。

多尔衮一生没有儿子，这个很让后人奇怪。后来他先后过继了多铎之子多尔博为嗣子，阿济格之子劳亲为养子。

多尔博继承了多尔衮的和硕睿亲王爵位，每年的俸禄和所用之物都是其他和硕王爷的三倍，其中护卫就有80名。

多尔衮以前只掌管正白旗，后来随着地位权势的增加又掌管镶白旗、正蓝旗。在他死后，多尔博继承了正白旗、正蓝旗，多铎的儿子多尼继承了镶白旗。睿亲王府的军事力量丝毫没有减弱！

在朝堂上，多尔衮的手下大多身居要职，掌管军政大权。如额克亲，被封为镇国公，议政大臣；吴拜、苏拜担任内大臣和护军统领；谭泰为吏部尚书，领大将军衔等等，还有一些贝勒、贝子，人数也不少，这些人都是坚决维护睿亲王的权力，一荣俱荣，一损俱损。

而顺治本该有正黄、镶黄、正蓝三旗，但在多尔衮多年的分化瓦解下，早已脱离了控制。多尔衮的去世，才让两黄旗的人松了口气，重新回到顺治的怀抱。

面对庞大的睿亲王集团，顺治要做的第一件事就是收回皇权。在生前，多尔衮为了办事盖章方便些，就把皇帝的印玺和兵符从皇宫里拿出来，放在自己家里，这样用起来比较省事。

多尔衮倒是方便了，但顺治就不方便了，堂堂大清皇帝写个诏书什么的还要跑到睿亲王府去盖章，传出去都被人耻笑。

在多尔衮灵柩回京的第五天，顺治就下令让大学士刚林从睿亲王府收回所有的印章兵符，重新回归大内。同时命令吏部侍郎索洪等人将官员名单以及赏罚簿册也收回大内，一切显得有条不紊。

过了几天，顺治就下令有关部门商讨各个部门补授的事情，这对顺治来说是一件很急迫的事，因为关系到国家政权机关的正常运转，也能安定中下层官员的人心。顺治为此还跟大臣们说过这样的话：

> 国家政务，全都奏报于朕，朕年尚幼小，还不能周知个人之贤与不贤。吏、刑、工三部还缺尚书，正蓝旗因为出事的缘故，还需要补固山额真，你们可以推举贤能之人，奏报于朕。各位王爷和议政大臣遇有紧要、重大事情，可以立即奏上；其余诸项小事，理事三王办理即行了。

从上面这段话，我们能看出顺治已经有了初步处理政务的能力，说话大方得体、有理有据，充分尊重了诸王和大臣们。这是顺治第一次亲自处理国家大事，表现得非常完美。

也许有可能是有人教他这么说的，但很大可能还是他自己想出来的，也许有人会怀疑，但顺治作为一个早熟的少年，以后的行为会充分证明这一点。

在这次大规模的人事调整中，顺治采用压制正白旗的策略，在任命的尚书中，正黄旗进入两人，镶黄、正红、正蓝也有人选，没有一个是正白旗的人。

在军事调整上，两黄旗本是皇帝的亲掌旗，没有多尔衮的压制，顺治很名正言顺地收回所有权；

正蓝旗虽然被多尔衮之子多尔博占据，但小孩子一个，他根本就没能力和意识去控制；

镶白旗虽然由多尼掌管，但多尼也是个小孩，顺治把他调到正蓝旗，而任命其他非多尔衮党羽的人掌管镶白旗。

护军统领阿尔津也在多尔衮死后就投靠了顺治，因此，镶白旗也被顺治所控制。

而其他旗则由济尔哈朗等反多尔衮派所掌管。这样下来，睿亲王集团的军事力量被分化瓦解，顺治不必再害怕军事上的反叛。

看看，不管什么时候，历史都不缺少投机的政客，当他依靠的大树倒下的时候，迅速换到另一棵。多尔衮强势的时候，众人纷纷来投；而当他死后，众人又纷纷投奔新的主子。

一饮一啄，似乎自有天定！历史在惊人相似中不断地轮回。

多尔衮死后仅仅一个多月，局势就有了彻底的转变，睿亲王府的势力受到不断的打击，他生前控制的正白、镶白、正蓝三旗大臣和将领开始出现分化，有的早早投靠顺治，有的因为受阿济格的牵连被处死罢职。曾经强盛一时的三旗，在顺治手中开始衰落。

此时的顺治意气风发，还有 17 天就是他的 14 岁生日了。在生日那天，一场盛大的亲政大典将举行。也真正从那天起，顺治可以名正言顺地行使最高权力了。

14 岁在现在的我们看来只是一个孩子，都还没有独立的思维能力，更不要说处理繁琐的国家大事的能力。当其他 14 岁孩子在嬉戏的时候，顺治在厚厚的奏章里处理政务；当其他 14 岁的孩子在父母面前享受家庭关爱的时候，顺治在和一帮叔叔、爷爷辈的人商讨国家大事、发布命令。

这是一个 14 岁皇帝的责任，是他的选择，更是他的宿命。有人说过，"上帝是公平的，在给予的时候，也会夺走其他的！"顺治得到了人间最高的权力，却失去了一个少年的快乐！

也许这就是为什么世界上永远都不会有十全十美的事物吧！也许正是因为遗憾和缺失无处不在、无处不有，才会留给我们无尽的叹息吧！

14 岁的顺治，在听到孩子们的嬉笑声时，心里最柔软的地方不免被拨动，但是瞬间冷漠和高傲重新占据他的心扉！大清皇帝不能有一颗柔软的心。

14 岁的顺治在钟鼓齐鸣中缓慢地登上御座，群臣皆匍匐在脚下，微微一抬头便是紫禁城，接着是北京，最后是整个中国，在那一刻起他明白了许多许多。

权力重组

多尔衮的突然去世，对大清的政治格局产生了彻底的变革。权力核心的转移，也预示着一个新的权力集团的产生。而新权力集团也必定是踩着旧权力集团而上位的。

这本就无可厚非，中国古代封建官场历来如此！

顺治想要建立自己的一套班底，就不能不面对朝堂上庞大的前摄政王集团。

对济尔哈朗、两黄旗的人来说，从此可以不用夹着尾巴做人了，最重要的是可以找机会报复多尔衮，出出这么多年所受的鸟气！

说实话，多尔衮以及手下那帮人还真没少得罪人！

顺治八年二月，离多尔衮去世仅隔两个多月，以济尔哈朗为首的诸大臣会议共同议定正白旗大臣罗什、博尔惠、额克亲、吴拜、苏拜五人有罪，罪名是"动摇国本，蛊惑人心、挑拨是非"。

这个罪名让人看上去很是迷糊，而且这种事情说大就大，完全就是打击政治对手的最佳借口。

这件事的来源很简单，说不好听就是正白旗的几个人想拍某些人的马屁，结果拍到了马腿上。其实，这五个人有点冤，多尔衮死后，就整天惶惶不可终日，每天也是小心翼翼的，深怕被抓住小辫子给整死。

后来，这五人想起一件事来，多尔衮在位的时候，把博洛和尼堪降为郡王，他们觉得这是一个弥补他们和两位王爷关系最佳时机，于是跑过去喊着说，多尔衮生前有遗愿说要恢复两位郡王的亲王爵。

很简单的一件事，其实也没什么，但是在两黄旗和博洛、尼堪看来，这不是挑拨我们关系是什么，这种事情用得着你们管么！你们这么说难道有什么深意和动机？

没办法，两黄旗一直都对正白旗抱有最高的警戒心，难免要为此浮想联翩，难免要过度敏感。于是，一件简单的事情被强行上升到政治的高度。

墙倒众人推，更何况正白旗当年在多尔衮的掌管下，盛气凌人、高高在上，没少得罪人。

最后判定罗什和博尔惠死罪，并稍带抄家；额克亲被踢出宗室，降为平头百姓，一半家产充公；吴拜和苏拜两难兄难弟也被降为平头百姓，只给了一点基本生活费，其他也全部充公。报到顺治那时，还不免说辞一番，最后很爽快地同意了上述决议。

对多尔衮集团来说这只是开始，重头戏还在后面。下面把斗争矛头直接指向了多尔衮。

处理了罗什、博尔惠等五人后，仅仅过了 10 天，跑出三个人状告多尔衮曾经想谋反，这个罪名可不小。而且这三人身份也不一般，一个叫苏克萨哈，是多尔衮生前的近臣，官拜正白旗议政大臣，另外两个都是多尔衮的护卫，这三人可以说是多尔衮的亲信手下了。亲信出来告你，那基本上你没得跑了，因为他们最熟悉你整天干什么勾当，这引起了顺治帝高度重视，亲自批示各位大臣们仔细地审查。

苏克萨哈等人揭发，多尔衮家里一直私藏着龙袍等御用物品，在自己死前还交代手下，让他们在自己死后，把龙袍、大东珠、素珠、黑狐褂等都放进棺材陪葬。还揭发说多尔衮生前想永远带着他的两旗住在东平府，只是后来因为打猎而耽误了计划等等。

情势明显对多尔衮集团不利，前面我们提过的那个最善于见风使舵、背主求荣的谭泰又发挥了他的特长，再次背叛了多尔衮想投靠顺治，他揭发多尔衮头号手下何洛会曾辱骂豪格的儿子为"鬼魅"；同样，还有那个锡翰赶紧跳下多尔衮的贼船，把自己打扮成一幅"我是卧底"的样子，也向顺治揭发何洛会的罪行。

像这种案子也没什么可审理的，一切只是走个过场，对多尔衮集团来说，真是"我为鱼肉，人为刀俎"，除了等待，还能做什么！

三十年河东，三十年河西！大概即是如此吧！

于是，济尔哈朗会合理事三王满达海、博洛、尼堪，以及一干内大臣经过商议最后判定，多尔衮谋反罪名成立，没收其全部家产，其养子多尔博和女儿罚归信亲王多尼。估计这帮人也手下留情了，多尼是多铎的儿子，罚给他，这两人也不至于受什么苦。而何洛会因为陷害豪格、与多尔衮参与谋反，被判凌迟处死，家产一律充公；其弟弟胡锡知情不报，凌迟处死；苏拜知情不报，再加上参与谋反，被判斩首。

过了6天，顺治颁布诏书，向全天下昭示多尔衮的罪状，数来数去还不少：

> 太宗皇帝宾天时，王爷、大臣们一心扶立皇上，并没有拥立多尔衮之议，唯独弟弟多铎唆使劝进。他却把皇上继承皇位，全部说成是自己的功劳。
>
> 皇上因为年幼，让多尔衮与郑亲王一同辅政，而他独专威权，不让郑亲王参与政务，却以其弟为辅政叔王，违背誓言，肆意行事，妄自尊大。
>
> 将众王爷、大臣杀敌剿寇之功全归于己。
>
> 其所用仪仗、音乐及侍卫人数与皇帝一般，王府与皇宫无异，任意挥霍财物，私存无数银两财物。

将原属皇上的两黄旗一部分收到自己旗下。

造谣说太宗皇帝的皇位是夺来的。

陷害肃亲王豪格，夺其妻子，霸占其所属官兵、户口和财产。

拉拢皇帝身边的侍臣。

一切政事独断专行，假传圣旨，擅作威福，以个人好恶随意升降官员。

以朝廷自居，令王公、贝勒们每天办事都到他府前等候。

私制皇帝衣服，藏匿御用珠宝，密谋私带两旗移驻永平府。

看来顺治非常非常地生气，简直有种恼羞成怒的感觉。一般这种皇族内的事情都是内部解决、内部消化，这下可好了，全天下昭告，要让全中国的人看看多尔衮是个什么样的人！最后，顺治祭告天地、太庙，把刚给多尔衮的皇帝封号撤销。据说还下令捣毁了多尔衮的陵墓，挖出尸体，又是鞭子抽又是棒子捶，最后砍头示众。

这个处置就有些极端了，不知道的还以为顺治跟多尔衮的仇恨有多大！前段时间还四处褒奖，尊封为义皇帝，现在突然就被拉出来鞭尸，变化之快、之大，让人瞠目结舌。

像济尔哈朗等人更别说了，鞭尸他们不敢，受多年的鸟气后终于抓住机会，居然把多年前的老账都翻了出来。那时候的事情谁也说不清楚，谁是谁非，都是他们说了算了！

顺治为什么态度会发生如此大的改变，难道仅仅只是因为多尔衮没把他放在眼里？在他面前骄横跋扈么？

顺治不是不清楚多尔衮把他扶上皇位的意义，不是不清楚多尔衮率领的八旗劲旅入主中原的意义，更不是不清楚多尔衮把他接到北京的意义！凭着这三项，多尔衮获得多高的荣誉和地位都不为过。

我想顺治此时感受到的是一种被欺骗的感觉吧。原本他一直是很尊敬多尔衮的，虽然有时候自己会因此受点委屈，但他清楚自己今天所有的一切都是来自睿亲王的给予。一直以来，顺治以为多尔衮对皇位没有兴趣，不管他做得多过分，顺治都能忍。但是今天他突然发现，只有自己最单纯，心甘情愿地相信多尔衮。多尔衮为了皇位竟然还侮辱皇阿玛的皇位是抢他的，自己老爹被这么说，顺治的怒火可想而知了。

只有对多尔衮最严厉的惩罚，才能稍解自己的心头之恨！而在古代中国，掘坟鞭尸是最大、最严厉的惩罚。

有的人说顺治这么整治多尔衮是为了敲山震虎，打击睿亲王集团，以稳定政治局势。这个说法也不够准确，前面我们就说过，多尔衮死后不久，手下就开始分裂了，有的投靠顺治，有的被惩处，剩下的每天被人盯着惶惶不可终日，哪有力量和精力去做谋反的事。因此，对顺治来说已经没有必要多此一举。

说实话，严格上说来，多尔衮肯定有当皇帝的念头。我想换作谁，身在那个位置都会有此想法吧。而这个想法也许早在皇太极继位的时候就产生了吧，所以他才会在皇太极死后，想为自己争取这个帝位，可惜当时实力和条件都不具备，才退而求其次当个摄政王。七年间，他还是有机会夺取皇位的，而且机会还很大。在最初占领北京的时候，他完全可以拥兵自立，而手下人也是这么鼓动的，再不济他可以派兵守住山海关而不让顺治他们进关，再差也能划关而治吧！但是多尔衮并没有这么做。顺治五年后，多尔衮的权势达到了极点，那时候他想废掉孤立无援的顺治也是相当容易的，但多尔衮还是没有这么做！

尽管多尔衮在顺治面前飞扬跋扈，一点恭敬都无，但是始终都没有废帝自立，在大局上都一直保持着理智。从这一点来说，顺治对他的处置有些过分了。

多尔衮充满悲剧性的结局，可以说是当时众人推波助澜而造成的。很多人是为了出口恶气，有的人是为了讨好新贵，总之多尔衮就这么被历史所抛弃。直到120多年后，乾隆才给他平反，很客观地评论："兵权在手，何事不可为？"短短的一句反问，肯定了多尔衮的历史功绩，肯定了他的作为。九泉之下的多尔衮也许会就此欣慰吧！

而打击多尔衮势力的斗争仍在继续。

首先，阿济格的案子再次被人翻出来。最后阿济格被顺治下令自尽，劳亲直接降为庶民，其他庶出的儿子则为奴。

不久，顺治开始大规模清理多尔衮集团中央官员，先后罢免了一批，包括当年多尔衮头号智囊的大学士冯铨，罪名是"收受贿赂""有失大臣之体""七年以来，毫无建白"，让其退休；其次是户部尚书谢启光，罪名是"徇私舞弊，丑闻不断，玷污官员名声"，革职为民，永不叙用；其次是礼部尚书李若琳，罪名是"与冯铨朋比为奸"，也被革职查办，永不叙用。还包括都察院左都御史卓罗、副都御史罗璧巴郎、启心郎朱拉察，罪名都是失职，皆被革职；还包括吏部、工部、刑部侍郎等，让这几个全部回家养老，户部侍郎降两级外调。

又过了十天，多尔衮生前的心腹——大学士刚林、祁充格被处置，罪名是投靠多尔衮，参与移驻永平密谋，为多尔衮删改实录。

那些当年的墙头草——虽然在多尔衮死后没多久就赶忙投靠的人，并没有因此而被顺治等人忘掉。八月十七日，顺治下令刑部逮捕谭泰，这个喜欢出卖他人，在各个阵营里跳来跳去的小人终于被顺治抛弃，最后被顺治就地正法，抄家充公。

在消除多尔衮势力的同时，顺治也着手培养和提拔忠于自己的臣子，慢慢形成自己的一套班底。

他最先做的就是给豪格平反。对于豪格这个大哥的死，顺治一直铭记于心。顺治八年的时候，他就下令封豪格之子富寿为和硕显亲王，同时把豪格所立军功一一记录在册。半年后，就宣布恢复豪格的亲王爵位，并树碑立传。同时加封富寿为议政王，而富寿当时仅仅九岁。

接着，就是为在多尔衮生前被打击、迫害的人平反昭雪。像遏必隆原先是顺治帝侍卫，因为反对多尔衮，而被革职查办，没收了家产和奴婢；希福原是大学士，在顺治元年得罪了谭泰而被罢官；祖泽润原是固山额真，因状告阿济格仗势欺人，而被罢官削爵。这类人还不少，而顺治一一为其平反，不仅给他们官复原职，还发还了没收的财产。

还有像我们前面提到的索尼、鳌拜以及揭发多尔衮阴谋的苏克萨哈等人，顺治是加倍信任。他首先把索尼从皇陵召回，任命他为内大臣兼议政大臣，总理内务府。鳌拜则晋封为领侍卫内大臣，加太子太傅衔。遏必隆原先就是顺治的护卫，顺治当政后加封为领侍卫内大臣，加太子太傅衔；还有苏克萨哈也被封为领侍卫内大臣，加太子太保衔，这四个人逐渐成为顺治朝的政治权力核心，成为朝廷新的显贵和政治明星。

当然最重要的，也是让顺治最忘不掉的还是叔父济尔哈朗，这位曾是辅政王，不仅资历高，而且是真心拥护自己的，因此，在多尔衮去世前，是饱受打击迫害。现在，顺治当政成了最为倚重的膀臂。

顺治毕竟只是一个14岁的孩子，在开始的抓捕阿济格、议罪多尔衮以及打击多尔衮集团势力等一系列重要决策中，济尔哈朗可以说起了至关重要的作用。可以说没有济尔哈朗的坐镇与谋划，顺治不可能小小年纪就处理得如此行云流水、如此老练。因此，顺治特别尊敬他，允许他在非正式场合中不用行礼。

济尔哈朗的三个儿子也被顺治封为郡王，后又加封为议政王。顺治九年，济尔哈朗被顺治加封为"叔和硕郑亲王"。

时间大概过了一年，顺治就完成了权力顶层的重组，形成了以济尔哈朗、索尼、鳌拜、遏必隆、苏克萨哈等人为中心的新的权力集团。

独揽皇权

有了自己的班底，顺治觉得做什么事都方便多了。亲政已经一年多了，但顺治心中仍然有股隐隐的忧心，只是掩饰得没有被人发现而已。因为，他的敌人不再是多尔衮，不再是那些想要阴谋叛乱的人，而是大清的祖制。

有人说过，一个人成长的经历会让一个人印象深刻，并引以为戒。顺治即是如此。童年时期的经历让他记忆深刻，一开始叔王多尔衮要夺他的皇位，再后来是另一个叔叔阿济格想逼自己让他做摄政王，他每天看到的、听到的都是围绕着权力的勾心斗角。

顺治不明白为什么事情老发生在这些叔王、这些八旗旗主王爷身上。

等他长大了，他才发现，并不是出在人身上，是制度上有问题。祖宗定下规矩，八旗旗主不仅掌管自己本旗的军政大权，而且还有议政的权力。也就是说旗主王爷还能参与国家大政方针的制定和决策，再加上他们本身的强大军事力量，如果联合起来，自己这个皇上就会被赶下台。

顺治心中暗暗发誓，绝不让受制于摄政王的历史重演！关键就是不让这些人掌握那么多的权力，没有了权力即使他有心反叛，也无能为力。

权力越大，野心也就越大！顺治深刻地理解了这句话。

他知道想改变这种情况，不能一蹴而就，稍不小心就会让好不容易稳定的局面失控。年少的顺治，早已经蜕化成一名成熟而老练的政客。他懂得了怎样掩饰自己的意图。

一方面，顺治仍旧不动声色地为这些旗主王爷们加官晋爵，没事再赏赐点东西，表现出一副寄以重任的样子；另一方面，却挖空心思地想着怎么防止这帮人的权势过盛，避免让其达成不轨的条件。

慢慢地顺治想到了一个解决办法，那就是分权，只要权力不集中在旗主王爷手中，就能避免自己不被位高权重的王爷所控制。

只有失去过才懂得珍惜，顺治很珍惜自己来之不易的权力。

他分成三个步骤来进行：

首先顺治下令裁撤理事三王。所谓的理事，是当年多尔衮所设立，是为了协助他处理各个部、院报告的日常政务，这三王虽然比不上多尔衮的权势，但也要比一般的王爷、大臣们高。等多尔衮死后，理事三王仍然存在，仍然协助顺治处理政务。但由于长时间的习惯，有时候有些人还是习惯先禀报理事三王，这样不利于皇权的集中。

当时的理事三王是巽亲王满达海、端重亲王博洛、敬谨亲王尼堪。一次，刑部向理事三王报告阿济格藏四口刀，而没有直接报告给顺治。等到顺治知道后，就下诏让文武百官讨论这个案件。顺治借机把斗争矛头引向理事三王，认为他们有意不把此案上报，是对重要罪犯阿济格进行徇情庇护。于是，下令处罚理事三王，满达海罚银五千两，博洛和尼堪降为郡王，最重要的是停止了三人的理事权，这样顺治借这次机会宣布取消理事三王制度。

历史原来这么有趣·清朝卷——这是大清开国史（顺治）

再次，顺治宣布实施诸王管部院制度。其实这一制度，并不是顺治首创，从皇太极那时候就出现了，是出于当时八王共同管理国家的需要，后来多尔衮当权觉得这个太妨碍自己专权就下令取消了。顺治却发现这个对自己比较有利，让八王负责日常的政务，八个王分别管一部，这样就丧失了高屋建瓴的能力，反而每天被日常行政事务所缠绕。不过，没过多久，顺治又下令取消了这项制度。各部、院是支撑整个国家中央行政机构的基本框架，让一帮位高权重的王爷充任一把手，时间长了，某部某院就会变成某王府，也不利于皇权的集中。顺治需要的是一帮听话的手下，而不是一帮能和自己分庭抗礼的手下。

接着，顺治扩大了议政王大臣的人数和权限。顾名思义，议政就是有权利讨论国家大政方针决策，大家讨论好了，确定怎么实施了，交给六部去实施等等之类。在议政会议上，大多数都同意了的意见，连皇帝都不能驳回，可见议政大臣的权柄。而一般议政大臣都是由八旗王爷、贝勒组成，可以说是位高权重。

顺治并没有着急取消这项制度，而是采取扩大人数和规模的办法。大家都知道，物以稀为贵，什么东西多了也就不那么稀罕了。议政大臣多了也就没那么显要了，满朝望去随便拉出个人就是议政大臣，这个位置在人们眼里就没那么尊贵了。

顺治先后任命硕塞、瓦克达、鳌拜等八人为议政大臣，大量亲顺治的嫡系官员进入议政行列，从而逐渐削弱这一机构对朝廷的影响。

最后，削弱济尔哈朗的权柄。多尔衮生前，济尔哈朗就已经为摄政王，地位仅次于多尔衮，再加上多次被多尔衮打压、排挤，隐然成为反多尔衮派领袖。多尔衮死后，济尔哈朗无论是身份、地位，无可争议地成为众臣领袖，威望之盛，权柄之大，无出其右。当时，所有的奏章都要先给他看，再由他汇报给顺治，两人一起商量决策。同时，济尔哈朗的三个儿子也身居议政大臣之位，一家四口都进入议政会议行列，拥有很高的发言权。

这一切不能不让顺治感到担忧，虽然他也清楚济尔哈朗不是多尔衮那样的人，但无法保证他手下人有想法，无法保证济尔哈朗三个儿子有没有想法！同时，顺治也知道想要收拢皇权，收回济尔哈朗的权柄是一件必须做的事。

顺治九年，在顺治觉得朝廷已经稳定了之后，一天突然下令："以后一应奏章，悉进朕览，不必亲启和硕郑亲王。"这道命令一出，引起朝野一阵波澜。也许是顺治已经和济尔哈朗很好地沟通过了，也许济尔哈朗也知道自己权柄太大，走上盛极转衰的路子，借着这次机会，卸掉了一部分权力吧。总之，大家一看郑亲王大人每天很若无其事地做着自己的事，看不出任何情绪上的不满和仇视，渐渐地也就平息了下去。

顺治依靠自己的力量，让皇权空前集中起来，以往臣压君的现象一去不复返。而我们通过这一系列的行动，看到了一个少年君主正逐渐走向成熟，已经具备了独立处理政务的能力，而不必再依靠任何人。

每天上朝的时候，顺治也感觉到了群臣日益敬畏的眼光，有时候他都觉得可笑，向自己下跪的很多人岁数要比自己大多了。也许他们是在敬畏自己手中的权力，也许他们在恐惧自己的成长速度吧！

感觉到自己的威权越来越重，顺治终于下定决心要做一件事情——休老婆。

皇帝的老婆那肯定是皇后了！

皇帝的老婆，尤其是正宫皇后那都是由上一代指定，顺治从小没爹，多尔衮当然当仁不让地充当起这个角色。选来选去，最后选定蒙古科尔沁部亲王吴克善的女儿，最重要的她还是太后的亲侄女，说白了还跟顺治是亲表兄妹。最后确定这个人选，我们也看到了背后孝庄太后的影子。

太后和摄政王多尔衮确定的婚事，那肯定是板上钉钉的事了。

顺治当初是坚决反对！顺治好像特别反感自己婚姻上的不自主，更反感自己这个表妹成了自己的媳妇，所以在一开始就表示不同意。

皇帝也不是想干什么就干什么，想怎么做就怎么做。你要是去问他们的话，他们肯定会说皇帝也有无可奈何的时候！

对顺治来说，最大压力就是来自自己的母亲孝庄太后。这个女人我们大家应该都很熟悉，现在电影、电视连续剧已经出现。就是这个孝庄太后极力坚持自己儿子娶自己的侄女，道理很简单，为了巩固娘家的政治地位和势力。自己是太后，自己侄女当皇后，以后也是太后，那科尔沁部落可以保持上百年的繁荣了。

对顺治来说，婚姻大事，父母做主。自己想反对，也无从反对。最后只好勉为其难地举行了成婚大典。但这件事情一直让顺治感觉很不舒服，甚至是一种隐痛。而这位新皇后虽然长得不错，也有些聪明，但毕竟是豪族出来的人，讲排场，吃穿用度更是奢侈无比，再加上嫉妒心非常重，这些习惯让顺治很是讨厌。

本来顺治就对这场婚姻感到极度不满，皇后还是这德性，就让他产生了想废皇后的想法。

随着顺治手中皇权越来越集中，他就急切地想实现这个憋在心中已久的想法。

顺治十年八月，大清朝堂上突然出现了轩然大波，无异于被扔下一颗重量级核弹。一日，顺治下令让礼部查阅前代有关皇帝废后的事宜。大臣们意识到这是皇帝要准备废后了。

在中国古代封建王朝，皇后一般都不能轻易废立。因为皇帝本身结婚的时候就很神圣，需要祭告天地、祖宗等，告诉天上神灵和自己的祖先自己娶了媳妇以及这个媳妇的名字，整个过程繁琐而又庄重。而除非皇后做出重大失德的事情，才能举行废后仪式。因此也就造成历史上绝大部分皇帝和皇后感情虽然很一般，但也不想随便废后，大不了让她一个人独守空房，少见面说话罢了，反正自己妃子什么的一大堆。

现在顺治突然提出要废后，当然会引起一帮臣子们的激烈反对。大家纷纷上书劝谏，想阻止顺治的行为。大家纷纷发挥自己的聪明才智、博古通今的本事，洋洋洒洒地写下历来废后的结果都是不好的，要顺治慎重、慎重再慎重！

面对这些厚厚的警告，顺治不以为意，既不对这些奏章发表任何意见，也没有搞个杀鸡给猴看的活动，除了下旨督促礼部尽快拿出废后方案，公布废后的理由，并没有表现出任何过激的行为。皇帝这么不温不火的，让大家感到自己有劲使不上，招招都打在棉花上。

后来济尔哈朗也出来劝诫顺治不要随意废掉皇后，如果实在是看皇后不顺眼，可以再选立东、西宫，让皇后继续在她的中宫。济尔哈朗这个意见比较折中，他也不想太过分反对顺治，但也觉得废后事情太大了，最好不要实施。

但顺治坚决表示不同意，对他来说这种事情绝对没有商量的余地。要么就废，要么就不废，还弄什么东宫、西宫的！

济尔哈朗看顺治是铁了心地要废后，再说什么也没意义了，只好带领群臣表示同意。最终，文武百官屈服了，顺治实现了他的想法。

皇后博尔济吉特氏被废为静妃，搬到侧宫居住。

从废后事件我们可以看出，顺治手中已经实现了绝对的皇权，他有能力去实施自己施政纲领，按照自己的思想行使皇权。

大清在他的手里开始了前进的步伐！

第十章　顺治这个人

学　习

在顺治小的时候，多尔衮为了自己权位保持长久，而不让顺治读书学习。多尔衮很聪明，明白如果从小让皇帝学习的话，他慢慢地就会懂得很多，到时候难免和自己发生冲突，虽然自己好像并不是太害怕发生这种事情，但多一事不如少一事，能不发生还是尽量不要发生。

因此才会发生大臣们建议为顺治配备老师，教他读书学习的事情被他压了再压，以各种理由推迟掉。顺治十几岁了还不认识多少字，书读得更是少了，可能也就熟悉些基本的满文吧。至于汉字，只能用"略微"来形容吧。

当多尔衮死后，顺治开始亲政的时候，他发现最头疼的不是处理多尔衮遗留下来的问题，而是自己文化水平太差，平常连大臣们递交的奏章都看不大懂，怎么能独立处理好政务呢！

多尔衮死后，压制顺治的大山也就此消失了，随着亲政的开始，他终于发现自己的不足。没什么好犹豫的，顺治开始了自己艰苦卓绝的学习过程。

14岁开始，放到我们现在都算是晚期教育了，更何况古人启蒙得更早些！虽然开始学习晚了，但是对顺治来说，再大的困难和痛苦都经历过了，而学习这根本就不算什么。顺治从小就充满了锐意进取的热血，为了大清、为了祖辈们打下的江山，顺治觉得自己有责任统治好这片河山，这不仅是先辈们的遗愿，更是自己的梦想。

而且我们前面经常会提到，顺治是个很聪明、很有天分的孩子，智商绝对不比现在的天才儿童差多少。

14岁的顺治也比同龄儿童更加成熟，更加稳重，更加有意志力，其他孩子还在懵懵懂懂的时候，顺治则有了自己的梦想。

精力充沛的他每天处理完国家大事之后，便开始读书，经常读到深夜。后来，他发现早晨读书效果最好，就改为清晨早起读书背诵，而且每天坚持不懈。就这样他坚持了九年，最后效果非常明显。史书记载道，顺治遍览四书五经、先秦诸子、唐宋诗词和八大家散文名著，以及元明各类著述。可见，他的汉文化水平是与日俱增，有着很高的造诣。

据说，顺治因为读书太刻苦，有时候会累到吐血，也许这就是他后来为什么身体不太好的原因吧。

有一天，在大家处理完政事之后，顺治心血来潮就和大臣们一起讨论诗。大臣们觉得没什么，本来大家都擅长玩这个，从小读到大的，学习不好的话也考不上进士！其中，学士陈廷进作了一首诗，有一句"风霜历后含苞实，只有丹心老不迷"，顺治十分喜欢这句，认为这句很有韵味，经常一再吟诵。从这个例子我们能看出，顺治已经能够欣赏得了诗，并能评价一二，与几年前相比简直有天壤之别。

有一天，顺治与手下谈论起词赋来，他评价道："说起诗来，《楚辞》中的《离骚》；说起赋来，司马相如的作品，这些都是具有开创性的文章。后来宋代苏轼的前、后《赤壁赋》，则更是独树一帜，别成一调，非常精妙。"接着他就请教："你觉得苏轼的前、后《赤壁赋》哪一篇更好呢？"

那位臣子很是精于此道，他认为："如果没有前《赤壁赋》的神游妙道，就不会有后《赤壁赋》的寓意深长，这两篇，一前一后，遥相呼应，很难做出谁优谁劣的评定啊！"顺治想了想，很是赞赏他的评价。

接着，顺治开始背诵前《赤壁赋》以及陶渊明的《归去来兮辞》，都很完整地背诵了下来。最后又背诵《离骚》，中间有些地方接不上，只好说道："久不经意，忘前失后矣！"上面这个例子，我们能看出顺治对汉文化已经学习到了比较精深的程度，不仅对这些名篇倒背如流，还能做出一定的品评。可见其学习的刻苦，短短几年就到了如此境界。

顺治不仅熟悉前人的作品，当今社会文化动态也比较关注。一天，他问手下："苏州有个叫金圣叹的，你们知道么？他曾批评《西厢》《水浒》，而且论点很是独特，能引发人的思考，虽然有的地方有些穿凿附会，但总体说来很不错，这个人应该是个才高而性格上有些怪异的人。"

顺治对八股文也很精通，曾经专门学习过如何作八股文，研读过制艺200篇，都是明朝以来中央科举考试和地方各级考试的样式文章。这个做法让手下人感到很奇怪，一个皇帝，又不用像其他人去考科举，学习这个有什么用！顺治解释道："我是要去复试那些进士文章的，如果自己一点都不懂，怎么去录取天子门生呢！"

除了必要的文学修养之外，顺治还对书画颇感兴趣，并精于此道。著名文人王士禛在他的《池北偶谈》中评价顺治的书法"笔势飞动"。

在绘画上，顺治不仅喜欢欣赏名画，而且也擅长绘画。他经常召集群臣、画界知名人士前来一起讨论绘画。有人评价他："深得宋、元画家三昧，有荆浩、关仝、倪瓒、黄公望等所不到之处！"虽然，很大程度上有拍马屁之嫌，但也说明顺治帝有一定的画功，一个少数民族、以前从不接触汉文化的孩子能有此成就已经很难得了。

顺治真够发奋的，估计让现在的学生都感到汗颜，几年下来就取得如此大的成绩，让我们不能不佩服他的强大毅力。

很难得从皇帝身上看到这样优秀的品质，大清幸甚！

除了学习这些文化知识之外，顺治更是重视那些治国为君之道的知识，毕竟他的主要工作是治理国家。对于这方面，他除了让自己多读史书、政论，让自己从书中汲取外，还有就是让手下大臣讲解，尤其那些满腹经纶的汉族大臣。

顺治十二年，顺治创立了一个值日讲官，每天开经讲解，而这些讲官大都由翰林学士们担任，辅导顺治学习各种经典、史书。而精通这些的大都是汉族知识分子，因此顺治经常接触一些儒臣，向他们请教一些治国的思想。

一天，顺治问大学士们："上古时代的帝王，像尧、舜是我们所无法比拟的，那自汉高祖以下，哪个皇帝最好？"好像皇帝们特别喜欢问这类问题，也许是喜欢跟其比较吧。

有人回答说："汉高祖、汉文帝、汉武帝、唐太宗、宋太祖、明洪武帝，都是好皇帝，都是楷模。"

"这几个当中，谁是最好的？"顺治接着问。

陈名夏答道："唐太宗好像要超过其他人。"

顺治却不以为然地说："不只是唐太宗，我以为历代所谓的贤君都比不上洪武帝。为什么呢？其他皇帝德政，虽然好点，但并不完全好，至于洪武帝所制定的条例、章程，规划周详，我才说历代帝王都不及洪武帝。"

从明后期，清就一直与大明为敌，并最后夺得了江山。对于自己的对手，顺治给予了客观的评价，而且他评价的角度很是新颖，并没有按照传统儒家的观点去评价一代帝王。

有思想、有主见，而这一年顺治仅十五岁！

因为学习的需要，顺治身边围绕着一群老师，其中有一位非常特殊的帝师，他就是汤若望，德国耶稣教会的传教士。顺治经常向他请教数学、天文学等方面的知识，而这些是他从来没有接触过的，并对此产生极大兴趣。

汤若望，原名亚当·沙尔，德国科隆的日尔曼人。1611年加入耶稣会。受耶稣会的派遣，于明天启二年（1622年）来到中国，此年到达北京。

他通晓天文数学，并著有一些著作和译作。顺治、康熙年间，一直掌管钦天监，是明末清初影响较大的几位西方传教士之一。

汤若望所教导的知识，是顺治以前从没听过、见过的，即使是在历代史书里也没有记载的知识。神奇的天文学和数学、地理知识，以及遥远的万里之外的异国风情更是让顺治听后如痴如醉。

顺治从小就对汤若望的工作感兴趣，经常召见他询问有关天文、历法的问题。很多问题的回答，让他耳目一新，是完全不同于传统的见解。比如，为什么会有日食、月食？天文望远镜是什么东西，怎么做成的？彗星和流星是什么？

汤若望很细致地解释着，向顺治传播着近代科学的理念和知识。而这些知识为顺治打开了一个新的世界。

可以说，顺治是第一个接受西学的皇帝，虽然他并没有意识到这些知识对社会发展的重要性，也不会大力推广这些知识，但他并没有加以排斥，而是充满好奇地去接触、去了解，这在当时的中国很是难得。

识人与用人

有一天，顺治问到了一个职业皇帝最经常问的问题："怎样才能使国家长治久安？"

大学士陈名夏回答道："治理天下最紧要的就是识人与用人，得人则治，不得人则乱。"当然这里的人是指有才能的人。

"然而怎样才能得人呢？"顺治继续问道。

"知人很难，但是知人也很容易，您在群臣中挑选有德行有声望的人加以表彰，这样天下有才能的人觉得您是一位识人的君主，就会欢欣鼓舞，而效忠陛下。"

顺治明白了人才对国家的战略意义，他并没有只在口头上说说，而是在自己的施政过程中努力地识人、用人。

顺治亲政的时候，大清还没有统一天下，湖广等地仍然有抵抗势力在与清军交战，而且有愈演愈烈的态势。

当时占据两广是永历政权和大西军余部的联合势力。从顺治六年，多尔衮就派孔有德、尚可喜、耿仲明去远征两广，战争就一直持续着，虽然中间清军有些进展，但整体局势并不乐观。

顺治九年六月，定南王孔有德在桂林被永历政权将领李定国所败，自杀身亡。一军主帅而且贵为亲王，居然兵败自杀，让顺治感到形势的严峻。经过一系列的商讨，顺治决定派遣和硕敬谨亲王尼堪为定远大将军，率八旗劲旅，前往两广前线继续主持征讨工作。

让顺治做梦都没想到的是，仅仅过了四个月，他就接到报告，尼堪被李定国斩杀。这事听起来都令人觉得荒谬，堂堂十万大军统帅，一个和硕亲王，居然会被敌人在战场上斩杀，这简直就是大清开国以来最大的耻辱。

连续两次巨大的失误和挫折，让顺治不得不陷入了思考之中。难道自己没有失误么？尼堪有什么本事，自己其实也是很清楚的，让他去指挥十万大军，就是巨大的失误。而尼堪之所以被斩杀，就是犯了骄傲轻敌的毛病，仗着自己身份尊贵独断专行，而不注意吸取部下的意见。顺治终于意识到了，行军打仗儿戏不得，关键是要挑选一个优秀的统帅，顺治思考再三，终于他做了一个重大的决定。

顺治十年五月，顺治经过深思熟虑后，下诏任命洪承畴经略湖广五省军务。这个官职可非同小可，总督湖广（今湖南，湖北）、广东、广西、云南、贵州军务，监理粮饷。意思就是让他自己再筹饷，财政大权也给了。同时，顺治还给了洪承畴其他特别的权力：

一、满洲八旗军他也可以调遣，让做什么都由他决定，朝廷不予干涉，到时候汇报一下即可。

二、有权随时选择任用所有五省官员，巡抚、总兵、道员、知府等要职的升转调补都由他来决定，吏部、兵部都不得干涉；敌对官员投降，也由他决定录用与否。

三、有权对违抗命令的五品以下官员和副将以下武官处罚甚至斩首。

四、有权根据需要调拨粮饷，户部不得拖延，如遇紧急需要，有权就近取用。

五、五省之内，总督、巡抚、提督、总兵之下，皆受其节制。

看着上面，我们不得不佩服顺治帝的勇气和胆魄，这简直就是把五个省交给洪承畴随便折腾，他都不会过问，最重要的是洪还是个汉人。按照大清惯例，如此大的权力、统帅军队只能交给满人。顺治敢于打破惯例，任命一位汉族官僚负责征讨两广，还给予如此重权，这在历代都很罕见。

顺治这么做了，做得很果断，没有丝毫的犹豫。用人不疑，疑人不用，顺治把握得出神入化。面对这样的信任，洪承畴没有多说什么废话，重重地磕了三个头，就赶忙奔赴前线去了。对他来说，能报答的只能是行动了，愿效犬马之劳，正是洪承畴内心的真实写照。

洪承畴到任后，连续调兵遣将，取得了一系列的胜利。到顺治十二年底的时候，以大西军余部为主体的南明永历军的刘文秀、李定国势力大为削弱，两广、湖广三省绝大部分地盘被清军所控制。虽然云贵还被南明永历军所控制，但局势对大清来说极为有利。

顺治十四年，战争持续了两年，朝中出现了对洪承畴怀疑的声音，认为他有意拖延时间，好让敌军以休养生息。但都被顺治驳回，他对洪承畴一直都抱有坚决的支持。

这一年，敌军重要将领孙可望由于在军内部失势，想投降大清。在如何对待孙可望投降问题上，洪承畴与朝中大臣出现不同的意见。洪希望朝廷应该大加封赏，为那些想投降的人树立一个榜样；而朝中有人认为，孙可望身边只带了几百人，他是内部失势投降的，这种没用的人不配给他奖赏。甚至有的人认为应该抓起来严惩，以儆效尤！

大家讨论来讨论去的，最后把皮球扔给顺治，反正这事最后还是顺治说了算。

顺治在这件事上，表现得很难让人相信他只有十几岁，反而更像一名优秀、成熟的政治家。他并没有像那些大臣一样认识肤浅，他很有远见地想到：奖赏孙可望，树立一个典型，让敌军内部看到投降的好处。同时最重要的是，孙可望很熟悉农民军，有他指点和谋划，可以缩短战争时间。这场仗打得太久了，国库都快吃不消了。

最后顺治下令，封孙可望为"义王"，举行了盛大的受封仪式。孙可望进京的时候，顺治更是带领王公大臣、文武百官出去迎接，把孙可望感动得五体投地。

顺治对孙可望超规格的礼遇很快就收到了回报：孙首先提供了一份详细的南明永历军内部组织、人员结构的名单，以及其在云贵地区详细的军事部署地图，让清军做到了知己知彼，为胜利创造了先决条件。同时，他还派遣大量心腹，在洪承畴的配合下，前往南明军内部进行策反和破坏，瓦解军心。

孙可望的投降，让清军从此在西南战场上占据了绝对的主动。而这一切都是顺治英明的人才战略的效果。

洪承畴在顺治的绝对支持下，在孙可望的指点下，重新部署战略，制定了详细的进攻云贵的作战计划。顺治十五年，清军大举进攻云贵。四月，攻占了贵阳，随之也攻取了重庆，贵州、四川两省平定。十月，向云南进军。第二年正月，清军大败南明军，占领昆明，李定国携永历帝逃往永昌；清军继续追击，在永昌的磨盘山下相遇，再次发生决战，双方死伤惨重。李定国不敌，再次后撤，退往腾越边境地区，永历帝则逃往缅甸。

最终，两广、云南、贵州、四川基本上完成了统一，这是顺治在用人方面的一大成功。没有顺治魄力，没有顺治的支持，洪承畴不可能取得如此辉煌的战果。

但是俗话说得好，人无完人。说了顺治这么多的优点足够了，他在性格上也有缺点。毕竟他还只是个十几岁的孩子，有缺点也是正常的。

顺治十六年，东南局势突然紧张起来。郑成功率领 17 万大军从舟山北伐。一路攻克瓜洲、镇江，很快逼近南京城下，将城团团围住。南京一直是清朝经略南方的大本营，一直都囤有重兵。但是，正好碰上驻军调往云贵，只剩下几千兵丁。整个江南全省，只剩下五万左右绿营兵，而且士气低落、人心惶惶。

急报传到北京，一片哗然。这次叛乱的规模让满人有些心惊胆战，如果南京失陷的话，郑成功就能很快占领江南，再加上南方人心归附，局势极为不妙。大家都觉得自己在中原的好日子到头了，要不赶快回东北老家。

顺治看到这个消息，脑袋嗡地一下，蒙了。瞬间，他就失去了往日的镇定，慌忙找孝庄太后商量迁都盛京，撤回关外的事。结果被太后一顿大骂，说他太过于怯懦，竟然想丢弃先辈们用鲜血换来的江山！

顺治被额娘骂得也有了火气，把宝剑一拔，叫嚣着要御驾亲征。

南京出现状况，顺治失去了往日的沉着和冷静。由于南京离北京好几千里，他不清楚最新局势如何，从而让他越想越坏，越想越怕。现在的顺治变得相当急躁。也许再过几年或者十几年，再发生类似的事，顺治就不会这么不理智地喊着要亲征吧！

十几岁的顺治还没有过了冲动的年龄，我们没必要苛刻地责备他什么。

太后只是想劝住皇帝不要迁都，以她几十年的经验，能感觉到局势并没有顺治想象的那么坏，却不曾想自己的一顿臭骂，反而激起了顺治火气，想去御驾亲征。这不是开玩笑么？皇帝能是随便跑去打仗的么，再说他都没上过战场，更不懂打仗，去了还不是给人们添乱。于是，又开始劝阻他不要去亲征。顺治就是不听，一心一意地坚持要去。

孝庄无奈之下，去请陪顺治长大的奶妈来规劝，但此时的顺治简直就像失去了理智的野兽一样，拿着宝剑喊着："谁劝我砍了谁！"吓得奶妈话都不敢说就退了下来。

顺治要亲征的事情，大臣们都知道，整个北京都震动了。你说你一个皇帝，好好待在后方，支援调度就行了，缺人缺粮你给分派就行，自有会打仗的人去帮你打。

老百姓们人心惶惶，以为世界末日要来到了。大臣们不知道顺治帝亲征会发生什么变故，万一死了那朝廷又要发生动荡了，总之皇帝亲征大大不好！

大家也不知道怎么劝，济尔哈朗也去世了，群臣里没有跟顺治那么亲密的人了。最后还是把汤若望请来，让他去劝劝顺治。

汤若望是硬着头皮去劝解的，谁知道皇帝会不会动怒，把自己给砍死了！老汤不知道自己的这张老脸还顶不顶用，忐忑不安地来到了皇宫。

不过，此时的顺治，情绪已经缓和下来，一番歇斯底里的疯狂后，是一份难得的平静。冷静下来的顺治，情绪也恢复了正常，他也明白自己这个决定是多么愚蠢和幼稚。并不是自己亲征，就能解决问题的。

老汤还在下面跪着，苦口婆心地劝着顺治要以大局为重，不要那么冲动；自己为了大清愿意奉献所有的一切，所以一定要劝住皇上不要去亲征。

顺治一直很尊重汤若望，正好也知道自己做错了，借着这个梯子下来。终于，顺治下令取消亲征，消息传出，文武百官才松了一口气。接着，向全国公告：只是几个小毛贼而已，蹦跶不了多久，被剿灭指日可待！强大的自信，与前相比有天壤之别。

虽然对外宣布南方没什么大事，但顺治等人还是知道事情的严重，连夜商讨对策，调兵遣将。正在这时候，又传来消息，一个好消息：南京没事了，郑成功部队被打败了！

顺治有点蒙了，这一下子地狱，一下子天堂的有些受不了。原来问题出在郑成功他们这帮人身上了：夺取镇江，兵临南京城下后，郑成功有些得意忘形了，觉得清军也不过如此，没有抓紧时间攻城，反而跑到瓜洲搞阅兵仪式，这就浪费了十几天时间。

这哪像打仗，跟儿戏似的！不败能行么！

有了这么长的缓冲时间，清军这边有充足的时间四处调兵，原本只有三千人的城防部队，增加到上万人。清江南总督朗廷佐派人向郑成功假意投诚，说是城中无兵，肯定是要败了，只能设法投降。

郑成功听后心情人好，还以为对方被自己强大的兵力给镇住了，于是就放松了警惕，将士们都准备着轻松进城。

就在郑成功军队松懈之时，城内清军在统一指挥下，突然杀出城来。郑军一时没有防备，更被清军的气势所压倒，抵抗没多久，就全线崩溃，一路撤回厦门。辛苦得来的地盘又重新被清军夺回。

捷报传到北京，顺治在位时期最大的危机就这样化解了。不管怎么说，窝在厦门的郑成功让顺治觉得有些寝食难安，说不定哪天这人又跑出来捣乱。

顺治十七年五月，顺治命令安南将军达素，福建总兵李率泰率军攻打厦门。双方展开激战，难分难解，后因海上波浪太大，清军不习海战，才下令收兵。但经此一役，郑成功知道自己待不下去了，下次再来自己就扛不住了。

于是，郑成功率军攻打台湾，占据此地继续与清军对抗。这样沿海地方也全都归于大清统治之下。

在顺治手里，大清终于基本完成了全国的统一，这一巨大的历史功绩，离不开广大将士的浴血奋战，也离不开顺治的殚精竭虑的支持。如果换作一个只贪图享乐的皇帝，那统一是不可能完成的。

顺治这个人，以其强大的意志和智慧以及政治上的英明表现，不仅是对大清，也是对中国历史发展作出了巨大贡献。

第十一章　爱江山更爱美人

火热的爱情

"问世间情为何物，直教生死相许！"这是元代诗人元好问的著名词句，一直流传至今。世人皆问，什么是爱情？帝王有爱情么？

有的人说没有，后宫佳丽三千，都是为了权力和利益，去哪里找什么爱情；有的人说有，洪昇的《长生殿》不就是歌颂唐玄宗和杨贵妃两人真挚的爱情么！到底是有还是没有，我们也没必要在此讨论，仁者见仁，智者见智吧。

现在我们就讲讲顺治的爱情吧。

前面我们已经说过，顺治帝婚姻生活很不美满，第一任皇后是多尔衮和孝庄指定的，虽然最后被他坚决废掉。但是没过多久，孝庄太后又为他娶了个媳妇，仍旧是太后本家博尔济吉特氏，看来孝庄是铁了心地要让后宫变成自己娘家的天下。

虽然这任皇后，看起来比较朴实，不像前任那样嫉妒心重，但是，顺治就是不喜欢她。没办法，感情这东西就这样，两人不来电，谁也没办法。正所谓强扭的瓜是甜不起来的！

顺治当政的时候，才十几岁，正是青春年少，对爱情充满了憧憬的年龄。偌大的皇宫，众多的妃子，让他仍然感觉到心中的一丝空虚。他很想找一个能诉衷肠、能陪伴他度过一生的女人。

终于，在他的生命中出现了一位美丽、聪明、贤惠的红颜知己，也开始了他们一场不幸的爱情悲剧。

她就是董鄂妃！

我们也不知道两人是不是一见钟情，但肯定不是自由恋爱，更不可能像那些狗血剧情一样微服私访偶遇上董鄂妃。史书记载，董鄂妃入宫的时候已经18岁了！在古代不算小了，也正因为这个入宫年龄的问题，才引起后人的无数猜想。

顺治十三年八月，顺治册立董鄂氏为贤妃，仅仅过了一个月，再次受到册封，直接跨过贵妃，被封为皇贵妃。而且册封仪式相当隆重，不亚于当年册立皇后的规模和级别。可见，入宫没多久的董鄂妃就深深俘获了顺治的心。

也难怪，董鄂妃这个人长得漂亮就不说了，性格也很温柔体贴，对顺治是关怀备至，从饮食到穿着都照顾得无微不至。顺治从小和庄妃分开居住，很少见面，缺少母性的关怀，董鄂妃这样真心实意地关心自己，让顺治心里暖洋洋的。

而且董鄂妃并不是个善嫉妒、有心计的女人，她善解人意，宽厚待人，对待宫女、太监也和颜悦色，而不以主子身份欺压他们。虽然，身为皇贵妃，身份尊贵，但生活很是俭朴，身上都没什么贵重的金银首饰。

这样一个美丽善良的女子，顺治怎能不喜爱。董鄂妃凭借自己独特的魅力彻底征服了顺治。正所谓"后宫佳丽三千人，三千宠爱在一身"即是如此吧。时间长了，顺治一下朝谁也不找，径直就跑来董鄂妃这里。

董鄂妃不知道集皇帝专爱于一身，不是幸运，而是灾难。

她成了后宫的公敌。

第一个发难的就是顺治的新皇后博尔济吉特氏。小皇后看起来比较朴实，不像前任那样嫉妒心重，但也会吃醋。

董鄂妃天天和皇帝黏在一起，皇后看在眼里，恨在心中。为了把皇帝重新抢回了，皇后决定和董鄂妃谈判。

双方开的价码相差甚远，一个要专权，一个要独立，这种买卖没法谈。

谈不拢就开骂，皇后嘴上功夫哪里是小姑娘的对手？

嘴上功夫吃亏，皇后索性使用干脆的解决办法，四个字形容"简单粗暴"，给了董鄂妃一记过肩摔。

万金之体的皇后亲自抡胳膊摔人，看样子是真急了。

摔人事小，后果事大。皇后和董鄂妃刚开会时就有人通知顺治皇帝。

顺治怕董鄂妃吃亏，马上赶来，来到后没看见后宫其乐融融、姐妹情深四海，却看见蒙古那达慕专用比赛项目。

皇后衣衫不整，头发凌乱，一点都没有该有的尊严。董鄂妃四脚朝天，一动不动，不知是生是死。

顺治以为自己在做梦，片刻之后马上冲到董鄂妃身边，嘴里喊着："给我传太医！"

好在董鄂妃没事，只是头上多了一个包，身上没有其他地方受伤。顺治松了一口气，但事情得解决，不还董鄂妃一个公道是不行的。

这种案子算家庭暴力，双方内部协商，协商不了就找警察（顺天府尹），谈个价赔点钱。但警察也得看双方实力大小，你要实力够强，警察也不敢管。谁敢管皇家的案子。

直接抓犯罪嫌疑人吧，皇后天天躲在皇太后孝庄那里，打死也不出来，还真拿她没辙。内部协商不了，警察不敢管，那就直接上法院吧。

顺治召来六部、内务府、都察院和翰林院所有官员，参加全体会议。

会议就一个内容：我要离婚。

皇后无德，不学汉人文化，就是一大老粗。不知节俭，铺张浪费。不懂温柔，天天动武。今天不把她休了，明天被摔的就是我。

顺治知道休皇后不容易，会遭到君臣强烈反对。

汉人儒家思想顽固，废了皇后后宫就得乱，这是动摇国家根本的事，绝不执行。而且自己之前已经休过一个，还没过 4 年呢，再休皇后的话群臣就得疯。

顺治已经做好了充分的准备，但他惊讶地发现，满朝官员既不同意，也不反对，全都不说话，你们脑袋全短路了不成？

"不是我们脑袋短路了，而是你们满洲人做事太不靠谱，自己选的皇后自己解决吧。有一个重要的人还没说话呢。"

差不多该来了。

"传皇太后口谕。"慈宁宫太监总管张公公拿着旨意走进大门。

"儿臣（微臣）接旨。"大家齐刷刷地跪了一片。

"皇帝，皇太后请您过去一趟，列位大臣，皇上和你们闹着玩呢，大家平身，都继续工作去吧。"

"谢太后。"皇帝虽然很生气，但毕竟是亲妈召见，也只能愤愤离去。

"皇额娘你找我？"顺治看见孝庄跪都不跪。

"翅膀硬了是不是，连最基本的礼仪都忘了！"孝庄边吃苹果边反驳道。

顺治也知道自己过了，忙下跪道："儿臣给皇额娘请安。"

"皇上，您起来吧，皇太后没跟您生气。来，先喝杯茶。"说话这位叫苏麻喇姑，后金天命十年（1625 年）作为随身侍女，被孝庄文皇后带到后金宫中，是孝庄最信任的人。

"说正事吧，怎么着，我听说你要废皇后。"

"是，儿臣正有此意"。

"说说理由吧，这刚立几年呀，一个皇后不能说废就废。"

顺治就把刚才朝廷上说的一番话又重复了一遍："皇额娘，皇后太野蛮，不讲理，我要再和她相处，我怕哪天她把我摔出去。"

"谁野蛮了，谁不讲理了，要不是你和那只狐狸精天天在一起，我能不讲理吗？要不是她骂我，我能摔她吗？你就处处维护那只狐狸精，我就欠摔死她。你知道我有多冤枉吗？心里有多委屈吗？"

原来皇后一直躲在皇太后身后，突然冒出来把大家吓一跳。

"不是说好了么，不许出声，你冲出来算怎么回事？"孝庄很郁闷。

一般这个时候受了委屈就得哭，梨花带雨都不行，最好是那种号啕大哭，再嗷嗷叫几声，博取别人的同情。

皇后倒好，直接挽袖子冲着顺治就来了，看这架势想和皇帝撕吧撕吧。

眼看慈宁宫要成为奥运会比赛场馆，孝庄不管不行了："来人呀，把皇后给我拖出去。"

历史原来这么有趣·清朝卷——这是大清开国史（顺治）

蒙古皇后就是有劲，过来几个宫女，再加上苏麻喇姑，几个人合力楞没拽动。

皇后一边被拽一边骂：“你被那狐狸精上了身了，我就欠没摔死她。为了那狐狸精你废我，我跟你没完，我爹也跟你没完。”

眼看着慈宁宫要变成菜市场，孝庄急了：“都给我住手，你是不是疯了，看看你现在的样子，哪里还是一个母仪天下的皇后。”

大家看孝庄急了，都住手了。

可不是吗，现在的皇后头上顶的花掉地下了，头发凌乱，衣衫不整，衣服还给撕破了，脚上还少了一只鞋。

皇后看见自己这副模样，“哇”地大叫一声，边哭边跑，一溜烟就跑出了慈宁宫。

“我追出去看看，别出事，皇后，皇后。”苏麻喇姑追了出去。

孝庄叹了一口气：“这叫什么事！”

“皇额娘，你也看见了，不是儿臣……”顺治还想继续说，孝庄摆摆手，打断了他的思路。

“行了，今天我累了，改天再说吧。”孝庄下了逐客令。

“是，儿臣告退。”顺治虽然不甘心，还是愤愤离开了。

“唉，今天这叫什么事？”

孝庄本来的打算是等几天，等皇帝消消气，再找机会叫他和皇后和好。

可顺治一点也不理解母亲的苦心，只要一上朝，跟大臣聊的就是废后的事，天天叫大家表态。大家扛一天两天行，时间长了，大家谁也受不了。

孝庄面前的密信像雪片一样多，都是皇帝天天催我们表态，老臣已经不行了，还请皇太后圣裁。

眼看着慈宁宫要变成垃圾场了，孝庄坐不住了。她决定，和皇帝摊牌。

明白人不绕弯子，孝庄明确告诉顺治：“想废了皇后，你死了这条心吧。”

顺治还想反驳几句，紧接着孝庄又说道：“别以为董鄂妃生了一个儿子，就想立为太子，为了董鄂妃废掉皇后，就算这个儿子当上了太子，你的后宫也得天下大乱。”

第十一章 爱江山更爱美人

姜还是老的辣，一语道破顺治的如意算盘。

顺治十四年，董鄂妃生了一个儿子，顺治高兴得都不知道该怎么形容。按理说来董鄂妃所生是顺治的第四子，但顺治硬是把他当做第一子。

这可不是顺治乐得糊涂了，很明显是故意的，想告诉人们我想立这个儿子为太子。为这件事顺治就是小题大做，准备再次废掉皇后，而让董鄂妃上位，这样这个儿子就会理所当然地成为太子。

知子莫若母，孝庄早看出了顺治的心思，自己本家的人再被废掉皇后的话，她这个太后也太没面子了！她也绝对不会让董鄂妃成为皇后！

董鄂妃很懂事，放其他人早躲一边偷着乐了！而她却是抵死不同意废掉皇后，甚至以死相逼，顺治才罢手，废后才没成功。

有了董鄂妃的陪伴，现在又多了一个他们的结晶，顺治觉得每天生活是那么美好，阳光是那么灿烂，天空是那么碧蓝。他希望这样的生活能永远持续下去！

人生不如意十之八九，顺治还没享受够他们甜蜜的生活，厄运就开始降临了。这个儿子活了三个月就夭折了，这对他和董鄂妃的打击太大了。

这三个月里，他每天就在想怎么让他好好成长，怎么好好教导，怎样培养他成为一个君主。现在自己的梦想就这么破碎了，怎么不让他伤心欲绝、肝肠寸断。

为了安慰自己受伤的心灵，顺治下令追封这个婴儿为和硕荣亲王，才三个月大的孩子就获得了大清最高等级的爵位。而且，当时，国家正对西南用兵，财政及其困难，顺治一反自己以往俭朴的作风，下令为自己儿子在京东蓟县的黄花山下，修建一座亲王级别的陵园，更专门为此配备了一名守备、一百名士兵专门守护陵园。这种做法别说是在大清，就是长达数千年的历史上都可算是空前绝后了！

顺治所做的一切都为了寄托自己对这个儿子深切的爱意！仅仅一个三个月大的婴儿，仅仅是因为他是董鄂妃的儿子！

如果这个孩子没死的话，长大后，皇位还是不是康熙的，那就很难说了！

儿子的去世，打击最大的不是顺治，而是董鄂妃。她这么一个善良的人，儿子的去世简直让她有种天塌下来的感觉，一下子就病倒了，断断续续地持续了两年，最后再也支撑不住，撒手人寰，就这么离开了深爱的顺治。

　　时年仅二十一岁！

　　儿子的去世已经让他悲痛欲绝，现在最深爱的女人也离开了他，更是让他几乎失去了理智，竟然想自杀去陪伴她。连续五天五夜，他都不吃不喝，一动不动地呆坐在灵柩前，看着自己熟悉的容颜，想起这几年两人的欢声笑语，想起一起相伴的日子，仿佛一切都还历历在目，不禁黯然泪下。

　　顺治想不明白为什么这样，为什么幸福和快乐总是离自己而去呢？自己贵为天子为什么还抓不住幸福呢？皇帝难道就快乐么？一连串的疑问让他迷惑不已，也不禁把他引向了另一条路！

　　董鄂妃的丧礼办得非常隆重，顺治下令在景山建立规模宏大的水陆道场，请高僧108人念经超度自己的爱人，希望她能进入天国。举殡之日，更是让二、三品高官轮流抬棺，这可算是绝无仅有的。

　　最后，顺治追封董鄂妃为端敬皇后。按照惯例，皇帝遇到国丧，批改奏章要把红批改成蓝批，期限是27天。但顺治则一直用蓝批达120天！

　　顺治对董鄂妃这份情意，对她的爱恋，可以说是旷古烁今，最重要的是由于皇帝这个特殊的身份，能让他这样深情对待一个女子，更是难得。正因为如此，顺治和董鄂妃的爱情被官场和民间传得沸沸扬扬，后人就会问道：这个董鄂妃到底是何许人也？

　　最著名的说法是董鄂妃就是明末江南最为著名的秦淮名妓董小宛。

　　《清朝野史大观》中说董小宛本是秦淮八艳之一，后嫁与江南才子冒辟疆做妾，清军大举进攻江南时，被掳进皇宫，而得到顺治帝宠幸，并改用满人姓氏，称董鄂氏。这个说法在民间流传比较广，老百姓好像都愿意相信这种才子佳人的故事，故传得头头是道。

　　现代清史专家孟森先生考证道，董鄂妃并不是那个董小宛。冒辟疆是在明崇祯十二年（1639年）与董小宛相识。三年后娶为妾。清军南下的时候，冒辟疆逃难在外，而又身患重病，董小宛一直都在身边照顾他，最后心力交瘁，于顺治八年正月病逝在家中。董小宛死时为 28 岁，而当时顺治才 14 岁，别说董小宛没有被掳进皇宫，即使进去了，顺治 14 岁的时候哪懂得什么爱情呢！董鄂妃是顺治十三年被封为皇贵妃的，此时，董小宛已经去世五年了。所以，董鄂妃不是董小宛。

还有一种说法认为董鄂妃是顺治弟弟博穆博果尔的福晋，在进宫伺候太后的时候，被顺治看上了，强夺弟媳为妃。这个说法是出自《汤若望传》。故事情节、结构很容易让我们想起唐玄宗抢夺自己儿媳杨玉环为妃的故事。

这个版本就更加离奇了，简直就跟小说情节一样，疑点更多，最重要的是《汤若望传》并没有提及名字，只是说顺治对一位满籍军人的妻子产生了火热的爱情等等。大家一看故事情节跟董鄂妃的相似，就认定了这就是董鄂妃的来历。这就有牵强附会、强拉硬扯的嫌疑了。

董鄂妃的来历之所以让人产生疑问，就是因为我们前面所说的她 18 岁才入宫。这明显违反了常规。毕竟选秀女都是在 12—14 岁之间选定，突然一个 18 岁的进宫，有些莫名其妙，由此也引发了人们的猜想。

另一个关于董鄂妃的疑问就是她是怎么死的？史书记载是病死的。有人就提出她不是病死的，而是被太后折磨死的。

顺治宠爱董鄂妃，不仅想废掉皇后，更是想立董鄂妃之子为太子，这明显与孝庄太后既定方针发生激烈的冲突。孝庄一心一意地想巩固自己蒙古科尔沁部落在大清后宫的势力，所以一而再地立自己本家的女子为皇后。现在突然冒出一个董鄂妃，顺治又那么喜欢，引起孝庄的愤怒和警觉并不足为怪。

孝庄绝对不是什么心慈手软的，但她也不能当着顺治的面弄死董鄂妃，暗中下手就保不准了。顺治十四年，董鄂妃刚刚生下儿子没多久，还在坐月子的时候。孝庄恰好也"病重"，而且住到了南苑。下令让后宫妃子前往南苑探望。董鄂妃不得不去，顾不得产后身子虚弱的情况，冒着严寒前往京郊，伺候了孝庄一个月，一个产妇能干这些事么！身体立刻就垮了下来。

孝庄这一招够阴毒的，再加上丧子之痛，不动声色地就让董鄂妃送命，从而保住了家族在后宫的地位和权势。

这样看来董鄂妃也是个不幸的女子，她的善良和温柔并没有给她带来好运，反而是无尽的痛苦！而顺治更加不幸，身为皇帝，都得不到幸福。突然他觉得世间的一切都是那么虚幻，为了减轻自己身心的痛苦，他渐渐地迷上了佛学思想，觉得只有它才能给自己带来些许精神上的安慰吧。

出家风波

冰冻三尺，非一日之寒！顺治有出家的念头，正是由于多年以来他精通佛学，与他沉湎于广博虚无的佛教思想有关。

满人都信喇嘛教，而喇嘛教则是佛教的分支。其实，顺治一开始对喇嘛教并不信奉，甚至还有些反感，因为他觉得这些都是骗人的。

顺治十四年的春天，顺治带着手下前往南苑，路上走到某一处树林的时候，突然一阵悠扬的钟声从远方传来，一时心神出现难得的平静。顺治立刻停了下来，静静地聆听着一阵阵的钟声。原来附近有座海会寺，仿佛冥冥之中有种力量吸引着顺治来到了这座寺庙。主持是一位南方来的僧人，叫憨璞性聪。交谈之后，这位年轻的僧人给顺治留下了深刻的印象。

回宫之后，顺治永远都忘不了那阵阵悠扬的钟声，永远忘不了那份难得的心灵上的安宁。从此，他便对佛学产生了浓厚的兴趣，召见憨璞性聪进宫为自己讲授佛法。

顺治问道："我每天日理万机，都没什么闲暇的时间，该跟谁学佛法呢？"

憨璞性聪说道："您是金轮法王转世，一出生就有大善根、大智慧，具有天然的佛的根基，所以不用旁人点化，也不用学习就能自己明白佛理！"这番话说得顺治非常高兴，对佛教产生了极大的好感。

看来这个憨璞性聪也不笨，并不是一个只知道吃斋念佛的呆和尚，恭维皇帝的话说得还是很顺溜的！

从此，顺治就成为了一名虔诚的佛家弟子，在他身边经常围绕着一批精通佛法的高僧，其中对顺治影响最大的是玉林琇、茆溪森和木陈忞。

玉林琇，名通琇，号玉林，江南蓉城人。幼年就入佛门，拜入常州盘山寺。从小他就聪明好学，悟道很快，因此得到师父的赞赏。23岁的他就成为极恩寺住持，在同行中有相当大的名气。顺治听闻他的名声，派使者召他进京。见到顺治后，双方详谈愉快，顺治请教了很多佛理方面的内容，受益匪浅，于是对他推崇备至，以师礼相待。顺治的法号"行痴"即是由玉林琇所起。

木陈忞对顺治的影响更大了。他是广东茶阳人，出身在书香门第，从小就饱读诗书。27岁进入庐山开元寺潜修，与玉林琇为师兄弟。木陈忞这个人不仅佛理讲得好，而且还精通诗文、书法，与顺治聊天是格外投机。顺治为了能经常见到他，让他居住在西苑万善殿。两人除了谈论佛学外，诗词绘画、历史典籍、散文戏曲无所不谈，与顺治是亦师亦友。最后木陈忞再三要求回南方后，顺治才依依不舍与他道别，临行还亲笔题写"敬佛"两字送给他。

茆溪森是玉林琇的大弟子，广东博罗人。于顺治十六年六月被召入北京，住了一年半才离开，与顺治也是交往密切，成为顺治头号佛学顾问。

由于顺治经常和这些高僧往来，谈禅论佛，长期下来，佛教虚无的思想也渐渐影响了他。从小顺治就缺少亲情的关怀，性格敏感，小小年纪就开始经历重大的政治变动，也让他的精神从小就备受压抑，婚姻的不幸、儿子的夭折、爱人长期病重躺在床上，而自己身体也不大好，这些挫折和磨难让他更加沉迷于佛教虚无思想。

董鄂妃的去世，击碎了他在这个世上最后一道信心，也让他失去了唯一的精神上的依靠。"死生契阔，与子成说。执子之手，与子偕老"，曾经的山盟海誓、永不分离，转眼就变成了天人永隔。除了给活着的人留下更多的伤悲，还能留下什么！

爱人已逝，情何以堪！

顺治的精神终于崩溃了，面对着空荡荡的屋子，是那么的熟悉而又陌生，物是人非，大概就是现在顺治真实的精神写照吧！

心里极度空虚寂寞的他，突然觉得有种了无牵挂的感觉，这种感觉让他觉得现在所拥有的一切都没有任何意义。皇权怎么样，还是留不住自己心爱的女人。

于是突然一天，他宣布要出家！消息一传出，整个朝堂就像是发生了十级地震，大家都蒙了。没见过有皇帝想当和尚的，这到底是怎么一回事啊！

孝庄大怒，连骂带劝的，差点没气出病来；连一向尊敬的汤若望再三苦劝也没用，顺治是铁了心地要出家。甚至在宫里发疯似的剪断自己的头发！但是佛教的习俗是出家需要有师父剃度，否则是没有法律效力的，同行是不会承认你是和尚的身份。

于是，顺治下令让茆溪森为自己剃度。即使百官长跪在宫门外也无济于事；即使孝庄以一个母亲的身份哭着喊着哀求着，也无济于事！

一个皇帝突然要去出家，传出去大清的颜面何存！到时候人心浮动，局势又要动荡了！情况万分危急！

姜还是老的辣！哭过了求过了的孝庄，又露出她沉着冷静的一面，一面让人想尽办法拖延时间，一面派人飞速奔向南方请玉林琇前来帮忙！也许，老师的身份能劝住顺治吧！

顺治十七年十月，得到消息的玉林琇快马加鞭地赶到京师。听到顺治要出家的消息，他噌地头大了。平常跟皇帝谈谈佛理，百官还能容忍，真把皇帝忽悠到佛门中，那他们都别想活了，被太后、儒家官员仇恨上，说不定还会酿成沙门大祸啊！

到了紫禁城，玉林琇让人架起柴火，要烧死茆溪森。虽然，他也知道并不是茆溪森的错，皇帝下令谁敢不从！这个执行者就成了人们泄怒的对象。

还好顺治有点良心，听到自己师父要烧死茆溪森，慌忙出来阻止，玉林琇就是不答应，强调说这是按照沙门规矩办事，陛下您也干预不了。顺治也不能眼睁睁看着茆溪森被烧死，只好答应自己不再出家，茆溪森这才免于一死。

一场出家风波就这样结束了！满朝上下都松了一口气，这种事太折腾人了！但顺治真的就打消了出家的念头了么？也许只有天知道吧！

没有人知道在夜晚的时候，一个人静静地呆坐在那里的顺治在想着什么！但大家都知道一个情况，那就是顺治的身体状况是越来越差了！

历史原来这么有趣·清朝卷——这是大清开国史（顺治）

第十二章　英年早逝

天花之症

虽然出家没有成功，但是这么大动静的折腾也够顺治受的。经过这次事件，本来就羸弱的身体更加虚弱了。

很快就到了顺治十七年的年底，很不幸，顺治染上了当时最恐怖的绝症——天花，这在当时可是不治之症。一般人得了都靠自身的免疫力抵抗，而顺治长期的悲痛和虚弱让他的抵抗力微乎其微。

天花就像一个强大的对手，瞬间击倒了顺治，让他再也没有起来过。而此时，正是新年时分，全国上下张灯结彩，老百姓更是兴致勃勃地庆祝着新年的到来。皇宫里也不例外，只有顺治死气沉沉地躺在床上。

顺治十八年正月初二，顺治让自己心腹太监吴良辅代替自己出家，乞求佛法保佑自己。

初四，群臣问安，朝廷宣布皇帝陛下身体有恙，不方便接待群臣。

初五，紫禁城把刚贴了没几天的对联、彩灯、门神等新年喜庆物摘掉，群臣顿时明白皇帝病势非同一般，已经做好了后事的准备。

初六，大内传出消息，顺治不能亲自参加一年一次的元宵大庆，由官员代为行礼。同时，宣布特赦，除十恶不赦的罪犯外，其他一律释放，为皇帝陛下祈福。这时候，大家都知道顺治是染上了天花，情况不容乐观，太医束手无策。

这一天，顺治突然清醒过来，也许是大限前的回光返照吧，总之顺治也觉察到自己快要死了。于是，抓紧时间交代后事。当然最重要的是谁继承皇位。

当时的大清在传位上还是遵循祖辈传下来的由八旗王爷们共同推举，皇太极、顺治的皇位就是这么来的。但是，顺治想起自己童年时期，为了皇位，大家剑拔弩张，互不相让，为了不让这样的悲剧再次重演，为了不让自己儿子再次重复自己的命运，他决定由自己指定继承人。

还好，现在的顺治不是以前的顺治，绝对皇权的确立，八旗王爷的实力被削弱了很多，所以他才有信心这么做。但是指定谁呢？这让他有些犹豫不决。

选定接班人

顺治有四个儿子，最大的二皇子福全才 10 岁，其次是三子玄烨 8 岁，剩下两个岁数就更小了。顺治深怕儿子太幼小，又重蹈自己的覆辙，就想从自己兄弟里找个岁数大点的堂兄来继位吧，这样一上位就能处理政事，有利于政局的稳定，也不怕再出像多尔衮那样摄政的借口。但是这个想法，被孝庄坚决地否决了，她坚持立皇子，而且还倾向于皇三子玄烨。

前面我们说过了，顺治在儿子里只喜欢董鄂妃的孩子，对其他儿子们其实没多大感情，在他看来只要皇位是在爱新觉罗氏手里就行。但是此时的顺治因为病重，不愿意与孝庄太过争执，就商量说找汤若望问问意见。汤若望表示赞成太后的意见，而且也赞成立三子玄烨，他给的理由是玄烨已经出过天花，不会再被这种疾病所威胁了，而二子福全还没出过，很难保证以后会不会出意外。

顺治就听从了孝庄的意见立自己儿子为帝，本来他也没偏爱哪个皇子，一听汤若望说三子挺好，不怕天花，就顺从了他们的建议，传位于玄烨！但是，问题就是皇子太小，不能亲政，又需要找辅政大臣了！顺治当年深受多尔衮辅政之苦，现在打死他都不愿意再找王爷来辅政。于是，顺治决定改掉这个习俗，而是让自己的心腹大臣辅政。这样能保证他们的忠心，能好好辅佐幼主，如果有什么坏心思，则有满族八旗王爷所牵制，也不怕他们做出造反的事情来。

于是，顺治决定由索尼、苏克萨哈、遏必隆、鳌拜四人来担任辅政大臣。顺治召见他们的时候，四人痛哭流涕地跪倒表示一定竭尽全力地辅佐幼主。看着这四位自己最为倚重的心腹大臣，顺治相信他们的忠诚，相信他们不会辜负自己的期望！

当然，他没有预料到自己死后没几年，鳌拜开始专权，欺压幼主，儿子玄烨开始了他人生的第一道考验！不过，这都是后话了！

办理好接班人的事后，还有一件大事就是准备一份遗诏了，上面洋洋洒洒地总结一个皇帝的一生，说好听点也是自己执政以来的对自己的检讨。忙到这时候已经是深夜了，顺治也不例外，在他生命的最后时刻要写好这篇遗诏。顺治一刻不停地召见大学士麻勒吉和王熙。他虚弱不堪地躺在床上，叫人拿枕头垫在后背，才有气无力地对两人说道："我的病是好不了了，你们仔细听我说，赶快写诏书。"

两人听后，跪倒在地，哭泣不已，始终不能下笔。顺治只好安慰他们不要悲痛，目前最重要的是赶紧写好遗诏。两人就在顺治床前开始起草，早已疲惫不堪的顺治强支撑着自己等待着诏书，但是他觉得头越来越昏昏沉沉的，仿佛周围的一切离自己很遥远似的。

王熙察觉顺治太过于虚弱，于是建议先出去写好底稿，再让顺治看，提出意见。顺治很艰难地点了点头。经过一晚的赶工，中间反复修改了三次，最后的遗诏才决定下来。这时候已经天亮了，大家都一夜没合眼。

两件大事都办妥之后的顺治，再也支撑不住了，又坚持了一天，于顺治十八年正月初七半夜去世了，年仅24岁。真可算是英年早逝！

孝庄太后痛哭不已，下令向王公大臣们宣布皇帝宾天的公告，同时，索尼、苏克萨哈等四位辅政大臣即刻宣布就职，同时接管全国最高行政权，非四人联合签名文件不得有效，改朱批为蓝批。同时下令亲王以下改着丧服，举国齐哀。

二十七日丧服期满后，遵遗诏，玄烨继位为帝，是为历史上大名鼎鼎的康熙帝。

二十八日，礼部为顺治帝上尊号：体天隆运英睿钦文大德弘功至仁纯孝章皇帝，庙号世祖。

顺治临终时，留下遗诏，希望茆溪森进京为自己主持遗体火化仪式。茆溪森不敢怠慢，赶忙前往京师，路上想起自己和顺治生前的点点滴滴，他唏嘘不已。几天后，他在景山寿皇殿顺治棺椁前点火，最终完成了顺治最后的遗愿。经过这个仪式，顺治的灵魂最后皈依到了他所信奉的佛教之中。

康熙二年六月，顺治的骨灰坛安葬在遵化的清孝陵，一起陪伴他的是康熙的生母——孝康皇后和他最爱的董鄂妃。

顺治一朝就这样结束了，历史也开始了它新的一页！大清历史上最为辉煌的康乾盛世就要开始了！

顺治就这样走了，他的一生留给我们太多的感叹。他春秋正盛，却不幸去世。从6岁登基以来到24岁去世，这段时间对普通人来说，可以说是一片空白，真正的人生经历也许才刚刚开始，但顺治却经历了许多许多，他比同龄人的早熟和睿智注定了他的一生活得充实，活得灿烂。

还不到20岁的他，眼中就已经充满了悲怜的目光，人生的曲折经历更是让他有着一颗苍老的心。佛曰：众生皆苦，原来自己也是众生之一！人生的最后时刻，他终于顿悟了。做皇帝又能怎样，享尽天下的富贵荣华又能怎样，最终谁都逃不了最后的轮回！沧海桑田、世事变幻，只有佛才能永恒存在吧！也许正是带着这个追求，他才希望自己的灵魂能皈依到佛家吧。

虽然人生短暂，但他凭着年轻富有朝气的优势，凭着自己的聪明才智，让自己的生命呈现出短暂的辉煌。而他与董鄂妃的生死爱恋更为冷酷无情的皇家生活增添了些许温暖。

一个人、一辈子，能如此作为，虽短，足矣！

他冲破了满洲许多落后野蛮的制度和习俗，敢于冒整个满族之大不韪，打破民族偏见，亲近汉臣，重用汉臣，并且勇敢而又坚决地进行全国统一战争，正是他的存在，才让蒙古、西藏成为国家领土不可分割的一部分。

他为康乾盛世打下了良好的基础，他对民族、对国家、对中国历史发展做出了不可磨灭的巨大贡献。

当然，顺治也有不少缺点，也有过错误！俗话说，人无完人，我们不能过于苛刻地去评价一个人，尤其一个历史人物。总体来说，顺治还是中国历史上少数极有作为的皇帝之一，如果不是他过早地去世，也许大清的盛世就会在他手里绽放。

当然，历史从来无法假设。新的时代，即将来临。

第十二章　英年早逝